*Johann Jakob Christian Donner*

# Euripides

*Werke*

Johann Jakob Christian Donner

**Euripides**

Werke

ISBN/EAN: 9783956973406

Auflage: 1

Erscheinungsjahr: 2014

Erscheinungsort: Treuchtlingen, Deutschland

Literaricon Verlag Inhaber Roswitha Werdin, Uhlbergstr. 18, 91757 Treuchtlingen

www.literaricon.de

# Euripides.

---

Deutsch

in den Versmaßen der Urschrift

von

**J. J. C. Donner.**

Dritte Auflage.

---

Erster Band.

Leipzig und Heidelberg.

C. F. Winter'sche Verlagshandlung.

1876.

# Inhalt des ersten Bandes.

|     |                  | Seite |
|-----|------------------|-------|
| I.  | Hippolytos       | 1     |
| II. | Hekabe           | 69    |
| III.| Helena           | 127   |
| IV. | Die Phönikerinnen| 209   |
| V.  | Medeia           | 291   |
| VI. | Orestes          | 353   |

# I.

# Hippolytos.

## Personen.

Aphrodite, die Göttin der Liebe.
Hippolytos, Sohn des Theseus.
Phädra, seine Stiefmutter, Gemahlin des Theseus.
Theseus, König von Athen, gegenwärtig in Trözene.
Die Amme der Phädra.
Artemis, die Göttin der Jagd.
Diener (als Jagdgefolge des Hippolytos) und Dienerinnen.
Boten.
Chor trözenischer Frauen.

Der Schauplaz ist in der Stadt Trözene, vor dem Palaste des Königs Pittheus.

**Aphrodite.**

Auf Erden vielgefeiert und nicht namenlos
Bin ich, die Göttin Kypris, und in Himmelshöhn:
Und die von Pontos' Marken zur atlantischen
Erdgränze wohnen und das Licht der Sonne schaun,
5 Von diesen ehr' ich, die verehren meine Macht,
Und stürze, wer sich wider uns trozvoll erhebt.
Denn auch in Götterherzen ja lebt dies Gefühl:
Sie freuen sich, wenn Menschen ihnen huldigen.
Wie wahr ich hier gesprochen, zeig' ich alsogleich.
10 Der Sohn des Theseus, einer Amazone Kind,
Hippolytos, des frommen Pittheus Jünger einst,
Nennt mich von allen Götterfrau'n die schlechteste,
Allein von allen Bürgern im Trözenerland,
Verschmäht die Liebe, kostet nicht der Ehe Glück:
15 Doch Phöbos' Schwester, Artemis, die Tochter Zeu[s]
Verehrt er als der Götterfrauen herrlichste;
Und stets der Jungfrau zugesellt im grünen Wald,
Tilgt er mit raschen Doggen rings des Landes Wild
Vertrautern Umgang pflegend, als es Menschen ziemt
20 Darüber fühl' ich keinen Groll: was sollt' ich auch?
Doch was er wider meine Macht gesündiget,
Er büßt es heute: hab' ich doch das Meiste schon
Längst vorbereitet: so bedarf's nicht vieler Müh'n.
Denn als er einmal aus des Pittheus Hause ging,

25 Zu schau'n die Weihen hoher Gottgeheimnisse,
In's Land Pandions: da erblickte Phädra ihn,
Des Vaters edle Gattin, und wie ich's verhängt,
Entbrannt' ihr Herz in ungestümer Liebesglut.
Und eh sie hierher wandert' ins Trözenerland:
30 Dort auf Athene's Felsen, der herniederschaut
In diese Fluren, baute sie Kythere's Haus,
Des fernen Lieblings denkend, und verkündete,
Nach seinem Namen nenne sich mein Haus hinfort.
Seit aber Theseus aus dem Kekropslande schied,
35 Den Fluch zu fliehn von stolzer Pallassöhne Blut,
Und samt der Gattin schiffend nach Trözenia,
Den Bann im Ausland sich erkor auf Jahresfrist:
Seit diesem Tage schmachtet sie, das Herz durchtobt
Von Liebesqualen, weinend hin in stummem Harm:
40 Der Hausgenossen keiner kennt der Armen Leid.
Doch darf mir diese Liebe so nicht endigen:
Theseus erfahr' es, Alles werd' ihm offenbar!
Und meinen Widersacher wird sein Vater selbst
Durch Flüche tödten, die der Meeresfürst erfüllt,
45 Poseidon, der als Ehrenlohn ihm Dreierlei
Zu thun verheißen, was er auch erflehen mag.
Sie stirbt mit Ehren, aber sterben muß sie doch:
Denn nicht so hoch eracht' ich Phädra's Untergang,
Daß meine Widersacher nicht in solcher Art
50 Mir Buße zahlen sollten, daß es mir genügt.
Doch eben, seh' ich, kommt ja dort Hippolytos,
Der Sohn des Theseus, nach des Waidwerks Mühen frisch
Herangeschritten: eil' ich denn hinweg von hier!
Es folgt in hellen Haufen ihm ein Dienerschwarm,
55 Und preist die Göttin Artemis in schallenden

Gesängen: denn nicht ahnt er, daß des Todes Thor
Sich aufgeschlossen und die lezte Sonn' ihm scheint.

(Hippolytos mit seinem Jagdgefolge.)

**Hippolytos.**
Auf, folgt mir, folgt, Artemis singend,
Zeus' unsterbliches Kind,
60 Das uns liebend behütet!

**Chor der Jäger.**
Herrscherin, Herrscherin, Heiligste du
Vom Geschlechte des Zeus,
Artemis, sei mir gegrüßt, gegrüßt,
Leto's und des Kroniden Kind,
65 Schönste weit in der Jungfrau'n Zahl,
Die im großen Himmelsraum
Wohnt in den stolzen Hallen des Vaters,
Im goldenen Saal Kronions!
Sei mir gegrüßt, o Schönste,
70 O schönste Du von Olympos'
Götterfrau'n, Artemis!

**Hippolytos.**
Dir bring' ich, Herrin, diesen frischgeflochtnen Kranz
Zum Schmuck, gewunden auf der unentweihten Flur,
Wo nie der Hirt die Heerden auf die Weide führt,
75 Noch nie das Eisen schaltet', und die Biene nur
Auf heiligen Auen über Frühlingsblumen schwärmt:
Da wohnt die Unschuld, tränkt die Flur mit Quellenthau.
Nur wer der Lehre Nichts verdankt, nur wem Natur
Für alle Dinge weisen Sinn und Maß verlieh,
80 Darf hier sich Kränze pflücken, doch der Böse nicht.
So nimm, geliebte Königin, aus frommer Hand
Die Krone, die dein goldnes Haar umkränzen soll!

Mir ward vor allen Menschen ja die Huld gewährt,
Bei dir zu weilen, und im Zwiegespräch mit dir
85 Dein Wort zu hören, seh' ich auch dein Auge nicht.
Zum Ziel geleite, wie ich ihn begann, den Lauf!

(Er bekränzt die Bildsäule der Artemis.)

### Ein alter Diener.
(aus dem Jagdgefolge vortretend)

O Fürst, (Gebietern muß man Götternamen leih'n!)
Vernähmest du wohl freundlich guten Rath von mir?

### Hippolytos.
Gewiß: für einen Thoren gält' ich wahrlich sonst.

### Der Diener.
90 Nun denn, du weißt ja, welcher Brauch bei Menschen gilt?

### Hippolytos.
Ich weiß es nicht: doch über welchen fragst du mich?

### Der Diener.
Man haßt den Stolz, den ungesellig finstern Sinn.

### Hippolytos.
Mit Recht: denn welcher Stolze wird nicht unbequem?

### Der Diener.
Doch Liebe wohl gewinnt man durch Leutseligkeit.

### Hippolytos.
95 Sehr viel, und Vortheil bei geringer Mühe noch.

### Der Diener.
Nun, glaubst du, daß bei Göttern auch dasselbe gilt?

### Hippolytos.
Wofern die Götter ihr Gesez den Menschen leih'n.

### Der Diener.
Was bringst du dann der hohen Göttin keinen Gruß?

### Hippolytos.
Welch einer Göttin? Hüte dich vor bösem Wort!

### Der Diener.
100 Ihr, die vor deinen Thoren steht, der Kypris hier.
### Hippolytos.
Ein keuscher Jüngling, grüß' ich nur von ferne sie.
### Der Diener.
Doch gilt sie hehr und heilig allen Sterblichen.
### Hippolytos.
Nicht jeden Gott, nicht jeden Menschen liebt man gleich.
### Der Diener.
O lebe glücklich bei dem Sinn, der dir geziemt!
### Hippolytos.
105 Kein Gott gefällt mir, welcher Nachts gefeiert wird.
### Der Diener.
Sohn, jede Gottheit ehre man, wie's ihr gebührt!
### Hippolytos.
Geht, Waidgenossen, tretet ein zum Hause nun,
Lezt euch am Mahle: lieblich, nach vollbrachter Jagd,
Winkt uns die volle Tafel. Auch die Rosse müßt
110 Ihr wacker striegeln, daß ich, satt vom Mahle, sie
An Wagen schirren und gebührend tummeln kann.
*(zu dem Diener)*
Doch deiner Aphrodite wünsch' ich alles Heil.
*(ab mit dem Gefolge.)*
### Der Diener.
*(vor der Bildsäule der Aphrodite)*
Ich aber, um's nicht nachzuthun den Jünglingen,
Die denken, wie's dem Sklaven nicht zu sagen ziemt,
115 Ich falle, Kypris, Herrscherin, vor deinem Bild
Anbetend nieder. Nimm es nicht ungnädig auf,
Wenn Einer dir in allzuraschem Jugendmuth

Thorheiten vorschwazt: stelle dich wie taub dazu!
Denn Götter müssen weiser sein als Sterbliche.
(ab in das Haus.)

### Der Chor.
#### Erste Strophe.

120 Flut vom Okeanos, heißt es, sprudelt ein Felsen hervor,
Der aus hangendem Gestein Quellwasser in Urnen ausströmt:
Hier wusch in Stromes Thau
Meiner Gespielinnen Eine
Purpurgewande, die
125 Sie rings auf hellsonnigem, warmem Rücken
Des Felsen auslegte: von ihr vernahm ich
Am ersten die Kunde, daß Phädra,

#### Erste Gegenstrophe.

Matt von verzehrendem Schmerz, im stillen Gemach sich daheim
Härmet mit leuchtendem Gewand ihr goldenes Haar beschattend.
130 Heut schon den dritten Tag,
Wie die Gespielin erzählte,
Hält sie der Erde Frucht
Vom reinen Leib ferne, vom Göttermunde:
In stummem Harm will sie des Todesgottes
135 Unseligem Ziele zusteuern.

#### Zweite Strophe.

Bist du trunken von Wahnsinn, Frau,
Den dir Pan, den Hekate dir,
Oder hohe Kureten gesandt,
Oder die Mutter vom Berge?
140 Vielleicht auch wider Diktynna,
Die Jägerin, sündigtest du;
Du versagst ihr die Opfer und leidest nun!

Sie geht auch Seeen hindurch, geht
Durch's Land und über des Meers
145 Schäumende, wirbelnde Salzflut hin.

### Zweite Gegenstrophe.

Oder hält den erlauchten Gemahl,
Der Erechtheus' Söhne beherrscht,
Drinnen in deinem Lager ein Weib
Heimlich in Liebe gefesselt?
150 Vielleicht auch segelt' ein Schiffer
Aus Kreta's heimischem Port
Zu der gastlichsten Bucht, die dem Seemann winkt,
Und brachte dir traurige Botschaft,
O Fürstin, daß dir der Gram
155 Brach das Herz und an's Lager dich bannt!

### Schlußgesang.

Es liebt der Frau'n mißgelauntem Sinne
Rathlose Noth sich beizugesellen,
Wann Weh'n der Geburt mit Wahnsinn
Durch unsägliche Qual sie bedrohn.
160 Auch mir durchstürmte die Brust solch feindlicher Hauch:
Da rief ich zur Artemis auf, der Gebärenden Schuz, die den Bogen
Herrschend lenkt:
Und heißersehnt erscheint sie mir allzeit mit andern Göttern.
Doch siehe, die Greisin, die sie erzog,
165 Führt hier vom Gemach vor das Thor sie heraus:
Das Gewölk um die Brau'n wird düsterer stets.
Es verlangt mein Herz, was es ist, zu erspähn,
Was die Königin kränkt,
Daß ihr sich die Farbe verwandelt.

**Phädra. Ihre Amme. Der Chor.**
### Die Amme.
170 Weh, menschliche Noth und der Krankheit Qual!
Was soll ich dir thun, was nicht dir thun?
Hier strahlt dir der Tag, ist heiter die Luft:
Auch brachte man dir aus dem Hause bereits
Dein Ruhbett hier:
175 Denn „in's Freie hinaus!" war immer dein Wort.
Bald sehnst in's Gemach du dich wieder zurück:
Schnell änderst du dich, es behagt dir Nichts:
Was da ist, Tochter, gefällt dir nie;
Abwesendes lockt dich und zieht dich mehr.
(Phädra wird von Dienerinnen auf eine Sänfte niedergelassen.)
### Die Amme.
(für sich)
180 Krank sein ist besser, als Wärterin sein:
Denn jenes ist einfach, diesem vereint
Sich Kummer des Herzens und leibliche Müh.
Nur Trübsal ist ja der Sterblichen Loos,
Und niemals ruh'n sie vom Leide.
185 Was mehr Werth hat, denn das Leben im Licht,
Das birgt in Gewölk die verhüllende Nacht.
Wohl hängen wir nur so thöricht an ihm,
Weil's hier auf Erden uns glänzt, weil nie
Von dem anderen Leben uns Kenntniß ward,
190 Noch Kunde von dem, was die Erde verbirgt:
Denn nichtige Fabel bethört uns.
### Phädra.
O richtet mich auf, o stützt mir das Haupt,
Ihr Lieben: gelöst ist den Gliedern das Band!
Sanft hebt mir den Arm mit den Händen, o Frau'n!

## Hippolytos.

195 Schwer lastet das Stirnband mir um das Haupt:
Weg nimm es, und streu' auf die Schultern das Haar!

**Die Amme.**

Sei ruhig, o Kind, und wirf dich nicht
So verdrießlich umher!
Viel leichter erträgst du der Krankheit Schmerz
200 Mit gelassenem Sinn und wackrem Gemüth:
Leid ist ja der Menschen Verhängniß.

**Phädra.**

Ach, Ach!
O könnt' ich ihn schöpfen, den lauteren Trank
Der erfrischenden Flut aus lebendem Quell!
O könnt' ich, von Schwarzpappeln umschattet,
205 Auf blumiger Wiese gelagert ruh'n!

**Die Amme.**

Was redest du da?
Daß nur ein solch wahnsinniges Wort,
O Tochter, dir nicht vor den Leuten entschlüpft!

**Phädra.**

Führt mich in's Gebirg! Ich will in den Wald,
210 Wo die Fichte sich hebt,
Wo die Hunde das Wild mordgierig erspähn.
Wie gern, ach! hezt' ich die Doggen heran,
Und sezte der fleckigen Hindin nach,
Und würf' an den bräunlichen Locken vorbei
215 Den thessalischen Speer,
In der Rechten bewehrt mit dem spizen Geschoß!

**Die Amme.**

Was quält Sehnsucht nach Solchem dein Herz?
Was kümmern denn dich die Geschäfte der Jagd?
Was lechzest du, Kind, nach den Wassern des Borns?

220 Ein Abhang ist an den Zinnen der Burg:
Da thaut dir ein Quell unversieglichen Trank.

### Phädra.

O Artemis, die du den salzigen See
Und die Bahnen beschirmst, von Rennern gestampft,
Ach, daß ich mich fänd' auf deinem Gefild,
225 Und bändigte stolz das henetische Roß!

### Die Amme.

Wie schwaztest du wieder so sinnlos da?
Bald treibt dich die Sehnsucht auf das Gebirg,
Zu erjagen das Wild, bald sehnst du dich hin,
Zu besteigen das Roß auf trockenem Sand.
230 Ein prophetischer Geist nur mag es erspähn,
Kind, was für ein Gott dir die Sinne verrückt
Und in wirrenden Taumel gerissen.

### Phädra.

Ich Elende, weh! Was hab' ich gethan,
Wohin mich verirrt von der Bahn der Vernunft?
235 Ich raste, ich fiel durch göttlichen Fluch!
Unselige, weh!
O Mutter, verhülle mir wieder das Haupt!
Ich erröthe vor dem, was ich eben gesagt.
O verbirg mich: es thau'n mir die Zähren im Blick,
240 Und schamvoll wend' ich das Aug' abwärts.
Das Bewußtsein wiedergewinnen, es schmerzt:
Wahnsinn ist schlimm: doch glücklich der Mensch,
Der hinstirbt ohne Besinnung!

### Die Amme.

Ich verhülle dich: wann deckt aber das Grab
245 Mein morsches Gebein?

(bei Seite)
Viel hat mich das lange Leben gelehrt.
Nur mäßige Freundschaft schließe den Bund,
Wenn auf Erden ein Herz zum Herzen sich fand:
Nie dring' er ins innerste Mark des Gemüths!
250 Leicht lösbar sei, was die Seelen vereint,
Daß nun es erschlafft, nun fester sich knüpft!
Wenn Ein Herz trauert um zwei, die Last
Ist drückend fürwahr, wie nun auch ich
Mich ängste für sie.
255 Viel Sorg' in der Welt, viel redliches Müh'n
Trügt häufiger, sagt man, als es erfreut,
Und bestürmt der Gesundheit blühende Kraft.
Drum lob' ich den Spruch: „Maß halten und Ziel!"
Das Zuviel taugt nicht;
260 Und Gleiches behaupten die Weisen.

### Der Chor.
O greise Frau, der Phädra treue Wärterin,
Wohl sehen wir der Fürstin jammervolles Loos:
Doch dunkel blieb uns, welcher Art ihr Leiden ist.
Von dir erfahren möchten wir's und hörten's gern.

### Die Amme.
265 Troz allem Fragen weiß ich's nicht: sie sagt es nicht.

### Der Chor.
Auch, wie das Leid begonnen, blieb dir unbekannt?

### Die Amme.
Nicht besser weiß ich's: alles dies verschweigt sie mir.

### Der Chor.
Wie abgemagert und erschlafft ihr Körper ist!

### Die Amme.
Kein Wunder: denn sie fastet schon den dritten Tag.

#### Der Chor.
270 Fehlt's ihr an Eßlust? Oder sucht sie so den Tod?
#### Die Amme.
Den Tod: des Lebens loszuwerden, fastet sie.
#### Der Chor.
Traun, seltsam, wenn sich ihr Gemahl damit begnügt!
#### Die Amme.
Sie birgt das Leid ihm und erklärt, ihr fehle Nichts.
#### Der Chor.
Und er bemerkt's nicht, wenn er ihr in's Auge sieht?
#### Die Amme.
275 Zufällig ist er eben fort und außer Lands.
#### Der Chor.
Doch — ließest du kein Mittel unversucht an ihr,
Ihr Leiden und des Geistes Irrwahn auszuspähn?
#### Die Amme.
Ich griff nach Allem, und bewirkte Nichts damit.
Doch soll auch jezt mein Eifer nicht ermatten: nein,
280 Du sollst als Augenzeuge mir's bestätigen,
Wie treu besorgt ich bei der Herrin Leide bin.
(an Phädra sich wendend)

Auf, liebes Kind! Die frühern Reden wollen wir
Vergessen beide: werde du gelassener,
Die düstern Brau'n erheiternd und den bangen Sinn:
285 Ich will mich dir bequemen, wo ich früher dir
Nicht folgte, will auf andern, bessern Wegen gehn.
Und wenn's ein heimlich Leiden ist, an dem du krankst,
Sind Frauen hier mit ihrer Hülfe dir bereit:
Doch, willst du Männern sagen, was dir Schmerzen bringt,
290 So rede, daß man einem Arzt es melden kann.
Nun? Schweigst du? Weßhalb? Schweigen mußt du
  nicht, o Kind:

Nein, wenn ich Etwas übel sprach, so table mich,
Und wenn ich wohl gesprochen, folge meinem Wort.
Sprich Etwas: hierher blicke! Weh, ich Elende!
295 Umsonst, ihr Frau'n, sind alle meine Mühen hier!
Wir sind so weit als früher: denn sie ließ zuvor
Sich nicht von mir bestimmen und folgt jezo nicht.
So wisse, würd'st du darum auch fühlloser noch,
Als Meereswogen: wenn du stirbst, verräthst du dein
300 Geschlecht, das fremd im Vaterhause werden wird!
Nein, bei der reisigen Amazonenkönigin,
Die deinen Kindern einen Herrn geboren hat
In einem Bastard edlen Sinns — du kennst ihn wohl,
Hippolytos —

**Phädra.**
Weh, wehe!

**Die Amme.**
Traf dir das in's Herz?

**Phädra.**
305 Du tödtest mich, o Mutter: bei den Himmlischen!
Ich bitte, fortan schweige mir von diesem Mann!

**Die Amme.**
Sieh doch! Du denkst vernünftig: dennoch willst du dir
Dein Leben nicht erhalten für der Kinder Wohl?

**Phädra.**
Die Kinder lieb' ich: mich bestürmt ein andres Leid.

**Die Amme.**
310 O Tochter, deine Hände sind doch rein von Blut?

**Phädra.**
Rein sind die Hände: Flecken hat die Seele nur.

**Die Amme.**
Wohl hat ein Widersacher Fluch auf dich gebracht.

**Phädra.**
Ein Freund verderbt unschuldig mich Unschuldige.
**Die Amme.**
Hat etwa Theseus wider dich gesündiget?
**Phädra.**
315 Daß ich an ihm nur nicht erschein' als Frevlerin!
**Die Amme.**
Was wäre denn das Arge, das zum Tod dich treibt?
**Phädra.**
O laß mich fehlen: fehl' ich doch nicht gegen dich!
**Die Amme.**
Gutwillig nie: mißlingt mir's, ist es deine Schuld!
(Sie fällt vor ihr nieder.)
**Phädra.**
Wie? Hängst du mir am Arme, übst du Zwang an mir?
**Die Amme.**
320 Und auch von deinen Knieen laß' ich nimmermehr.
**Phädra.**
Elende, weh dir, wenn du dieses Weh vernimmst!
**Die Amme.**
Kein größ'res Wehe kenn' ich, als dir ferne sein.
**Phädra.**
Du wirst vergehen: aber Ruhm bringt mir die That.
**Die Amme.**
Und solches Edle birgst du mir, der Flehenden?
**Phädra.**
325 Aus böser Quelle schöpf' ich erst das Edle mir.
**Die Amme.**
So bringt es dir mehr Ehre, wenn du's offenbarst.
**Phädra.**
Hinweg bei allen Göttern, weg, laß meine Hand!

**Die Amme.**
Nie, weil du mir die schuldige Gabe nicht gewährst.

**Phädra.**
Das will ich: denn ehrwürdig ist mir deine Hand.

**Die Amme.**
330 So schweig' ich also: denn das Reden ist an dir.

**Phädra.**
Unselige Mutter, welcher Liebe fröhntest du!

**Die Amme.**
Da sie den Stier liebt'? Oder, Kind, was meinst du da?

**Phädra.**
Auch du, o arme Schwester, Dionysos' Weib!

**Die Amme.**
Was hast du, Tochter? Auf Verwandte schmähest du?

**Phädra.**
335 Und ich, die dritte Arme, wie muß ich vergehn!

**Die Amme.**
Erschüttert steh' ich: wo hinaus will dieses Wort?

**Phädra.**
Von dort und nicht von gestern her stammt meine Noth.

**Die Amme.**
Noch weiß ich um nichts besser, was ich hören will.

**Phädra.**
Weh!
O könntest du mir sagen, was ich sagen soll!

**Die Amme.**
340 Kein Seher bin ich, um das Dunkle klar zu sehn.

**Phädra.**
Was ist doch das, was unter Menschen Liebe heißt?

**Die Amme.**
Das Angenehmste, Tochter, und das Bitterste.

**Phädra.**
Der Beiden Eines hab' ich selbst an mir erprobt.
**Die Amme.**
Was sagst du? Liebst du, Tochter? Sprich! Und welchen Mann?
**Phädra.**
345 Wer ist er doch, der Amazonenfürstin Sohn?
**Die Amme.**
Hippolytos?
**Phädra.**
Von dir vernahmst du's, nicht von mir.
**Die Amme.**
Was muß ich hören, Tochter? Weh! Du tödtest mich.
Nicht auszuhalten, ich ertrag' es lebend nicht,
O Frau'n! Verhaßtes Sonnenlicht, verhaßter Tag!
350 Brich ein, du Körperhülle, stirb: ich scheide mich
Von diesem Dasein! Lebet wohl! Ich bin dahin.
Denn weise Menschen fröhnen, widerstrebend zwar,
Unedler Liebe! Kypris war nicht Göttin nur,
Nein, ist es möglich, größer noch, als Götter sind,
355 Sie, die vernichtet Phädra, mich und dieses Haus!

**Der Chor.**
Strophe.
Hörtest, ach! hörtest du's,
Wie das Unnennbare,
Ihr unselig Leid, die Königin gestand?
O daß ich stürbe, bevor du, die wir lieben, so
360 Endest in Wahnsinnsnacht! O weh, wehe mir!
Ach Arme, daß du Das dulden mußt!
Ach, Angst und Noth ziehen die Menschen groß!
Du bist verloren, Grauses offenbartest du!
Was für ein Leben harrt nun ohn' Ende dein?

365 Ein graunvolles Leid bedroht dieses Haus.
Nicht länger ist es dunkel, wo der Liebe Loos
Endigen wird, o Kreta's unselig Kind!

**Phädra.**

Ihr Frauen aus Trözene, die den äußersten
Vorsprung von Pelops' Inselland bewohnen hier,
370 In langer Zeit der Nächte sann ich öfter schon,
Was doch der Menschen Leben so zerrüttet hat.
Und nimmer glaub' ich, daß aus angeborner Art
Der Mensch das Schlimm're wähle, — ward so Vielen doch
Einsicht des Rechten, — sondern also seh' ich's an:
375 Das Tugendhafte wissen und erkennen wir,
Thun's aber nicht, aus lasser Trägheit Einige,
Und Andre wieder, weil sie irgend andre Lust
Vorziehn der Tugend. Solche Lust ist mancherlei:
Als: langes Plaudern, Müßiggang (ein süßes Weh!)
380 Und Scheu, die eine guter Art, die andere
Ein Fluch des Hauses. Wüßten wir ihr rechtes Maß,
So trügen Einen Namen wohl die beiden nicht.
Nachdem ich einmal dieses wohl erkannt im Geist,
Da mochte solchen Glauben mir kein Zauber mehr
385 Zerstören, daß ich irrend glitt vom rechten Pfad.
Nun laß mich dir enthüllen meines Geistes Bahn.
Als Liebe mich verwundet, überlegt' ich wohl,
Wie ich's am schönsten trüge. So begann ich denn
Seitdem zu schweigen und verbarg mein Seelenleid.
390 Denn auf die Zunge darfst du nicht vertrau'n, die wohl
Gedanken andrer Menschen klug zu tadeln weiß,
Doch selbst die meisten Uebel durch sich selbst empfängt.
Zum zweiten strebt' ich diesen Wahn mit wackrem Muth
Zu tragen, ihn zu meistern durch Besonnenheit.

395 Und drittens, wie's auch also mir unmöglich war,
Der Liebe Macht zu brechen, da schien Sterben mir
Das Beste: Niemand widerspricht wohl dieser Wahl.
Denn meine Tugend leuchte vor der Menschen Blick,
Und wenig Zeugen habe nur die böse That!
400 Die Sache kannt' ich, kannte meiner Liebe Schmach,
Und über dieses sah ich wohl: ich bin ein Weib,
Gehaßt von Allen. Schand' und Tod verderbe sie,
Die, fremden Männern zugesellt, ihr Ehebett
Zuerst geschändet! Aus erlauchten Häusern brach
405 Auch über andre Frauen dieser Fluch herein.
Denn wenn den Edeln wohlgefällt das Schändliche,
Bald wird's die Niedern dünken, daß es edel sei.
Auch jene haff' ich, welche keusch in Worten thun
Und ingeheim mit schnödem Frevel sich vergehn.
410 Wie können sie, Kythera, Meerbeherrscherin!
Doch ihren Gatten offen schau'n ins Angesicht,
Nicht bebend vor dem Dunkel, das mitschuldig war,
Nicht vor den Zimmerdecken, daß sie reden einst?
Mich treibt, o Frauen, eben dies zum Tode ja:
415 Nie möcht' ich meines Gatten Ehrenschänderin
Noch meiner Söhn' erscheinen. Nein, sie sollen frei,
In hohem Muthe blühend, mir die stolze Stadt
Athen bewohnen, durch die Mutter nicht beschimpft!
Denn einen Mann auch kühnen Muthes beugt es tief,
420 Wenn ihm der Aeltern Schande kundgeworden ist.
Dies Eine, sagt man, kommt des Lebens Preise gleich,
Wenn dir gerechter, edler Sinn im Busen wohnt.
Den Lasterhaften offenbart die Zeit dereinst,
Und hält ihm einen Spiegel, wie dem Mädchen, vor:
425 O mög' ich unter Solchen nie gesehen sein!

**Der Chor.**
Ach, ach! Wie schön ist überall das weise Maß,
Und lohnt mit edlem Ruhme bei den Sterblichen!
**Die Amme.**
Mir hatte vorhin dein Geschick, o Königin,
Wohl grause Schrecken unversehens aufgeregt:
430 Nun seh' ich ein, ich irrte: bei den Menschen ist
Ein zweites Ueberlegen oft das weisere.
Nichts Unerhörtes ist es, nichts Unsägliches,
Was dich befallen: Zorn der Göttin stürmt' auf dich.
Du liebst, (o Wunder!) wie so viele Sterbliche:
435 Und um die Liebe gäbest du dein Leben hin?
Nicht durften ihr sich weihen, die vormals geliebt,
Und künftig lieben, würde Tod ihr Lohn dafür.
Wer mag Kytheren trozen, wenn sie mächtig stürmt?
Sie naht dem Herzen leise, das ihr willig folgt;
440 Doch wen sie widerspenstig und vermessen fand,
Den faßt sie strafend, zeichnet ihn mit Schmach und Hohn.
Kythere wallt im Aether, wohnt im Schooße selbst
Der Meeresfluten, Alles sproß aus ihr hervor.
Sie ist es, welche Liebe sät, Verlangen weckt,
445 Wovon wir Erdenwaller all' entsprossen sind.
Die, welche sinnend Schriften alter Zeit entrollt,
Und selbst beständig im Geleit der Musen sind,
Die wissen, wie vor Zeiten Zeus nach Semele
Verlangte, wissen, wie die goldenstrahlende
450 Eos zu Götterhöhen einst den Kephalos
Emporgerafft aus Liebe: — und sie wohnen noch
Im Himmel, flieh'n vor seinen Göttern nicht hinweg,
Und fügen, mein' ich, gerne sich in solchen Zwang.
Du willst dich sträuben? Zeugte dich dein Vater doch

455 Nach andrer Sazung oder unter anderer
Gottheiten Herrschaft, wenn dir solcher Brauch misfällt!
Wie viel gescheite Männer sehn, was ihre Frau'n
Verschulden, aber stellen sich, als sähn sie's nicht?
Wie viele Väter helfen selbst den Söhnen mit,
460 Wenn Liebe sie bethörte? Denn der weise Mann
Verheimlicht Andern klüglich, was Unehre bringt.
Nicht allzustreng doch bilde dir dein Leben aus!
Läßt doch das Dach, das unsre Wohnung überwölbt,
Sich schwer zusammenfügen: und wie hofftest du
465 Aus deinem tiefen Falle dich herauszuziehn?
Nein, wenn du mehr des Guten als des Bösen hast,
So bist du wohl sehr glücklich, eine Sterbliche.
Drum, liebe Tochter, leg' ihn ab, den trüben Sinn,
Den Uebermuth des Trozes: denn nichts Anderes,
470 Troz ist es, will man besser sein, als Götter sind!
Ja, füge dich der Liebe, weil's ein Gott gewollt,
Und was dich ängstet, wende klug zum Besseren.
Noch gibt es Zaubersprüche, gibt Beschwörungen:
Ein Mittel wird sich finden wider dieses Weh.
475 Fürwahr, die Männer fänden spät das Richtige,
Wenn nicht das Weib die Mittel auszusinnen weiß.

### Der Chor.

Was diese spricht, o Phädra, mag ersprießlicher
In deinem Leide wirken: dennoch lob' ich dich.
Zwar dieser Lobspruch lautet unbequemer wohl,
480 Als ihre Red', und deinem Ohre schmerzlicher.

### Phädra.

Das ist es, was der Menschen blüh'nde Wohnungen
Und Städte stürzt, die überschönen Worte sind's.

Denn nimmer ziemt zu sagen, was dem Ohr gefällt,
Nein, nur das Edle, das zu Ruhm und Ehre führt.
### Die Amme.
485 Wozu die stolzen Worte? Nicht des Redeprunks, —
Des Manns bedarfst du! Schleunig denn erspähen wir's,
Vertrau'n ihm frei und offen, was dein Herz bewegt!
Denn schwebte nicht dein Leben in so drohender
Gefahr, und wärst du nüchtern und besonnener:
490 Ich würde wegen deiner Lust und Liebe nie
So weit dich treiben! Aber nun gilt's großen Kampf
Um deine Rettung: dieses ist nicht tadelnswerth.
### Phädra.
Ha, schließe gleich die Lippen, arge Schwäzerin,
Und öffne solchem schnöden Wort nicht mehr den Mund!
### Die Amme.
495 Schnöd, aber mehr als schöne Sprüche werth für dich!
Denn eine That ist besser, die dich rettet, als
Das Wort, auf dessen Zauber stolz du sterben willst.
### Phädra.
Beim Himmel, halt! (schön sprichst du, doch ein schnödes Wort)
Nicht weiter gehe! Zwar ich unterwarf mein Herz
500 Der Lieb' in Ehren: doch beschönigst du die Schuld,
So fall' ich dem zum Opfer, was ich meiden will.
### Die Amme.
War das die Meinung, mußtest du nicht sündigen:
So aber folg' uns: denn zunächst thut dieses noth.
Ich habe Zaubermittel zur Besänftigung
505 Der Liebe drinnen, (eben jezt besann ich mich,)
Die sonder Schmach dir, ohne daß du Schaden nimmst
Am Geist, die Krankheit heilen, wenn du nicht verzagst.
Vom heißgeliebten Manne braucht's ein Zeichen hier,

Nur eine Locke, vom Gewand ein Fleckchen nur:
510 So schlingen wir aus Zweien Einen Liebesbund.

**Phädra.**
Und ist ein Trank das Mittel, sind es Salben? Sprich!

**Die Amme.**
Ich weiß nicht: laß dir helfen, Kind, und frage nicht.

**Phädra.**
Ich sorge nur, du handelst allzuweise mir.

**Die Amme.**
Du fürchtest dich vor Allem: was besorgst du denn?

**Phädra.**
515 Du schwazest Theseus' Sohne mein Geheimniß aus.

**Die Amme.**
Laß das, o Tochter: ich bestell' es alles wohl.
Nur du, Kythera, meerentsproßne Königin,
Sei mir zur Seite!
(für sich)
Was ich sonst zu thun beschloß,
Genügt, den Freunden im Palaste kundzuthun.
(ab.)

**Der Chor.**
Erste Strophe.
520 Gott Eros, der du den Augen süß
Einträufelst Verlangen, holde Wonne
Dem, den du bestürmst, in's Herz hinabströmst,
O nahe mir nie zum Leid, o komm nie
Des Maßes vergessend!
525 Nicht des Feuers und nicht
Der Sterne Pfeil aus Himmelshöhn
Sengt gleich dem Geschoß Aphrodita's,
Das Eros aus der Hand,
Der Knabe des Zeus, schnellt.

## Hippolytos.

### Erste Gegenstrophe.

530 Umsonst, umsonst an dem Alpheos,
 Umsonst an dem pythischen Herd Apollons
 Häuft Hellas ohn' Ende Stieresopfer:
 Und Eros, der Menschen grausen Zwingherrn,
 Ihn, der zu Kythera's
535 Süßem Wonnegemach
 Die Schlüssel führt, verehrt man nicht,
 Ihn, der, ein Zerstörer, in alles
 Unheil die Sterblichen
 Treibt, wenn er heranstürmt!

### Zweite Strophe.

540 Jene Oechalierin,
 Die in kindlicher Unschuld
 Daheim weilte, sonder Gemahl, die Jungfrau,
 Gab Kypris, daß sie, Bacchantin der Höll',
 Ihn endlos mit Tod umstricke,
545 Zu sterben in Blut, in Qualm,
 Zu der tödtlichen Hochzeit
 Weg vom Vaterhause dem Sohn Alkmena's.
 Ach, unseliger Ehbund!

### Zweite Gegenstrophe.

 Theba's heilige Stadt,
550 Und du Quelle der Dirka,
 Ihr zeugt, welche Bahnen Kythere wandelt!
 Sie hat, mit flammendem Donner bewehrt,
 Des göttlichen Bacchos Mutter
 Aus bräutlicher Lust entrückt
555 In des Todes Umarmung.
 Alles trifft ihr mächtiger Hauch: im Fluge
 Schwärmt sie umher, wie die Biene.

**Phädra.**
(aufhorchend)

O schweiget, Frauen, schweiget! Nun bin ich dahin!

**Der Chor.**

Was gibt es Grauses, Königin, in deinem Haus?

**Phädra.**

560 Seid stille, daß ich höre, was sie drinnen schrei'n!

**Der Chor.**

Ich schweige still: doch dieser Eingang lautet schlimm.

**Phädra.**

O weh, wehe mir!
Was muß ich doch erdulden, ich Unselige!

**Der Chor.**

Was soll dieser Schrei? Wozu dieser Ruf?
O sprich, welches Wort schreckt dich so sehr, o Frau,
565 Bestürmt dir das Herz?

**Phädra.**

Ich bin verloren! Tretet vor die Pforten hier,
Und höret, welch ein Lärmen im Palaste tobt.

**Der Chor.**

Du stehst nah' am Thor: dein Ohr rührt der Laut,
Welcher von innen schallt.
570 Sage mir, sage doch, was für ein Leid geschehn!

**Phädra.**

Der reisigen Amazone Sohn, Hippolytos,
Schreit laut und schmäht gewaltig auf die Dienerin.

**Der Chor.**

Geschrei hör' ich wohl; doch klar kann ich nicht
Verstehn, welch ein Ruf
575 Zu dir scholl, zu dir, durch des Palastes Thor.

### Phädra.

Er schilt sie deutlich Kupplerin, Verführerin,
Die ihres Königs ehlich Weib zum Bösen trieb.

### Der Chor.

Wehe mir Armen, weh! Theure, du bist entdeckt!
Wozu rath' ich nun? Deine Geheimnisse
580 Kamen an's Licht, dir bringt —

### Phädra.

Wehe, wehe!

### Der Chor.

Freundesverrath den Tod!

### Phädra.

Ja, sie verderbt mich, da sie meine Noth enthüllt,
Und liebend, doch nicht weise, sie zu heilen strebt.

### Der Chor.

Wie nun? In solchem schweren Leid — was willst du thun?

### Phädra.

585 Ich weiß nur Eines: ungesäumter Tod allein
Kann aus der Qual mich retten, die mich jezt umfängt.

**Hippolytos** kommt mit der **Amme** aus dem Palaste.
### Phädra. Der Chor.
### Hippolytos.

O Mutter Erde! Strahlenkreis des Helios!
Welch unerhörter Worte Laut vernahm mein Ohr!

### Die Amme.

Still, Jüngling, ehe dein Geschrei Jemand vernimmt!

### Hippolytos.

590 Unmöglich kann ich schweigen, hör' ich solchen Gräul.

### Die Amme.

Bei dieser Hand am schönen Arme fleh' ich dir —

**Hippolytos.**
Hinweg die Hände, rühre nicht an mein Gewand!
**Die Amme.**
Bei deinen Knieen, opfre mich dem Tode nicht!
**Hippolytos.**
Wie könnt' ich's, wenn du, wie du sagst, nichts Arges sprachst?
**Die Amme.**
595 Mein Wort, o Jüngling, werde nie der Welt bekannt!
**Hippolytos.**
Das Schöne macht sich schöner, wird es Vielen kund.
**Die Amme.**
Mein Sohn, den Eidschwur achte nicht als Kleinigkeit!
**Hippolytos.**
Die Zunge schwur ihn, und das Herz weiß nichts davon.
**Die Amme.**
Was willst du thun? Verderben deine Freunde, Kind?
**Hippolytos.**
600 Das bleibe fern! Kein Lasterhafter ist mein Freund.
**Die Amme.**
Vergib! Zu fehlen, Jüngling, ist der Menschen Art.
**Hippolytos.**
Was hast du doch der Menschen gleißend Ungemach,
Die Frau'n, o Zeus, an dieses Sonnenlicht gebracht?
Trugst du Verlangen, ein Geschlecht von Sterblichen
605 Zu schaffen, sollten diese nicht vom Weibe sein:
Nein, Männer mußten, wann sie dir des Eisens Wucht,
Gold oder Erz in deinen Tempeln dargebracht,
Nachwuchs von Kindern aus des Gottes Hand dafür
Als Gegengabe nehmen, nach dem ächten Werth
610 Des Dargebotnen Jeder, und im freien Haus
Als Freie wohnen ohne dies Geschlecht der Frau'n.

Nun aber, voll Verlangen, dieses Ungemach
In's Haus zu führen, opfern wir des Hauses Gut.
Daß Frau'n ein großes Uebel sind, beweist ja dies:
615 Ihr Vater, ihr Erzieher gibt noch reichen Schaz
Und läßt sie ziehen, um des Uebels los zu sein.
Doch wer ein solches Fluchgewächs aufnimmt in's Haus,
Frohlockt, das unheilvolle Bild mit köstlichem
Geschmeid' umhüllend, schmückt es reich mit Kleidern aus,
620 Der Sohn des Unglücks, und erschöpft des Hauses Gut.
Dann muß er, wenn die neuen Vettern wacker sind,
Froh sein, und lächelnd hält er fest den bittern Bund.
Doch, taugt die Gattin, aber sind die Vettern schlimm,
So wiegt er durch das Gute nur das Uebel auf.
625 Am besten fährt noch, wessen Weib, ein träges Nichts,
Unnüz in Einfalt brütend still im Hause sizt.
Die Kluge haff' ich: unter meinem Dache soll
Kein Weib verweilen, klüger, als es Frauen ziemt!
Denn öfter zeugt die Liebesgöttin Hinterlist
630 In klugen Frauen, während ihr beschränkter Sinn
Die geistigarmen keine Thorheit üben läßt.
Zu Frauen sollt' auch keine Magd in's Zimmer gehn:
Mit stummen Thieren sollten sie zusammensein,
Daß Keiner wäre, welchen sie anredeten,
635 Und Keiner ihnen wiederum entgegnete.
Nun brüten drinnen Böses aus die bösen Frau'n,
Und aus dem Hause tragen's dann die Sklavinnen.
So kamst auch du mir, locktest mich, fluchvolles Weib,
Zu schänden meines Vaters unentweihtes Bett:
640 Was ich mit Fluten Wassers mir wegspülen will,
Das ich in's Ohr einsprenge. Könnt' ich böse sein,
Der, solches auch nur hörend, nicht für rein sich hält?

Und wisse, Weib: dich rettet meine Frömmigkeit!
Denn fing mich Ahnungslosen nicht der Götter Eid:
645 Mich hielte Nichts, es meinem Vater kundzuthun.
Nun bleib' ich fern vom Hause, bis in diese Stadt
Theseus zurückkehrt, und mein Mund soll stille sein.
Doch mit dem Vater komm' ich heim und werde sehn,
Wie ihr ihn anblickt, du und deine Königin:
650 Dann hab' ich deinen frechen Sinn sichtbar erprobt.
Tod über euch! Ich werde niemals satt, die Frau'n
Zu hassen, sage Mancher auch, ich eifre stets:
Denn stets betreiben Böses ja die Frauen auch.
Drum lehre Jemand Sittsamkeit und Zucht die Frau'n:
655 Sonst werde mir gestattet, stets auf sie zu schmäh'n!

(ab.)

Gegenstrophe.

### Die Amme.

Bitter, unselig fiel
Der Frau'n Lebensloos!
Wo gibt's eine Kunst oder noch einen Rath,
Nun der verworrne Knoten mir unlösbar blieb?

### Phädra.

660 Mich fand meine Strafe! Weh, Erd' und Licht!
Wie entrinn' ich nun meiner Noth?
Wie verberg' ich, Frau'n, meine Schmach?
Welch eine Gottheit rettet? Welcher Sterbliche
Erscheint helfend oder mitwirkend mir
665 Bei so verruchter That? Das Leid, das so schwer
Mir drang in's Leben, nimmer ring' ich mich heraus.
So unselig war noch kein Erdenweib!

### Der Chor.
Weh, weh!
Es ist geschehn! Die Künste deiner Amme sind
Nicht wohl gerathen, Königin: nun steht es schlimm.
### Phädra.
670 Verderben deiner Freunde, Ganzverworfene!
Was thatst du mir? Mit allen Wurzeln tilge dich
Mein Vater Zeus aus, schlage dich mit Feuersglut!
Und sagt' ichs nicht, (ich hatte deinen Sinn geahnt,)
Und hieß verschweigen, was mich jezt in Schande stürzt?
675 Dies warst du nicht im Stande: nicht mehr kann ich denn
Mit Ehren sterben, und bedarf nun neuen Raths.
Denn Er, von Zornwuth heftig aufgeregt im Geist,
Wird wider mich dem Vater kundthun deine Schuld,
Und füllt mit bitterschmäh'ndem Wort die ganze Welt.
680 Fluch über dich und Jeden, der dem Freunde sich
Zu schnöder Wohlthat unverlangt gefällig zeigt!
### Die Amme.
Du magst, o Herrin, schelten, was ich schlimm gemacht:
Denn was dich schmerzt, trübt deines Geistes hellen Blick.
Doch kann auch ich erwiedern, wenn du hören willst.
685 Ich war dir Amme, bin dir hold, und deinem Schmerz
Heilmittel suchend, fand ich, was ich wollte, nicht.
Wenn mir's gelungen wäre, hieß' ich weise wohl:
Denn nach dem Ausgang werden wir als klug geschäzt.
### Phädra.
Kann mir's gerecht erscheinen, kann's genügen mir,
690 Wenn meinem Wort beipflichtet, die mich erst gekränkt?
### Die Amme.
Wir machen viele Worte. Wohl hab' ich gefehlt:
Doch ist noch Rettung möglich auch aus dieser Noth.

**Phädra.**

Laß ab zu reden! Auch zuvor ja riethest du
Nichts Gutes mir und fingest Unheilvolles an.
695 Aus meinen Augen gehe denn und sorge nur
Für dich: denn meine Sachen ordn' ich selber wohl.
(Die Amme geht ab.)
Ihr aber, edle Töchter aus Trözenia,
Gewährt mir dieses Eine nur, der Bittenden:
Hüllt ein in Schweigen, was ihr hier vernommen habt!

**Der Chor.**

700 Bei Artemis, Zeus' hoher Tochter, schwören wir:
Nie ziehn wir deiner Leiden eins an's Licht hervor!

**Phädra.**

Dank euch! Und nun ich überall umhergespäht,
Entdeck' ich Einen lichten Pfad in solcher Noth,
Daß meiner Söhne Leben ich verherrlichen,
705 Und selbst Gewinn aus meinem Falle ziehen kann.
Denn nimmerdar entehr' ich Kreta's Fürstenhaus,
Und trete niemals unter Theseus' Angesicht
Um Eines Lebens willen nach so schnöder That.

**Der Chor.**

Was hast du vor, Frau, welches unheilbare Leid?

**Phädra.**

710 Zu sterben: wie, das überlegen will ich noch.

**Der Chor.**

O Götter, wehrt es!

**Phädra.**

Rathe du zum Guten mir!
Ich will Kytheren, welche mein Verderben ward,
Vom Leben scheidend noch erfreun an diesem Tag:
So trägt der Liebe bittre Qual den Sieg davon!
715 Doch will ich Einem Andern auch durch meinen Tod

Unglück bereiten, daß er nicht auf meinen Fall
Stolz niederschaue, sondern diese Qual mit mir
Gemeinsam theilend lerne still bescheiden sein.
(ab.)

### Der Chor.
### Erste Strophe.
Könnt' ich in Tiefen der Waldschluchten mich betten,
720 Wo mich als beschwingten Vogel
Zu geflügelten Heerschaaren entrückt' ein Gott!
Daß ich könnte zu Adria's
Ferner Flut mich erheben,
Hin zum Strom des Eridanos,
725 Wo von Helios' armen Töchtern
Im Jammer um Phaëthons Ende
Hinab in die düstre Brandung
Sich ergießt bernsteinschimmernder Thränenglanz!

### Erste Gegenstrophe.
Flög' ich zu Hesperos' holdsingenden Jungfrau'n,
730 Wo die goldnen Aepfel glühen,
Und der Herrscher des Meers Schiffern die Bahn nicht mehr
Durch wildwogende See vergönnt
Hin zur heiligen Gränze,
Da der Atlas den Himmel trägt,
735 Und ambrosische Bäche wallen
Bei'm bräutlichen Lager Kronions,
Wo das göttliche Land des Segens
Den Unsterblichen ohn' Ende das Glück zuströmt!

### Zweite Strophe.
O weißflatternde Barke von
740 Kreta, die durch der Meeresflut
Wildauftosende Brandung

Aus dem glücklichen Vaterhause
Meine Herrin führte
Zu dem Bunde, dem segenlosen!
745 Leiden verhießen ihr beide
Länder, (oder war's nur Kreta?)
Als sie flog zu Pallas' stolzer
Stadt, und schöngeflochtnes Tauwerk
Sie an Munychos' Gestade
750 Banden und das feste Land betraten!

### Zweite Gegenstrophe.

Darum brach ihr das kranke Herz
In unheiliger Liebe vom
Grausen Sturm Aphrodita's.
Von der drückenden Last des Leidens
755 Ueberwältigt, wird sie
An die Decke des Brautgemaches
Knüpfen das schwebende Seil und
Um den weißen Nacken schlingen,
Bebend vor der finstern Göttin,
760 Ruhm und Ehre statt der Schande
Sich erwählend, und vom bittern
Liebesschmerz die kranke Seele lösend.

**Ein Diener** eilt aus dem Palaste. **Der Chor.**

### Der Diener.

Auf, auf!
Zur Hülfe her, ihr alle, die bei'm Hause sind!
Die Herrin, Theseus' Gattin, hängt im Strang entseelt.

### Der Chor.

Weh, weh!
765 Es ist geschehen, unsre Königin dahin!
Sie schlang um ihren Nacken sich das Todesband.

Hippolytos.

### Der Diener.
Ihr, wollt ihr eilen? Bringt ein doppelschneidig Schwert,
Und trennt von ihrem Halse flugs die Schlinge los!

### Erster Halbchor.
Was thun, ihr Lieben? Gehen wir in's Haus hinein,
770 Sie loszumachen aus dem festgezognen Strang?

### Zweiter Halbchor.
Wie? Sind der jungen Diener nicht genug im Haus?
Gefährlich ist es, sich um Allzuvieles mühn.

### Ein Diener.
(im Palaste)

Streckt aus den armen Leichnam, legt ihn grade hin!
Das ist ein bitterer Liebesdienst für meinen Herrn.

### Der Chor.
775 Verschieden, hör' ich, ist die Unglückselige:
Denn schon als eine Todte wird sie ausgestreckt.

**Theseus** mit Lorbeerzweigen bekränzt vom Orakel zurückkehrend. **Der Chor.**

### Theseus.
Ihr Frauen, wißt ihr, was der Lärm im Hause will?
Der Diener schwere Klage drang zum Ohre mir.
Vom Gottestempel heimgekehrt, empfängt das Haus
780 Mich nicht am festlichoffnen Thor mit frohem Gruß.
Ist doch des Pittheus Alter nicht ein Leid geschehn?
Wohl neigte sich sein Leben: dennoch wäre mir's
Noch immer schmerzlich, wenn er schied' aus diesem Haus.

### Der Chor.
Durch keines Greises Scheiden traf dich solch Geschick,
785 Theseus! Ein junges Leben schied und bringt dir Schmerz.

### Theseus.
Weh! Ward der Kinder Leben mir doch nicht geraubt?

### Der Chor.
Sie leben, doch die Mutter starb — o herbstes Leid!
### Theseus.
Wie sagst du? Meine Gattin todt? Durch welches Loos?
### Der Chor.
Sie wand die Todesschlinge selbst um ihren Hals.
### Theseus.
790 Erstarrt von Trauer? Oder was trieb sie dazu?
### Der Chor.
Soviel nur weiß ich: denn auch ich kam eben erst
Zum Hause, Theseus, und bejammre dein Geschick.
### Theseus.
Weh, weh!
Was kränzen Lorbeerzweige denn die Schläfe mir,
Der, ach, zu böser Stunde kam vom Gotteshaus?
795 Die Pfortenriegel schließet mir, o Diener, auf,
Und löst die Fugen, laßt ihr Jammerbild mich schaun,
Der Armen, welche sterbend mich vernichtete!

(Die Thorflügel öffnen sich: man erblickt die Leiche Phädra's auf der Bahre ausgestreckt.)

### Der Chor.
O weh, wehe dir! Welch unerhörtes Leid!
Arme, du littst, du thatst
800 So Schweres, daß dies Königshaus in Trümmer stürzt!
Ha, wie tollkühn! Ha, Gewalt raffte dich
Dahin in den Tod, in graunvollen Untergang,
Gewalt deiner Hand!
Und wer, Arme, trübt also das Leben dir?
### Theseus.
805 O weh, welches Loos! Von all meinem Leid
Traf mich das schwerste — hier! Zürnendes Schicksal, weh

Wie furchtbar kamst du über mich und mein Geschlecht
Durch eines Rachegeistes ungeahnten Fluch!
Ein todähnlich Leben, ha! zehrt mich auf:
810 Ein Meer schau' ich Trostloser, ein Leidensmeer,
Und aus den Wogen solcher Noth vermag ich nicht
Hervorzutauchen noch hindurchzuringen mehr.
Wehe, mit welchem Wort soll ich das schwere Loos,
Dein Leid, nennen, daß ich wahr rede, Frau?
815 Denn wie ein Vogel aus der Hand entschwandest du
Hinab mit raschem Sprunge mir in Hades' Haus.
Ach, ach, Jammerlos! Unseliges Geschick!
Auf mir lastet schwer aus uralter Zeit
Ein göttliches Gericht,
820 Durch Schuld Eines meiner Ahnherrn verwirkt.

### Der Chor.

Nicht dir, o König, widerfuhr dies Leid allein:
Dir starb, wie vielen Andern schon, ein treues Weib.

### Theseus.

Unter der Erde will ich, in der Erde Nacht
Versenkt will ich todt wohnen im düstern Haus,
825 Nun deine süße Nähe mir entschwunden ist:
Denn, ach, du gabest minder dir, als mir, den Tod!
Von wem überschlich, woher dies Geschick
Dein Herz, armes Weib, daß es im Tode brach?
Sagt Einer, was geschehen, oder hegt umsonst
830 Dies Haus, das königliche, meiner Knechte Schwarm?
O weh, weh mir! Dein
Beraubt, welches Leid muß ich im Hause sehn!
Unsäglich, unerträglich! All mein Glück dahin,
Mein Haus verödet, meine Kinder sind verwaist!

**Der Chor.**

835 Du schiedst, du schiedst, aller Frauen liebste,
Der Frau'n beste, soviele der Strahl
Sieht des Sonnenbeherrschers,
Und Nachts im Sternenglanze sieht Selene!
Ach, ach, Arme, welch ein Leid traf dein Haus!
840 Thränen befeuchten mir
Strömend das Augenlid, denk' ich an deinen Schmerz:
Doch längst beb' ich vor dem Leid, das ihm folgt!

**Theseus.**

Ha, ha!
Was will die Tafel, die von ihrer lieben Hand
Herniederhängt? Was hat sie Neues kundzuthun?
845 Hat wohl die Gattin, hat die Mutter mir vielleicht
Noch bittend einen lezten Wunsch an's Herz gelegt?
Sei ruhig, Arme! Nie betritt ein andres Weib
Das Haus des Theseus oder nimmt sein Lager ein.
Doch sieh, des goldnen Siegelrings Gepräge, den
850 Die Todte trug, lockt freundlichschmeichelnd mich heran!
Wohlan, die Siegel lös' ich samt den Bändern auf,
Und sehe, was mir dieses Blatt verkünden will!

**Der Chor.**

Ach, ach! Im Wechsel führt ein neues Leid
Ein Gott hier herauf!
855 Ewig erlosch in Nacht mir auch des Lebens Glanz,
Wandelte sich in Tod, nun es sich so gefügt!
Denn hin ist es, weh! dem Nichts fiel es heim,
Das Haus meiner Fürsten: weh über uns!
O Schicksal, ist es möglich, stürze nicht das Haus,
860 Und mein Gebet erhöre! Denn, dem Seher gleich,
Erblick' ich schon Vorboten eines Ungemachs.

### Hippolytos.

**Theseus.**

Welch neuer Jammer häufte sich zum Jammer hier,
Unnennbar, unerträglich! Ach, ich Elender!

**Der Chor.**

Was ist es? Rede, gönnst du mir Antheil am Wort.

**Theseus.**

865 Laut ruft das Blatt, meldet das Gräßliche!
Wie entflieh' ich der Last des Leids?
Ich Verlorener bin dahin!
Welches, welches Leid vernehm' ich Unseliger,
Redend in dieser Schrift!

**Der Chor.**

870 Ach, ach, mit unheilschwangerm Wort beginnst du, Herr!

**Theseus.**

Nicht in den Pforten des Mundes halt' ich's mehr
Zurück, dieses unentwirrbar grause Leid: hör' es, Stadt!
Mein Lager anzutasten hat Hippolytos
Gewagt und Zeus' erhabnes Auge nicht gescheut.
875 Nun, Vater, Gott Poseidon, der drei Wünsche mir
Vordem verheißen, morde mir mit einem jezt
Den Sohn, o laß ihn diesem Tage nicht entfliehn,
Soll anders Geltung haben, was du mir gelobt!

**Der Chor.**

O Herr, bei allen Göttern, nimm den Fluch zurück!
880 Du siehst den Irrthum später ein: o folge mir!

**Theseus.**

Mitnichten! Auch aus diesem Lande treib' ich ihn,
Und unter zwei Geschicken trifft ihn eines noch:
Ihn wird Poseidon in des Schattengottes Haus
Als Todten senden, ehrend, was er mir verhieß,

885 Oder schleppt er unstät, aus dem Vaterreich verbannt,
In fremdem Lande jammervoll sein Leben hin.

**Der Chor.**

Hier naht er selbst in guter Stunde dir, dein Sohn
Hippolytos. Laß ab vom bösen Zorne, Herr,
Erwäge, was zum Besten deines Hauses frommt!

**Hippolytos. Theseus. Der Chor.**
**Hippolytos.**

890 Dein Jammern hörend, bin ich rasch hiehergeeilt,
Mein Vater; doch was diese Seufzer dir entlockt,
Ich weiß es nicht, und hören möcht' ich's wohl von dir.
Ha! Was geschah hier? Deine Gattin seh' ich todt,
Mein Vater, — wohl ein Wunder, höchsten Staunens
          werth! —
895 Sie, die ich kaum verlassen, die zu diesem Licht
Der Sonne noch vor wenig Stunden aufgeblickt!
Was widerfuhr ihr? Wie ereilte sie der Tod?
Mein Vater, hören möcht' ich das aus deinem Mund.
Du schweigst? Mit Schweigen wird im Unglück nichts
          geschafft:
900 Das Herz der Menschen, Alles auszuspähn bemüht,
Verräth ja Vorwiz immer auch bei fremdem Leid.
Fürwahr, vor Freunden (und ich war dir mehr als Freund!)
Dein Misgeschick zu bergen, ziemt dir, Vater, nicht.

**Theseus.**

Ihr Menschen, die vielfacher Irrwahn blendete,
905 Was lehrt ihr tausend Künste doch, was sinnet ihr
So manche List aus und erfindet Allerlei,
Und wisset nicht das Eine, noch erjagtet ihr's,
Weisheit zu lehren Einem, dem's an Geist gebricht?

#### Hippolytos.

Wohl ist ein großer Meister, wer die Macht besizt,
910 Den Unverständ'gen zum Verstand zu nöthigen!
Doch, Vater, nicht zu rechter Stunde grübelst du:
Dein Mund, befürcht' ich, überschritt im Schmerz das Maß.

#### Theseus.

O gäb' es unter Menschen nur ein sicheres
Merkmal der Freundschaft, durchzuschaun der Herzen Grund,
915 Den wahren Freund zu scheiden von dem falschen Mann!
Und hätte doch zwei Stimmen jeder Sterbliche,
Die eine wahr, die andre, wie sie eben ist:
So würde, die nicht lauter denkt, erkannt an ihr,
Die's ehrlich meint, und uns berückte kein Betrug!

#### Hippolytos.

920 Hat dir ein Freund denn wider mich Verläumdungen
In's Ohr geflüstert, leid' ich ohne meine Schuld?
Erschüttert steh' ich: deine Red' erschüttert mich,
Die, wie verstandlos, aus dem Gleise sich verirrt.

#### Theseus.

Weh, dieser Geist der Menschen, wohin schreitet er?
925 Wo findet Frechheit und Verwegenheit ihr Ziel?
Denn wenn die Bosheit mit des Mannes Alter wächst,
Und weim der Spätre jederzeit den Früheren
Besiegt an Arglist: fügten dann zur Erde doch
Ein andres Land die Götter, das in seinem Schooß
930 Aufnimmt den Uebelthäter und den Bösewicht!

(zu dem Chore)

O blickt einmal auf diesen, der, von mir gezeugt,
Mein Ehebett geschändet, den die Todte hier
In offnem Zeugniß überführt der schwersten Schuld!

(zu Hippolytos)

Du, zeige, weil du, Gräuel, doch mir nahe bist,
935 Dem Vater Aug' in Auge hier dein Angesicht!
Du lebst mit Göttern als ein auserwählter Mann?
Du bist ein Frommer, unentweiht vom Sündendienst?
Mich überreden deine Prahlereien nicht,
Ruchlos die Götter solcher Unvernunft zu zeihn.
940 Nun rühme dich denn immer, prunk' in stolzem Wort
Mit Pflanzennahrung, sei verzückt, und huldige
Dem Meister Orpheus und der Bücher grauem Dunst!
Du bist entlarvt! Ich mahne Jedermann, zu fliehn
Vor Heuchlern, die dir gleichen: denn ihr fanget uns
945 Mit frommen Worten, während ihr auf Böses sinnt.
Sie ist gestorben: dieses, wähnst du, rette dich?
Das überführt dich eben, du Nichtswürdiger!
Denn welcher Eidschwur, welches Wort zeugt mächtiger,
Als diese Todte, daß es dich freispricht von Schuld?
950 „Sie haßte mich", bemerkst du, „weil Bastarde ja
Des Hauses ächten Söhnen stets gefährlich sind."
So trieb sie denn mit ihrem Leben schlechten Tausch,
Wenn sie der Haß ihr Liebstes aufzuopfern zwang.
Auch meinst du, Thorheit wohne nicht in Mannesbrust,
955 Und nur bei Frauen. Weiß doch ich, daß Jünglinge
Nicht sichrer gegen Lüsternheit als Frauen sind,
Wenn Leidenschaft der jungen Triebe Glut entflammt:
Und ihnen kommt zu Statten, daß sie Männer sind.
Indeß warum bekämpf' ich deine Worte so,
960 Da diese Leiche wider dich so sichtbar zeugt?
Fleuch als Verbannter ungesäumt aus diesem Land,
Und nicht Athene's gotterbaute Stadt betritt,
Noch eines Landes Marken, das mein Speer beherrscht!

## Hippolytos.

Denn wenn ich, solches duldend, dir mich beugen soll:
965 Dann wird am Isthmos Sinis mir nicht zeugen, daß
Ich ihn erschlagen, sondern daß ich leer geprahlt,
Noch werden Skeirons meerumwogte Klippen mir
Bekennen, daß ich Bösewichtern schrecklich sei.

### Der Chor.

Ich schwanke zweifelnd, ob ich einen Sterblichen
970 Noch glücklich preise: denn das Höchste stürzt in Staub.

### Hippolytos.

Mich, Vater, schreckt dein zornig aufgeregter Sinn:
Indeß die Sache, die so schöne Worte hat,
Nicht schön erscheint sie, wenn man sie genauer prüft.
Ich bin zu reden ungeschickt vor vielem Volk,
975 Vor Altersfreunden kann ich's wohl und Wenigern.
Auch dies hat seine Gründe: die vor Weisen nicht
Zu reden wissen, können's vor dem Volke mehr.
Doch bin ich nun gezwungen, weil die Noth mich traf,
Den Mund zu öffnen. Red' ich denn davon zuerst,
980 Womit verderbensinnend du mich erst beschlichst,
Als könnt' ich nichts erwiedern! Siehst du dieses Licht
Und hier die Erde? Da verweilt kein Mann, wie ich,
Der tadelloser wäre, magst du's läugnen auch.
Denn erstens weiß ich Göttern fromm zu huldigen,
985 Den Freund zu lieben, der kein Unrecht sich erlaubt,
Nein, der erröthet, Böses anzumuthen mir,
Und nie mit schnödem Gegendienst dem Schlechten fröhnt.
Niemals verspott' ich Freunde, nein, bin ihnen stets
Derselbe, Vater, ob sie fern, ob nahe sind,
990 Bin rein von Einem, wo du mich zu fangen wähnst:
Ich lebt' ein keusches Leben bis auf diesen Tag;
Vom Hörensagen kenn' ich nur der Liebe Werk

Und aus Gemälden; aber diese nur zu sehn
Verlangte mich jungfräulichunverdorb'nen nie.
995 Doch wenn du nicht auf meine Tugend bauen willst:
Wohlan, so mußt du zeigen, was mich so verdarb!
War etwa deines Weibes Reiz bezaubernder,
Als aller Frauen? Oder hofft' ich deinen Thron
Mir zuzueignen durch den Raub der reichen Hand?
1000 Dann war ich eitel thöricht, war von Sinnen, traun!
„Doch ist ein Thron gar lockend!" Für den weisen
        Mann
Mitnichten, wenn nicht unbeschränkte Herrschermacht
Den Sinn verkehrt des Menschen, dem sie wohlgefällt.
Ich möchte wohl in Hellas' Kämpferspielen gern
1005 Der erste Sieger heißen, doch im Staate nur
Als Zweiter, stets mit edlen Freunden glücklich sein.
Denn also wirkt man freier, und die Sicherheit
Verleiht dem Leben höhern Reiz, als Herrschgewalt.
Eins höre noch: das Andre weißt du schon von mir.
1010 Bezeugte Jemand, welcher Art mein Leben sei,
Und träte sie mir lebend gegenüber hier:
So träfst du forschend auf der That die Schuldigen.
Nun bei des Eides Rächer, Zeus, bei diesem Grund
Der Erde schwör' ich, daß ich nie dein Weib berührt,
1015 Es nie gewollt auch, noch daran jemals gedacht!
Ich möge ruhmlos untergehn und namenlos,
Und weder Meer noch Erde mein entschlummertes
Gebein dereinst empfangen, wenn ich frevelte!
Doch was befürchtend diese sich den Tod gewählt,
1020 Ich weiß es nicht, und weiter sagen darf ich nicht.
Sie galt für weise, während sie nicht weise war:
Ich war es wirklich und gewinne schlimmen Dank.

### Der Chor.
Genügend wehrte, was du sprachst, die Schuld dir ab;
Du schworest Göttereide, kein gemeines Pfand!
### Theseus.
1025 Ist dieser nicht ein Gaukler, nicht ein Zauberer?
Er hofft mit Sanftmuth meinen Sinn zu bändigen,
Nachdem er mich, den Vater, frech entwürdigt hat!
### Hippolytos.
Auch über dich, mein Vater, muß ich staunen hier:
Denn wenn mein Sohn du wärest und dein Vater ich;
1030 Ich hätte dich getödtet, nicht durch Bann gestraft,
Wofern du meinem Weibe dich zu nah'n erkühnt.
### Theseus.
Wie würdig sprachst du deiner! Doch nicht also wirst
Du sterben, wie du dies Gesez dir selbst bestimmst:
Dem Mann im Unglück ist erwünscht ein schneller Tod.
1035 Nein, aus dem Heimatlande fern, ein Flüchtiger
Auf Fremdlingserde, trauerst du dein Leben hin:
Das ist dem gottvergeßnen Mann der rechte Lohn!
### Hippolytos.
Weh, was beginnst du? Willst du nicht die lehrende
Zeit über mich erwarten, sondern treibst mich aus?
### Theseus.
1040 Ja, über's Meer und über Atlas' fernsten Saum,
Vermöcht' ich solches: also bist du mir verhaßt!
### Hippolytos.
Nicht Eidesbürgschaft willst du, nicht der Seher Wort
Befragen? Ungerichtet wirfst du mich hinaus?
### Theseus.
Hier dieses Blatt läßt keine Seherzeichen zu,
1045 Es klagt dich augenscheinlich an! Was kümmert mich
Der Vogelschwarm, der über meinem Haupte zieht?

**Hippolytos.**
Warum, o Götter, lös' ich denn die Zunge nicht,
Vernichtet ihr mich, deren Dienst mir heilig ist?
Nein, nein! Ich überzeugte, den ich sollte, nie,
1050 Und bräche fruchtlos meinen euch geschwornen Eid.
**Theseus.**
Dein heilig ernstes Wesen, ach, es tödtet mich!
Du zögerst, räumst nicht unverweilt der Väter Land?
**Hippolytos.**
Wo soll ich hinfliehn? Welches Freundes gastlich Haus
Betret' ich Armer, wegen solcher Schuld verbannt?
**Theseus.**
1055 Entweiche dorthin, wo man Frauenschänder ehrt,
Und böser That Genossen froh als Gäste pflegt!
**Hippolytos.**
Das bohrt mir tief in's Leben, preßt mir Zähren aus,
Daß bös' ich scheine, daß du mich für böse hältst!
**Theseus.**
Damals geziemte Seufzen und Bedenken dir,
1060 Als du des Vaters Gattin Hohn zu bieten kamst.
**Hippolytos.**
Ihr Wände, daß ihr einen Laut mir sendetet,
Mir zeugen könntet, ob ich also frevelte!
**Theseus.**
Zu stummen Zeugen flüchtest du? Vernehmlich klagt
Die That auch ohne Worte dich als Frevler an.
**Hippolytos.**
1065 O könnt' ich selbst mir gegenüberstehn, mich schaun,
Damit ich weinte, säh' ich solch ein Jammerloos!
**Theseus.**
Dich selbst zu ehren warest du viel mehr bemüht,
Als Aeltern fromm zu lieben, wie's die Pflicht gebot.

**Hippolytos.**

O jammervolle Mutter! Bittrer Schmerzen Kind!
1070 Daß nie mein Freund unächten Blutes Sprosse sei!

**Theseus.**

Schleppt ihn hinweg, ihr Knechte! Habt ihr's nicht gehört?
Ich sagte längst schon, daß er ausgewiesen sei!

**Hippolytos.**

Nur heulend legt von ihnen Einer Hand an mich:
Du treibe selbst mich, lüstet dich's, zum Land hinaus!

**Theseus.**

1075 Das werd' ich, wenn du meinem Wort nicht Folge gibst:
Denn kein Erbarmen fühlt mein Herz bei deiner Flucht.

**Hippolytos.**

So scheint es fest beschlossen: ich Unseliger!
Ich weiß mein Unglück, auszusprechen weiß ich's nicht.
O Tochter Leto's, liebste mir der Göttinnen,
1080 Hausfreundin, Waidgenossin, fliehen muß ich denn
Athen, das hohe! Lebe wohl, du stolze Stadt
Und Land Erechtheus'! Erde du Trözenia's,
Für froher Jugend Spiele rings an Wonnen reich,
Leb' wohl! Ich sehe, grüße dich zum leztenmal!
1085 Ihr, meiner Heimat traute Spielgenossen, kommt,
Gönnt mir ein Wort zum Scheiden und geleitet mich!
Ihr werdet niemals einen tugendhaftern Mann,
Als mich, erblicken, glaubt es auch mein Vater nicht!

(ab.)

**Der Chor.**

Erste Strophe.

Wahrlich, das Walten der Götter, betracht' ich es sinnend,
entfernt mir
1090 Die düstre Sorge:

Doch täuscht des Erfolges Berechnung,
Den ich gehofft, wenn ich Leiden und Thun der Ge=
borenen schaue.
Alles ja wandelt sich
Und kreiset stets,
1095 Und es wechselt das menschliche Leben,
Das ewig irrsalvolle.

### Erste Gegenstrophe.

Möge mir Flehenden dies das Geschick von den Göttern
gewähren:
Ein Loos mit Segen
Und ein Herz, unerschüttert von Kummer;
1100 Nicht ein erhabener Ruhm, noch ein niedriger, werde zu
Theil mir!
Mög' ich, bescheidenes
Verlangen stets
Mit dem morgenden Tage vertauschend,
Des Glücks mich freun mit Andern!

### Zweite Strophe.

1105 Nimmer vertraut ja den Göttern mein Herz: Ungeahntes
erblick' ich.
Denn ihn, den glanzreichsten Stern
Der hellenischen Stadt der Athene,
Sehn wir hinaus in die Fremde verstoßen,
Geächtet durch des Vaters Zorn!
1110 Wehe, du Sand des benachbarten Strandes,
Du grüner Bergforst, wo das Wild
Er mit den flüchtigen Doggen erlegte,
Diktynna's heiligen Spuren nach!

### Zweite Gegenstrophe.

Nimmer besteigt er hinfort das Gespann der henetischen
Stuten,
1115 Auf Limna's Rennbahn im Kreis
Die gelehrigen Rosse zu tummeln.
Unter den Saiten verstummen die Klänge,
Die nie geschlummert, im Vaterhaus;
Kranzlos stehen die schwellenden Lager,
1120 Wo Artemis ruht in tiefem Moos.
Deine Verbannung endet den bräutlichen
Wettkampf der Frau'n um deine Hand.

### Schlußgesang.

Ich aber, Unglücklicher, will
Dein verlornes Leben
1125 Weinend beklagen. Jammervolle Mutter,
Du gebarest ohne Segen!
Weh, ich zürne den Göttern!
Ihr Huldgöttinnen bräutlichen Glücks,
Was treibet ihr doch aus der Heimat
1130 Den Armen, der kein Böses that,
Treibt ihn vom Vaterhause?

Dort seh' ich einen Diener von Hippolytos:
Zum Hause kommt er eilig her mit trübem Blick.

### Ein Bote. Der Chor. Theseus.

#### Der Bote.

Wohin, o Frauen, geh' ich, um des Hauses Herrn,
1135 Theseus, zu treffen? Ist es euch bekannt, so thut
Es mir zu wissen: weilt er wohl im Hause hier?

#### Der Chor.

Da tritt er eben aus dem Hause selbst hervor.

### Der Bote.

Theseus, ich bringe Kunden, werth der Trauer, dir
Und allen Bürgern, die Athene's hohe Stadt
1140 Bewohnen und die Marken vom Trözenerland.

### Theseus.

Was gibt es? Hat ein ungeahntes Mißgeschick
Die beiden Nachbarstädte doch nicht heimgesucht?

### Der Bote.

Nicht mehr (in Kürze sag' ich's) ist Hippolytos:
Doch hängt an dünnem Faden noch des Lebens Licht.

### Theseus.

1145 Und wer erschlug ihn? Rächte sich an ihm ein Feind,
Dem er das Weib, wie seinem Vater, schändete?

### Der Bote.

Des eignen Wagens Viergespann gab ihm den Tod
Und deines Mundes Flüche, die zum Vater du,
Dem Meeresgott, ausriefest über deinen Sohn.

### Theseus.

1150 Ihr Götter und Poseidon! Ja, du bist gewiß
Mein Vater, da du gnädig mein Gebet erhört!
Wie ging er unter? Sage! Wie vernichtete
Ihn, der mich frech entehrte, Dike's Racheschwert?

### Der Bote.

Wir standen nah dem wildumwogten Meeresstrand:
1155 Der Rosse Mähnen kämmten wir mit Striegeln aus,
Und weinten; denn ein Bote kam und meldete,
Daß hier im Lande fürderhin Hippolytos
Nicht wandeln dürfe, jammervoll verbannt von dir.
Dann kam er selber, uns dasselbe Thränenlied
1160 Zum Meergestade bringend, und ihm drängte sich

Ein dichter Schwarm zahlloser Altersfreunde nach.
Doch endlich hemmt er seine Klagen und beginnt:
„Was wein' ich? Folgen muß ich meines Vaters Wort.
Die jochgewohnten Rosse schirrt dem Wagen an,
1165 Ihr Knechte! Nicht mehr hab' ich Theil an diesem Land."
Und ohne Säumen eilte nun ein jeder Mann,
Und schneller, als ich's sage, stellten wir sofort
Vor unsern Herrn die angeschirrten Rosse hin.
Er nimmt die Zügel mit der Hand vom Wagenknopf
1170 Herab und paßt die Füße wohl den Stiefeln an,
Und hebt zuerst die Hände himmelan und ruft:
„Zeus, nimmer mög' ich leben, wenn ich frevelte:
Und fühle noch mein Vater, wie er mich entehrt,
Ich möge todt sein, oder schaun der Sonne Licht!"
1175 Darauf erhob er seinen Stachelstock und trieb
Zumal die Rosse: wir, die Diener, nebenan
Dem Wagen, folgten, nah den Zügeln, unserm Herrn
Gradaus nach Argos und in Epidauros' Land.
Und als wir nun an einen öden Ort gelenkt,
1180 Hebt sich ein Seestrand, über dieses Land hinaus,
Gerade zum Saronerbusen hingestreckt.
Da scholl ein Ton, Zeus' unterirdischem Donner gleich,
Mit dumpfem Krachen, schauderhaft zu hören, her,
Und hoch erhoben Haupt und Ohr zum Himmel auf
1185 Die Rosse; knabenhafte Furcht kam über uns,
Woher das Tosen schalle. Nun zum rauschenden
Meerstrande blickend, sahn wir eine Woge sich
Graunvoll zum Himmel thürmen, daß der Klippenhang
Des Skeiron unserm Auge sich alsbald entzog:
1190 Sie barg den Isthmos und Asklepios' Felsenwand.
Dann schwoll sie höher, sprudelt' auf mit mächtigem

Getose schäumend auf der ringsempörten Flut,
Und stieg zum Ufer, wo das Viergespann erschien.
Und mit des Meers dreifachgeschwollner Woge warf
1195 Es einen Stier, ein wildes Ungeheuer, aus,
Von dessen Brüllen alles Land umher erfüllt
In Schauertönen widerscholl. Uns Schauenden
Erschien der Anblick grauser, als das Aug' erträgt.
Urplözlich faßte wilder Schreck das Viergespann,
1200 Und mein Gebieter, mit des Rosses Art vertraut
In langer Uebung, zog mit Macht die Zügel an,
Und zerrte, wie das Ruder zerrt ein Steuermann,
Es an den Riemen, seinen Leib rückwärts gestemmt.
Umsonst! Sie beißen knirschend in den harten Stahl
1205 Des Zaums, und stürmen weiter, nicht des Lenkers Hand,
Noch Zügel, noch des Wagens wohlgefügten Bau
Beachtend. Wenn in's weiche Blachgefilde nun
Er seinen Lauf, die Steuer lenkend, richtete:
Stand, ihn zurückzuscheuchen, schnell vor Augen ihm
1210 Der Stier, und toller Schrecken riß die Rosse fort.
Und stürmten die dann wuthentbrannt den Klippen zu,
So kam er leise, folgte stets am Wagen nach,
So lange, bis er diesen stürzt' und niederwarf,
Des Rades Ründung schmetternd auf ein Felsenstück.
1215 Nun war Verwirrung überall: es sprangen hoch
Die Rädernaben und der Achsen Pflöck' empor.
Der Arme selbst, in seine Zügel festverstrickt,
Er wird an unlösbarem Band dahingeschleift.
Zerschellt am Felsenriffe sein geliebtes Haupt,
1220 Zermalmt die Glieder, ruft er, was uns schmerzlich klang:
„Ihr, die ich einst an meinen Krippen aufgenährt,
Steht! Nicht vertilgt mich! Grauser Fluch des Vaters, ach!

Wer kommt und will des besten Mannes Retter sein?"
Das wollten unser Viele; doch der träge Fuß
1225 Erreicht ihn nicht. Er, endlich abgelöst vom Band
Zerrißner Riemen, — wie's geschah, ich weiß es nicht —
Stürzt nieder; schwach nur athmet er im Lichte noch.
Verschwunden sind die Rosse samt dem Ungethüm,
Dem Stier, am felsenvollen Strand, weiß nicht wohin.
1230 Ich bin in deinem Hause nur ein Knecht, o Fürst:
Doch bringt in meinem Leben mich kein Mensch dazu,
Von deinem Sohn zu glauben, daß er böse sei,
Und hängten alle Frauen sich an Stricken auf,
Und füllte Jemand alle Bäum' im Fichtenwald
1235 Ida's mit Klagen; denn ich weiß ihn tugendhaft.

### Der Chor.

Weh! Schweres Unheil neuer Noth erfüllte sich,
Und aus Verhängniß und Geschick ist kein Entfliehn.

### Theseus.

Aus Haß des Mannes, welcher dies erduldete,
Erfreute mich die Kunde; doch ich hege Scheu
1240 Vor Göttern auch und jenem, weil mein Sohn er ist;
So freut mich weder dieses Leid, noch schmerzt es mich.

### Der Bote.

Was sollen wir nun, deinem Sinn gerecht zu sein,
Dem Armen thun? Verlangst du seine Gegenwart?
Bedenk' es! Folgst du meinem Rath, so wirst du nicht
1245 Grausam verfahren wider dein unselig Kind.

### Theseus.

Bringt ihn, damit wir, Aug' in Auge blickend, ihn,
Der frech geläugnet, daß er unser Bett entweiht,
Durch Worte zeih'n und durch des Himmels Strafgericht.

### Der Chor.

Du lenkst der Götter unbeugsamen Sinn und der
1250 Menschen, o Kypris, mit ihm,
Dem Buntgeflügelten, der dich umkreist,
Fliegend den schnellsten Flug.
Er fliegt über die Erde, fliegt über des Meers
Tosende Salzflut hin,
1255 Und lockt bezaubernd, wenn er ein liebendes Herz
Stürmend berührt, von goldblizender Schwing' umglänzt,
Lockt wilde Brut des Gebirgs
Und was die See, was die Erde nährt,
Auf welche des Helios Blick flammend schaut,
1260 Und Menschenherzen. Ueber die
Alle gebietest du allein
Mit der Königin Macht, o Kypris!

**Artemis** erscheint auf einem Wolkenwagen. **Theseus.**
### Der Chor.
### Artemis.

Des gefeierten Vaters, des Aegeus, Sohn!
Auf, höre mein Wort!
1265 Denn Artemis, Tochter der Leto, spricht.
Theseus, du freust dich des Mordes, o Thor,
Den am eigenen Sohn du frevelnd verübt?
Du glaubst der Gemahlin Lügengeschwäz
Grundlos? Mit Grund wohl traf dich das Leid!
1270 Was birgst du dich nicht in der Erd' Abgrund
Mit erröthendem Blick?
Was hebst du dich nicht, vor dem Leide zu fliehn,
Auf Flügeln empor, weilst hier noch im Licht?
Denn du hast unter Gerechten hinfort
1275 Nicht mehr am Leben Gemeinschaft.

Vernimm, o Theseus, wie's geschah mit deinem Leid:
Wohl kann es nicht mehr frommen; doch dich quäl' ich so.
Ich bin gekommen, deines Sohns gerechten Sinn
Zu offenbaren, daß er sterb' in hohem Ruhm,
1280 Und deines Weibes Raserei (Großherzigkeit
Wird's Mancher nennen). Sie, von Kypris' Pfeilen wund,
Der schlimmsten Feindin Aller, die Jungfräulichkeit
Als ihre Lust erkoren, liebte deinen Sohn.
Bemüht, die Liebe durch Vernunft zu bändigen,
1285 Verdarb sie wider Willen durch der Amme Trug,
Die deinem Sohn nach abgenomm'nem Eid ihr Weh
Enthüllte. Dieser, wie's gerecht war, hörte nicht
Auf ihre Worte: wiederum, von dir geschmäht,
Ward er, ein Frommer, seinem Eid nicht ungetreu.
1290 Doch sie, befürchtend, ihre Schuld enthüllt zu sehn,
Schrieb jene Lügenzeilen und vernichtete
Durch Trug den Jüngling: dennoch hat sie dich berückt!

### Theseus.

Weh mir!

### Artemis.

Mein Wort, o Theseus, schmerzt dich; aber harre still,
Und höre weiter, daß du mehr noch seufzen mußt.
1295 Du weißt es, drei Versprechen gab dein Vater dir:
Du nahmst von diesen eines, und, Unsinniger,
Statt einen Feind zu treffen, trafst du deinen Sohn!
Der Meeresgott, dein Vater, gab wohlwollend dir,
Soviel er geben mußte, weil er's angelobt:
1300 Du bist in seinen Augen und in meinen schlecht,
Da du Beweise weder, noch der Seher Spruch
Erwartet und erwogen, nicht der langen Zeit

Gegönnt die Prüfung, sondern übereilt den Sohn
Dem Fluch dahingegeben und gemordet haſt!

**Theſeus.**

1305 Ach, ſtürb' ich, Herrin!

**Artemis.**

Du vergingſt dich ſchwer: indeß —
Du darfſt Vergebung hoffen auch für ſolche Schuld.
Denn Aphrodite wollte, daß es ſo geſchah,
Um ſich zu rächen. Und Geſez der Götter iſt's,
Daß keiner je des andern Gottes Neigungen
1310 Entgegentritt; nein, immer weichen wir zurück.
Denn, glaube ſicher, wenn ich Zeus nicht fürchtete,
Ich hätte mich in ſolche Schande nie geſtürzt,
Ihn, der von allen Menſchen mir der liebſte war,
Dem Tode preiszugeben. Doch Unkunde ſpricht
1315 Von allem böſen Willen dein Vergehen los,
Und jeden Vorwurf, daß ſie deinen Sinn berückt,
Hat deine Gattin abgewandt durch ihren Tod.
Wohl brach am herbſten dieſes Leid auf dich herein;
Doch macht es mir auch Schmerzen: denn des Frommen
                                              Tod
1320 Kann Götter nicht erfreuen; nur den Böſewicht
Samt Haus und Kindern weihen wir dem Untergang.

**Der Chor.**

Hier naht ja der Unglückſelige ſchon,
Sein lockiges Haupt und die junge Geſtalt
Wie gräßlich entſtellt!
1325 Weh, Jammer und Noth! Welch doppeltes Leid
Hat über dem Haus,
Von den Göttern geſandt, ſich entladen!

## Hippolytos.

**Hippolytos** (von Dienern auf einer Bahre getragen).
**Die Vorigen. Der Chor.**

**Hippolytos.**

Ach, ach!
Ich Armer, ich ward durch den grausamen Fluch,
Mein grausamer Vater, gemordet von dir!
1330 Nun bin ich verloren: o weh mir, weh!
Wildtobende Qual durchstürmt mir das Haupt,
Und im kranken Gehirn wühlt zuckend der Schmerz.
Halt! Ruhe vergönnt dem erliegenden Leib!
Ach, ach!
O verhaßtes Gespann, ihr Rosse, gepflegt
1335 Von der eigenen Hand,
Du vernichtetest mich, Tod brachtest du mir!
Bei den Göttern, o weh! sanft rührt mit der Hand,
Ihr Knechte, mir an den zerrissenen Leib! —
Wer war's, der rechts an die Seite mir trat? —
1340 O hebt mich behutsam, legt mich geschickt,
Mich Unglückssohn, den gemordet der Fluch
Durch des Vaters Versehn! Zeus, siehest du das?
Der lauter und fromm zu den Göttern sich hielt,
Der Allen an Weisheit strebte voran,
1345 Ich sink' in das Grab unrettbar dahin,
Mein Leben entfloh!
Und fruchtlos müht' ich um Frömmigkeit mich,
Und übte sie gegen die Menschen.
Ach, ach!
Nun faßt es mich wieder, o Schmerz, o Schmerz!

(zu den Dienern)

1350 Laßt ab von mir:
Ihr tödtet mich Unglückseligen noch!

Doch — o käme der Tod, mein rettender Arzt!
Wer reicht mir ein zwiefachschneidendes Schwert,
Zu durchbohren die Brust,
1355 Und das Leben in Schlaf zu versenken im Tod?
Mein Vater, ha, dein trauriger Fluch,
Ha, blutbefleckter Ahnen Fluch!
Der Stammväter Schuld aus uralter Zeit
Zögert nicht mehr, über die Schranken bricht sie,
1360 Und stürmt auf mich, warum auf mich, der keines Frevels
schuldig war?
Weh, was sag' ich? Wie
Wind' ich schnell mein Leben los
Aus diesem grausambittern Schmerz?
O daß in Ruh' einwiegte mich Unseligen
1365 Die nächtlich schwarze Macht des Schattenherrschers!

### Artemis.
In welche Leiden, ärmster Mann, versankest du!
Der Adel deines Sinnes ward dein Untergang.

### Hippolytos.
Ha!
O Hauch des Götterduftes! Unter Schmerzen auch
Empfind' ich deine Nähe, fühl' Erleichterung.
1370 Wohl weilt die Göttin Artemis in diesem Raum!

### Artemis.
Sie ist es, Armer, deine liebste Göttin ist's.

### Hippolytos.
Siehst du's, o Herrin, wie es mir, dem Armen, geht?

### Artemis.
Ich seh' es: aber weinen darf mein Auge nicht.

### Hippolytos.
Dein Jagdgenoß, dein treuer Diener ist dahin....

**Artemis.**

1375 Dahin: doch auch im Scheiden bist du theuer mir.

**Hippolytos.**

Dein Rosselenker, deiner Gottesbilder Schuz.

**Artemis.**

So war's von Kypris ausgedacht, der tückischen.

**Hippolytos.**

Weh mir!
Ich kenne nun die Göttin, die mich mordete!

**Artemis.**

Mir Ehre neidend, grollte sie dem Züchtigen.

**Hippolytos.**

1380 Uns drei vernichtet' Eine, wohl hat mir's geahnt.

**Artemis.**

Den Vater, dich, und eine Dritte, sein Gemahl.

**Hippolytos.**

So klag' ich auch um meines Vaters Mißgeschick!

**Artemis.**

Durch dieser Göttin Ränke ward sein Sinn berückt.

**Hippolytos.**

Ach armer Vater, daß du solches Leid erfuhrst!

**Theseus.**

1385 Ich bin dahin, Kind, mir entschwand des Lebens Reiz!

**Hippolytos.**

Mehr dich als mich beklag' ich über dein Vergehn.

**Theseus.**

O könnt' ich todt an deiner Stelle sein, o Kind!

**Hippolytos.**

Ha, Bitt'res gab dein Vater, gab Poseidon dir!

**Theseus.**

O wär' es nie gekommen über meinen Mund!

#### Hippolytos.
Wie?
1390 Du hätt'st mich doch gemordet, also zürntest du!
#### Theseus.
Wohl hatten falsche Götter mir den Sinn bethört.
#### Hippolytos.
O daß den Göttern fluchen könnt' ein Sterblicher!
#### Artemis.
Laß dies! Denn auch in dunkler Nacht der Erde nicht
Soll ungerochen bleiben, daß Kythere's Zorn
1395 In düsterm Unmuth also sich auf dich gestürzt,
Zum Lohne deines lautern, kindlichfrommen Sinns
Ich morde, dich zu rächen, einen Andern ihr,
Den sie von allen Männern weit am meisten liebt,
Durch diese sichern Pfeile hin mit meiner Hand.
1400 Dir aber, Armer, will ich für dein traurig Loos
Die höchsten Ehren im Gebiet Trözenia's
Verleih'n: denn alle Bräute weih'n in langer Zeit
Vor ihrem Hochzeitfeste dir das Lockenhaar,
Und große Thränentrauer ist dein Ehrenlohn.
1405 Stets wird der Jungfrau'n hochbegeistert Lied von dir
Erschallen, niemals namenlos vergessen sein
Die Liebe Phädra's, welche sich auf dich gestürzt.
Du nimm, o Kind des greisen Aegeus, deinen Sohn
In deinem Arm auf, und umfang' ihn liebevoll:
1410 Du gabst ihm unbewußt den Tod, und sündigen
Muß, wenn's die Gottheit also fügt, der Sterbliche.
Und dich ermahn' ich: hasse deinen Vater nicht,
Du weißt ja deines Todes Grund, Hippolytos.
Nun lebe wohl! Denn keinen Todten darf ich sehn,

1415 Nicht durch des Sterbens lezten Hauch mein Aug' entweihn,
Und eben seh' ich dieser Noth dich nahe schon.

**Hippolytos.**

Du lebe wohl auch, sel'ge Jungfrau, ziehe hin,
Und löse sanft den langen trauten Seelenbund!
Dem Vater groll' ich fürder nicht, weil du's gebeutst:
1420 Denn immer war ich deinen Worten unterthan.

(Artemis verschwindet.)

Weh! Schon herab sinkt auf das Auge mir die Nacht:
Komm, fasse mich, o Vater, und erhebe mich!

**Theseus.**

Weh, wehe, Kind! Was thust du mir Unseligen?

**Hippolytos.**

Ich sterbe, Vater, sehe schon des Todes Thor.

**Theseus.**

1425 Und lässest meine Seele so voll Schuld zurück?

**Hippolytos.**

Mit nichten: denn ich spreche dich des Mordes frei.

**Theseus.**

Wie sagst du? Ledig sprächst du mich von solcher Schuld?

**Hippolytos.**

Ich schwör' es bei der pfeilbewehrten Artemis.

**Theseus.**

Wie edel zeigst du, theurer Sohn, dem Vater dich!

**Hippolytos.**

1430 O leb' auch du wohl, Vater, vielmals lebe wohl!

**Theseus.**

Ihr Götter, welch ein edler, kindlichfrommer Sinn!

**Hippolytos.**

Solch ächte Kinder wünsche dir aus Götterhand!

**Theseus.**
Verlaß mich nicht, Kind, harre muthig aus im Kampf!
**Hippolytos.**
Mein Kampf, o Vater, ist gekämpft, ich sterbe nun:
1435 O hülle schleunig in's Gewand mein Angesicht!
(er stirbt.)
**Theseus.**
Ihr Thürm' Athens und Pallas' hochberühmte Burg,
Entrissen wird euch — welch ein Mann! Ich Aermster, weh!
Wohl oft gedenk' ich deines Trugs, o Kypris, noch!
**Der Chor.**
Dies Unheil traf uns Alle zumal,
1440 Und wir ahnten es nicht.
Drum strömen so heiß viel Zähren des Grams:
Denn das Trauergerücht von der Edelsten Fall
Schlägt mächtig an fühlende Herzen.

# Anmerkungen zu Hippolytos.

Vers 3. **Pontos**, das schwarze Meer, bezeichnet die östliche Gränze, das **atlantische Meer** die westliche Gränze des bekannten Erdbodens.

10. **Theseus** bekriegte mit Herakles die Amazonen, als dieser den Gürtel der Hippolyte, ein Geschenk des Ares, holen sollte, und entführte Hippolyte selbst, die Königin der Amazonen, nach Andern die Antiope, die ihm den Hippolytos gebar.

11. **Pittheus** war der Großvater des Theseus, ein Weiser von reinem Wandel, der sein Leben den Göttern geweiht hatte, wie der alte Ausleger bemerkt. Er herrschte in der Stadt Trözen, die auf einer Landzunge des Peloponnesos lag.

25. Gemeint sind die eleusinischen Mysterien, die alle fünf Jahre durch neuntägige Feste verherrlicht wurden.

26. **Pandion**, ein alter König Athens.

30. Auf **Athene's Felsen**, auf dem die Burg von Athen und ein Tempel der Pallas Athene erbaut war.

35. **Nisos, Pallas und Aegeus**, der Vater des Theseus, waren drei Söhne Pandions. Nisos erhielt die Stadt Megara, Pallas und Aegeus verschiedene Theile des attischen Gebietes. In einem Kriege des Pallas mit seinem jüngeren Bruder Aegeus erschlug Theseus die Söhne des Pallas, und flüchtete darauf, dem Gesetze

**64** Anmerkungen zu Hippolytos.

gemäß, diesen Verwandtenmord durch freiwillige Verbannung nach Trözen.

**Vers 45.** Poseidon war, der Sage nach, des Theseus Vater, wie Zeus für den Vater des Herakles galt. Theseus erbat sich von Poseidon Dreierlei: Befreiung seines Freundes Peirithoos aus der Unterwelt, sichere Rückkehr aus dem Labyrinth auf Kreta, endlich den Tod des Hippolytos.

79 f. Nach δρέπεσθαι seze ich ein Komma, und verbinde es mit θέμις. (τούτοις δρέπεσθαι θέμις, τοῖς κακοῖσι δ' οὐ θέμις.) εἴληχεν ist abhängig von ὅσοις, und nach homerischem Sprachgebrauch in intransitiver Bedeutung zu nehmen.

106. τιμαὶ δαιμόνων sind die den Göttern schuldigen Ehren, honores diis debiti.

112. **Doch deiner Aphrodite wünsch' ich alles Heil.** Ein zweideutiger Ausdruck: denn man wünschte nicht nur solchen Personen Heil, mit denen man freundschaftlich zusammenkam, oder von welchen man so schied, sondern auch oft Anderen, mit denen man nichts zu thun haben wollte. „Heil dir!" war eine Formel, deren Werth schlechterdings vom Tone der Stimme, womit diese Worte gesprochen wurden, oder von der begleitenden Geberde abhing. In dem Munde des Hippolytos ist sie halber Spott. Bothe.

126. εὔαλλον κάββαλεν ἔνθεν ἁμῖν.

136. Wahnsinn, Raserei ward von erzürnten Göttern verhängt, vornehmlich von Pan und Hekate.

138. Kureten, Priester der phrygischen Göttin Kybele.

140. Diktynna, eine Gottheit der Kreter, die mit Artemis ziemlich übereinstimmt. Bei ihr verweilt der Chor länger, als bei den anderen Gottheiten, weil Phädra eine Kreterin ist.

147. Erechtheus' Söhne, das Volk Athens.

151. **Aus Kreta's heimischem Port.** Phädra war die Tochter des kretischen Königes Minos.

# Anmerkungen zu Hippolytos.

**Vers** 213. L. *ἐγχριμπτομένη*.

215. Den Thessaliern ward die Erfindung der Lanze zugeschrieben.

222. Der salzige See soll ein ausgetrockneter See unweit des Meeres sein, welcher der Artemis geheiligt war, mit Rennbahnen in der Nähe.

225. Die Rosse der Heneter, die aus Paphlagonien an die Ufer des adriatischen Meeres gewandert sein sollen, wurden wegen ihrer Schnelligkeit gerühmt.

270. L. *πότερον ὑπ᾽ ἄσης*.

275. Theseus war nach Delphi gereist, um das Orakel zu befragen.

291. L. *ἅ σε χρή*.

301. Die Amazonen waren sehr gewandte Reiterinnen.

303. Hippolytos heißt Bastard, weil seine Mutter keine athenische Bürgerin war. Denn rechtmäßig geboren hießen in Athen, wenigstens in der Zeit des Euripides, nur diejenigen, deren Eltern Bürger der Stadt waren.

332. Pasiphaë, die Mutter der Phädra, hatte sich in einen Stier verliebt und den Stiermenschen Minotauros geboren.

333. Phädra's Schwester, Ariadne, war dem Theseus zur Ueberwindung des Minotauros behülflich, entfloh mit ihm, ward aber auf Naxos von ihm verlassen, hierauf von Dionysos geliebt und ihre Krone unter die Sterne versezt.

369. Die Landzunge, auf der Trözen lag, ist der äußerste Theil des Peloponnesos (der Pelopsinsel) gegen Morgen. Nur die schmale Landenge von Korinthos vereinigt diese Halbinsel mit dem festen Lande von Griechenland.

530. Alpheos, ein Strom bei Olympia in Elis.

540. Die Oechalierin ist Jole, Tochter des Eurytos, Königs der thessalischen Stadt Oechalia. Ihr Vater, ein trefflicher Bogenschütze, verhieß sie demjenigen, der ihn in

seiner Kunst überwände. Herakles vermochte dies; aber man entzog ihm den Kampfpreis, und er rächte sich nun, mit Hülfe der Arkadier, durch die Zerstörung der Stadt des Eurytos und durch gewaltsame Hinwegführung der Jungfrau. Allein in ihr schien ihm eine unermüdliche Wettläuferin an das Todesziel, eine Danaide, eine wüthende Bacchantin, zugesellt; denn Deianeira, Herakles' Gattin, eifersüchtig auf die neue Liebe, schickte dem Helden das vergiftete Gewand, das ihr der tückische Kentaur Nessos, als einen Liebeszauber, geschenkt hatte; Herakles legte es an, fiel in Raserei, und verbrannte sich selbst auf dem Berg Oeta. Bothe.

Vers 672. Phädra's Vater, Minos, war ein Sohn des Zeus.

725. Die Töchter des Helios, die Schwestern des Phaëthon, die am Ufer des Eridanos den Gefallenen beweinend, in bernsteinträufelnde Pappelbäume verwandelt wurden.

729. Hesperos' Jungfrauen, die Hesperiden, deren lieblichen Gesang die Dichter rühmen, bewachten auf einer westlichen Okeanosinsel, oder (wie hier) am Fuße des Atlas, in Here's Garten, die goldenen Aepfel, ein Brautgeschenk der Erde. Der Meergott verwehrt ungeweihten Schiffern den Weg zu diesen Ufern, die zu einem Wohnsitze der Seligen, wie man ihn in jenen Gegenden fabelte, verschönert werden.

733. Hin zu der heiligen Gränze. Die alte Welt dachte sich ihre Erde als ein länglich gerundetes und vom Okeanos umströmtes Inselland, unter dem auf Bergsäulen rings um sie ruhenden ehernen Gewölbe des Himmels. Der Atlas war die berühmteste jener Bergsäulen. Alle Inseln im Weltstrom Okeanos lagen jenseits der gemeinschaftlichen, heiligen, d. h. unüberschrittenen, Erd= und Himmelsgränze. Bothe.

745. „Unglück ließen sie beide Länder, Attika und Kreta, ahnen: Attika, weil sein Beherrscher Theseus, der Phädra Gemahl, schon die Liebe Ariadne's, ihrer Schwester, so

## Anmerkungen zu Hippolytos.

schlecht belohnt hatte; Kreta, weil hier Phädra's Mutter, Pasiphaë, so unglücklich liebte." Die Berirrung dieser Lezteren scheint dem Chor die schlimmere Vorbedeutung zu sein; denn Theseus' Undank wurde von Bacchos vergütet, der Ariadnen rettete, sie zu seiner Gattin erkor, und ihre Krone unter die Sterne versezte. Bothe.

**Vers 749.** Munychia, ein Hafen bei Athen.

**851.** Die Schreibtafeln, die zu Briefen gebraucht wurden, umwand man mit einem Bande, das man versiegelte.

**941.** Die Mysterien des Bacchos und des Orpheus schrieben ihren Jüngern Enthaltung von Fleischspeisen und Pflanzennahrung vor. Hippolytos, als reiner, in jene Mysterien eingeweihter Jüngling, verschmäht, dieser Lehre gemäß, alle sinnlichen Genüsse.

**950.** S. die Anmerkung zu V. 303.

**952.** Der Sinn ist: sie hätte wohl sehr unvortheilhaft gehandelt, wenn sie deiner Feindschaft wegen ihr Theuerstes (ihr Leben) aufgeopfert hätte.

**965.** Sinis, ein Räuber auf der Landenge (dem Isthmos) von Korinthos, band die Reisenden, die in seine Hände fielen, an zwei zusammengebogene Bäume, und zerriß sie, indem er die Bäume aus einander schlagen ließ. Theseus ließ ihn in derselben Weise seine Frevel büßen.

**967.** Skeiron, ein ähnlicher Unhold, wie Sinis, hielt sich in den Klippen an dem Meergestade von Megaris verborgen, und zwang alle Reisenden, die er auffing, ihm die Füße zu waschen. Er stieß sie dann ins Meer. Auch er mußte dem athenischen Helden mit seiner eigenen Strafe büßen.

**1044.** Die Seher bemerkten ihre Beobachtungen mit gewissen Zeichen, vielleicht durch kleine Stäbe oder Steinchen. Bothe.

**1093.** Anders übersezt:
Kreisend in ewiger Verwandlung, wogt
Und wechselt das menschliche Leben,
Allzeit erfüllt von Irrsal.

**Vers** 1113. **Diktynna.** S. zu V. 140.

1114. Ueber die **henetischen Rosse** s. zu V. 225.

1115. **Limna** hieß eine Rennbahn nahe an der Meeresküste bei Trözen.

1169. Der **Wagenknopf**, eine hervorstehende Rundung am Wagensize, woran man die Zügel band, wenn man still hielt.

1188. Der **Klippenhang des Steiron**, die Klippen am Meergestade des megarischen Gebietes. S. zu V. 967.

1190. Den **Isthmos**, die korinthische Landenge. — Der hier erwähnte Fels lag im Meere, nicht weit von Epidauros, dessen Schuzgott **Asklepios** (der römische Aesculapius) war.

## II.

# Hekabe.

### Personen.

Der Geist des Polydoros, des Sohnes der Hekabe.
Hekabe, vormals Königin von Troja.
Polyxena, ihre Tochter.
Odysseus, König von Ithaka.
Agamemnon, König von Argos, Heerführer der Griechen.
Polymestor, König des thrakischen Chersonesos.
Talthybios, Herold der Griechen.
Eine Dienerin Hekabe's.
Chor, bestehend aus kriegsgefangenen Troerinnen.

Schauplaz: das Schiffslager der Hellenen auf der thrakischen Halb=
insel, der phrygischen Küste gegenüber; im Vordergrunde die Zelte
der Hekabe und der gefangenen Troerinnen.

### Der Geist des Polydoros.

Dem Thal der Todten und den Pforten düstrer Nacht,
Wo fern den Göttern Hades wohnt, bin ich entschwebt,
Polydoros, Sohn des Priamos und Hekabe's,
Der Tochter Kisseus'. Als Gefahr die Phrygerstadt
5 Umfing, zu fallen durch der Danaiden Speer.
Da sandte fürchtend Priamos von Troja mich
Zu Polymestor, seinem Freund in Thrakia,
Der hier des Chersonesos reichste Flur bestellt,
Und mit dem Speer ein rosseliebend Volk regiert.
10 Und vieles Gold auch sandt' er ingeheim mit mir,
Daß, sänken Troja's Mauern einst, die Kinder ihm
Nicht Mangel litten, welche noch am Leben sei'n.
Ich war der Söhne jüngster; darum sandt' er auch
Mich aus dem Heimatlande; denn Schild oder Speer
15 Geschickt zu führen taugte nicht mein junger Arm.
So lange noch des Landes stolze Veste stand,
Die Thürme Troja's ungebrochen waren und
Mein Bruder Hektor glücklich rang im Lanzenkampf,
Erwuchs ich dort bei'm Thraker, meines Vaters Freund,
20 Ich Armer, wie der Palme Sproß, liebreich gepflegt.
Doch als mit Hektors Leben auch die Troerstadt
Hinstürzte, meines Vaters Herd in Trümmer sank,
Er selbst am gottgeweihten Opferherde fiel,
Vom Sohn Achill's, dem mordbefleckten, hingewürgt:

25 Erschlug des Goldes halber mich Unglücklichen
Des Vaters Gastfreund, und versenkt in schäumende
Meerflut den Todten, um des Goldes Herr zu sein.
So lieg' ich bald am Strande, bald auf wilder See
Treib' ich, von Wellenstrudeln hinundhergewogt,
30 Unbeweint und grablos. Jezo meiner Hüll' entflohn,
Schweb' ich um meine Mutter her, um Hekabe,
Und hebe mich zum Lichte schon den dritten Tag,
Seitdem die theure Mutter (unglückselig Loos!)
Auf diesem Insellande weilt, von Troja fern.
35 In Ruhe sizt, am Strande dieser Thrakerflur,
Mit seinen Schiffen alles Volk der Danaer:
Denn Thetis' Sohn, der über seinem Grab erschien,
Der Fürst Achilleus, hielt Achäa's Heer zurück,
Das, nach der Heimat strebend, schon die Ruder schwang;
40 Und meine Schwester fordert er, Polyxena,
Als süßes Opfer seinem Grab, als Ehrenlohn.
Und dieses wird ihm werden, und nicht ungeehrt
Von seinen Freunden bleibt er: ihr Verhängniß will,
Daß meine Schwester sterben soll an diesem Tag.
45 Zwei Leichen zweier Kinder wird die Mutter denn
Erblicken, meinen und der armen Schwester Leib.
Denn daß ein Grab mir werde, zeig' ich Armer mich
Vor einer Sklavin Füßen dort am Wogenschlag.
Denn Hades' Götter bat ich um des Grabes Gunst,
50 Und daß der Mutter treue Hand mich finden mag.
So werd' ich denn erlangen, was mein Wunsch ersehnt:
Der Greisin aber will ich aus dem Wege geh'n,
Der Hekabe: aus Agamemnons Zelte sezt
Sie dort den Fuß, von meinem Traumbild aufgeschreckt.
Weh!

55 O Mutter, die nach königlichen Hauses Glanz
Den Tag der Knechtschaft schaute, wie unglücklich nun,
Und einst so glücklich! Dein dahingeschwundnes Glück
Ausgleichend, sendet Ungemach ein Gott dir zu.
(Er verschwindet.)

Hekabe, gefolgt von gefangenen Troerinnen.
### Hekabe.
Führt, troische Jungfrau'n, führt mich heraus,
60 Mich Greisin: euere Mitsklavin,
Einst eure Gebieterin, richtet empor!
O fasset, o tragt, o geleitet und hebt,
O greift an dem zitternden Arme mich an!
Und ich, dem gebogenen Stabe die Hand
65 Aufstüzend, ich sez', ob langsam auch,
Vorschreitend, den Fuß in Bewegung.
    O Strahlen des Himmels! O düstere Nacht!
Was schrecket ihr so von dem Lager mich auf,
Graunbilder der Nacht? Erd', heiliger Grund,
70 Der schwarzhinschwebende Träume gebiert!
Weg, weg, ihr Gesichte der Nächte,
Die mir im Traume den Sohn, den Thrakia schüzend geborgen,
Und der geliebten Polyxena Bild vor die Seele gezaubert:
Ich sah's, ich erkannt' es, das Schreckensgesicht!
75     Ihr Götter der Heimat, rettet den Sohn,
Der, meinem Geschlecht noch Anker allein,
Auf schneeiger Flur in Thrakia weilt
In der Obhut unseres Gastfreunds!
    Unerwartetes droht!
80 Uns Jammernden naht ein Jammergesang!
Nie schauderte, bangte zuvor mein Herz
So unruhvoll.

Wo mag ich Helenos' göttlichen Geist,
Kassandra's Geist, o Freundinnen, schau'n,
85 Daß diese mir deuten das Traumbild?
Eine gesprenkelte Hinde von blutiger Klaue des Wolfes
Sah ich zerfleischt und kläglich vom Schooß mit Gewalt
mir entrissen.
Und auch dieses erweckt mir Angst:
Hoch über die Gruft des Achilleus kam
90 Sein Schatten herauf,
Und heischte sich eine von Troja's
Vielduldenden Frau'n als Ehrengeschenk.
Wehrt, himmlische Götter, o wehrt die Gefahr
Von meiner Polyxena, fleh' ich!

### Der Chor.

95 Ich kam, o Gebieterin, eilig zu dir,
Und machte mich auf von dem Zelte des Herrn,
Dem das feindliche Loos als Sklavin mich
Zutheilte, nachdem mich des Speeres Gewalt
Aus Troja's heimischer Veste verjagt
100 Und der Danaer Lanzen erbeutet.
Ich kann es von dir nicht nehmen, das Leid;
Schwer lastet die Botschaft, Herrin, auf mir,
Ich muß Heroldin des Grams dir sein.
Der versammelte Rath des achäischen Heers,
105 So sagt man, beschloß, dein Kind dem Achill
Als Opfer zu weih'n: du weißt, er erschien
Hoch über dem Grab in der goldenen Wehr,
Und hielt seefahrende Schiffe zurück,
Die schon an den Tau'n ihr Segel gespannt,
110 Laut rufend das Wort:
„Wo segelt ihr hin und verlaßt mein Grab

Ohn' ehrendes Opfer, Achäer?"
Wild schlugen zusammen die Wogen des Streits,
Und die Meinung ging, zwiefältig getheilt,
115 Durch das streitbare Heer: Die wünschten dem Grab
Sein Opfer gewährt, und die Anderen nicht.
Dich, Herrin, vertrat, um zu retten dein Kind,
Agamemnon, weil er die Seherin liebt,
Die Prophetin Apolls.
120 Doch Theseus' Söhne, die Sprossen Athens,
Sie sprachen sich aus in gedoppeltem Wort,
Doch stimmten sie ein in dem Einen Beschluß:
Des Achilleus Grab zu bekränzen mit Blut,
Jungfräulichem Blut; denn niemals sei,
125 So sprachen sie, über Achilleus' Speer
Kassandra's Liebe zu sezen.
Und der Eifer im Kampf zwieträchtigen Worts
Glich dort sich und hier, bis Lartios' Sohn,
Der verschlagene Schalk und Schmeichler des Volks
130 Mit dem süßen Geschwäz, vorstellte dem Heer,
Den gepriesensten Helden in Argos' Volk
Doch nicht zu verschmäh'n um der Sklavin Blut,
Daß nicht ein Gefallener Klagen erheb'
In Persephone's Haus,
135 Daß Danaer, Danaern undankbar,
Die sterbend für sie sich geopfert im Kampf,
Abzogen von Ilions Fluren.
Gleich wird er erscheinen, Laertes' Sohn,
Und reißt von dem Busen die Jungfrau dir,
140 Und stürmt sie hinweg aus dem zitternden Arm.
Auf denn, zu den Tempeln, auf, zum Altar!
Fußfällig umschling' Agamemnons Knie,

Und rufe die Götter in Hades' Nacht
Und die himmlischen an!
145 Wohl mag unseligen Kindes Verlust
Dein Flehen vielleicht abwehren von dir:
Sonst mußt du seh'n, wie die Jungfrau todt
Am Grab hinsinkt, umflossen von Blut,
Das schwarz vorquillt
150 Aus goldumfunkeltem Halse.

### Hekabe.

Ich Elende, weh! Was heb' ich doch an,
Welch klagenden Ruf? Welch Jammergeschrei?
Weh, unglückseliges Alter! Wie schwer
Drückt, ach, mein Alter die Knechtschaft!
155 Nicht mehr zu ertragen! O weh mir!
Wer steht mir bei? Wo lebt das Geschlecht?
Wo find' ich die Stadt?
Hin ist er, mein Greis, und die Söhne dahin!
Wo wander' ich hin? Wo ruh' ich aus?
160 Hierhin? Dorthin? Wo wird mich ein Gott,
Wo wird mich ein Dämon erretten?
Ihr troischen Jungfrau'n, die ihr das Leid,
Das entsezliche Leid, mir verkündiget habt,
Ihr vernichtetet mich! Dies Leben im Licht,
165 Mich reizt es nimmermehr!
O trage mich hin, unseliger Fuß,
Trag' hin mich zitternde Greisin
Zu dem Zelthof hier!

(Vor dem Zelt der Polyxena rufend)

O Tochter, o Kind
Der unglückseligsten Mutter, o komm
170 Aus dem Zelte hervor! Komm! Höre den Ruf

Der Mutter, damit du erfahrest,
Welch, welches Gerücht
Ich über dein Leben gehört, mein Kind!

#### Polyxena.

Was ruffst du mir, ach? Was meldest du mir,
175 Daß, Mutter, du mich voll Schrecken und Angst
Aus dem Zelt, wie das Hühnchen, hervorscheuchst?

#### Hekabe.

Weh, weh mir, o Kind!

#### Polyxena.

Warum seufzest du?

#### Hekabe.

Dein Leben, o Kind — ach!

#### Polyxena.

180 Was wirst du mir kundthun?

#### Hekabe.

Mein Kind, der Unglückseligen Kind!

#### Polyxena.

Was bejammerst du mich? Ein schlimmer Beginn!
O sprich's nur aus, nicht lange verbirg's!
Wie faßt, wie faßt mich, o Mutter, die Angst!

#### Hekabe.

185 So sprech' ich es aus, das entsezliche Wort:
Sie melden, o Kind, von einem Beschluß,
Den Argos' Heer um dein Leben gefaßt —

#### Polyxena.

Weh, weh! Was redest du, Mutter?
Unermeßliches Leid! O verkünde mir's doch,
190 O verkünde mir Alles!

### Hekabe.
Der gemeinsame Schluß der Argeier verlangt,
Daß, Tochter, am Grab des Achilleus
Du fallest als Opfer.

### Polyrena.
Unglückliche, die so Schweres erfuhr,
195 Der endlos Leid ihr Leben verzehrt,
Welch unaussprechliche, bittere Schmach
Hat wieder ein feindlicher Gott
Dir, Mutter, gesendet?
Dein Kind ist nicht mehr dein: nicht mehr
200 Soll ich in der Knechtschaft, Greisin, dir
Mitdulderin sein.
Wie das Rind, wie das Reh, das weidet im Forst,
So wirst du Unglückselige mich
Unselige dir aus den Armen geraubt
205 Seh'n, und vom Stahle durchbohrt, in die Nacht
Niedergesandt, in die Wohnung des Aides, wo ich, ach!
Bei den Todten ruhen soll.
Dein Unglück, Mutter, bewein' ich allein mit klagenden
Tönen der Trauer;
Mein Leben und Leid und den Schimpf und die Schmach,
210 Ich beklage sie nicht: ist Sterben ja doch
Als besseres Loos mir gefallen.

### Der Chor.
Sieh dort! Odysseus kommt heran mit raschem Schritt,
Ein neues Wort dir anzukünden, Hekabe.

### Odysseus. Hekabe. Polyrena. Der Chor.
### Odysseus.
Ich glaube, Frau, schon weißt du, was das Heer beschloß,
215 Und welche Meinung siegte; dennoch sag' ich es.

Das Volk Achäa's fand genehm, Polyxena,
Dein Kind, zu opfern an Achilleus' hoher Gruft.
Ich ward der Jungfrau zum Geleit, zum Führer ihr
Erkoren, und als Ordner dieser Opferung,
220 Als Opferpriester ist Achilleus' Sohn bestellt.
Was wirst du thun? Nicht schleppen laß dich mit Gewalt,
Noch tritt zum Kampf der Hände wider mich heraus;
Bedenke Hellas' Uebermacht und deine Noth:
Klug ist's im Leid auch denken wie man denken soll!

### Hekabe.

225 Weh, weh! Mir steht ein großer, schwerer Kampf bevor,
So scheint es, reich an Seufzern, nicht an Thränen leer.
Ich starb ja nicht, wo mir's zu sterben besser war;
Zeus hat mich nicht getödtet, er bewahrt mich auf,
Damit ich andres, größres Leid noch schauen soll.
230 Doch wenn der Sklave fragen darf den freien Mann,
Was nicht sein Herz verwundet, was ihn nicht betrübt,
Steht dir's, nachdem du sprachest, wohl zu schweigen an,
Und nun auf mich zu hören, die dich fragen will.

### Odysseus.

Du darfst es, frage; denn die Frist vergönn' ich dir.

### Hekabe.

235 Als Späher kamst du (weißt du noch?) nach Ilion,
Entstellt, in Lumpenhüllen; und es rieselten
Vom Auge Tropfen Blutes dir den Bart hinab.

### Odysseus.

Ich weiß; es traf nicht oberflächlich mir das Herz.

### Hekabe.

Und Helena, dich erkennend, sagte mir's allein.

**Odysseus.**

240 In große Noth gerieth ich: wohl entsinn' ich mich.

**Hekabe.**

Demüthig wohl umfingst du meine Kniee da.

**Odysseus.**

So daß in deinen Kleidern mir die Hand erstarb.

**Hekabe.**

Wie sprachst du damals, als du mein Gefangner warst?

**Odysseus.**

Um nicht zu sterben, sann ich viele Reden aus.

**Hekabe.**

245 Ich ließ dich leben, ließ dich aus dem Lande fliehn.

**Odysseus.**

So daß ich heut noch schaue dieser Sonne Licht.

**Hekabe.**

Erscheinst du nun nicht böse durch dein jezig Thun?
Von mir empfingst du Gutes, wie du selbst bekennst,
Und thust mir möglichst Böses, statt mir wohlzuthun!
250 Ihr Brut von Undankbaren, die nach Ehren jagt
Im Rath des Volkes! Hätt' ich euch doch nie gekannt,
Die nicht darum sich kümmern, Freunden wehzuthun,
Wenn ihr der Menge sagen könnt ein Schmeichelwort!
Indeß wiefern denn achten sie's für kluggethan,
255 Das Todesloos zu werfen über dieses Kind?
Trieb Noth Achäa's Söhne wohl zu Menschenmord
Am Grabe, wo ein Stieresopfer besser ziemt?
Wie? Oder lenkte Thetis' Sohn auf sie mit Recht
Den Mord, um den zu tödten, der ihn tödtete?
260 Doch ihm hat meine Tochter ja kein Leid gethan.

Als Opfer fordern mußt' er sich die Helena;
Die zog ihn hin nach Troja, die gab ihm den Tod.
Und wenn ein auserles'nes Weib ihm fallen soll,
Ein ausgezeichnet schönes, gilt uns dieses nicht:
265 Die Tochter Tyndars geht an Reiz uns allen vor,
Und schuldig ward sie minder nicht, als wir, erkannt.
Mit solchem Worte kämpf' ich um Gerechtigkeit:
Doch was du, weil ich's fordre, mir erstatten mußt,
Vernimm! Du faßtest, wie du sagst, mir einst die Hand,
270 Berührtest niederfallend mir das greise Kinn:
Gleichso berühr' ich jezo Kinn und Hände dir,
Und gleiche Wohlthat fordr' ich mir, und bitte dich:
O reiße mir die Tochter nicht aus meinem Arm,
Und laßt sie leben! Denn der Todten sind genug.
275 Froh war ich ihrer und vergaß mein Ungemach:
Sie ist mir Trost für Vieles, ist mir Vaterland,
Und Stab und Stütze, Pflegerin, Geleiterin.
Wer uns gebeut, gebiete nichts Unwürdiges,
Und wer im Glück ist, hoffe nicht auf stetes Glück!
280 Ich war vordem auch glücklich, doch nicht mehr bin ich's;
Mein ganzes Glück ja raubte mir Ein dunkler Tag.
Du theures Kinn, ich flehe, sieh mein Alter an,
Und habe Mitleid: geh' in Argos' Heer zurück,
Und mahne; schändlich wär' es, Frau'n zu morden, die
285 Ihr früher nicht gemordet, als ihr vom Altar
Sie rißet; Mitleid fühltet ihr und schontet sie.
Verbeut in eurem Lande doch ein gleich Gesez
Den Mord des freien Mannes und des Sklaven Mord.
Wohl wird dein Anseh'n siegen, sprächst du selbst verkehrt;
290 Denn edlen und unedlen Mannes Worte ja,
Wenn auch dieselben, haben nicht dieselbe Kraft.

### Der Chor.

So ganz gefühllos ist gewiß kein Sterblicher,
Daß deine langen Klagen, daß dein Jammern er
Vernehmend, einer Thräne Zoll dir weigerte.

### Odysseus.

295 Laß dich belehren, Hekabe, und achte nicht
Im Groll den Mann dir feindlich, der wohlwollend spricht.
Ich bin bereit, nachdem du Rettung mir gewährt,
Auch dich zu retten, und ich mein' es anders nicht;
Doch was ich rieth vor Allen, nie verläugn' ich das:
300 Ich rieth, des Heeres erstem Mann, als Troja fiel,
Dein Kind zu weih'n als Opfer, weil er's also will.
Die meisten Städte sinken ja dadurch in Noth,
Wenn sich ein edler, unverdrossen tapfrer Mann
Nicht mehr gewinnt an Ehren als die Schlechteren.
305 Uns ist Achilleus hoher Ehre werth, o Frau,
Er, der für Hellas ruhmgekrönt sein Leben ließ.
Wohl schändlich wär' es, wollten wir im Leben nur
Des Freundes achten, aber nicht im Tode mehr.
Wohlan! Was wird man sagen, wenn sich wiederum
310 Ein Heer versammelt und der Feind den Kampf erhebt?
Wird Einer kämpfen oder sich dem Kampf entziehn,
Wenn er den Hingeschiednen nicht geachtet sieht?
Ich ließe wahrlich Tag für Tag mein Lebenlang
Mit Allem mir genügen, wär' es wenig auch;
315 Doch meinen Grabeshügel wünscht' ich hochgeehrt
Dereinst zu wissen: lange lebt ein solcher Dank.
Und nennst du kläglich dein Geschick, so höre noch:
Es gibt bei uns nicht minder Unglückselige,
Wie du, betagte Männer, alterschwache Frau'n,
320 Und manche Braut, des besten Bräutigams beraubt:

## Hekabe.

Denn seinen Leichnam deckt der Staub der Troerflur.
Ertrage dieses! Wollten wir den tapfern Mann
Nicht würdig ehren, ständen wir als Thoren da.
Doch, ihr Barbaren, achtet ihr nur immerhin
325 Die Freunde nicht als Freunde, ehrt die Helden nicht,
Die schön gestorben, daß Achäa glücklich sei,
Und ihr empfangt, was euer schnödes Thun verdient!

### Der Chor.
Ach, welch ein Unglück, Sklave sein, Unwürdiges
Erdulden müssen, unterthan der Uebermacht!

### Hekabe.
330 O Tochter, meine Worte floh'n in leere Luft,
Fruchtlos verweht: nicht wehren kann ich deinen Tod!
Doch wenn du größre Zauber als die Mutter hast,
Versuche du dich; klage, gleich der Nachtigall,
In allen Tönen, daß du so dein Leben schirmst.
335 Umschling' Odysseus' Kniee, jammre, stimm' ihn um:
An einem Grunde fehlt dir's nicht: er hat ja selbst
Auch Kinder, daß dein Schicksal ihn wohl rühren kann!

### Polyrena.
Ich seh', Odysseus, wie du schnell in dein Gewand
Die Rechte birgest und das Angesicht von mir
340 Wegwendest, daß ich nicht dein Kinn berühren soll.
Getrost! Den Gott der Fleh'nden, Zeus, bemüh' ich nicht:
Ich werde folgen, folgen, weil's die Noth gebeut
Und mich verlangt zu sterben; wenn ich's weigerte,
Ich wär' ein Weib nur, welche feig ihr Leben liebt.
345 Was soll ich leben? König war mein Vater einst
Von allen Phrygern: so begann mein Lebenstag.
Von schöner Hoffnung großgenährt erwuchs ich dann,
Die Braut von Fürsten, und von mancher Jünglinge

6*

Sehnsucht umworben, wer mich führ' an seinen Herd.
350 Mich Arme nannten Königin die Troerfrau'n;
Vor allen Jungfrau'n stand ich hochbewundert da,
Und gleich den Göttern, außer daß ich sterblich war.
Nun bin ich Sklavin: dieser eine Nam' allein,
Der ungewohnte, macht mir schon das Sterben süß.
355 Dann muß ich wohl noch einem unbarmherzigen
Gebieter fröhnen, welcher mich um Geld erkauft,
Mich Schwester Hektors und so vieler Helden sonst;
Und Mehl zu mahlen zwingt er mich in seinem Haus,
Und sein Gemach zu scheuern und am Webestuhl
360 Gebannt zu stehn den jammervollen Tag hindurch.
Zuletzt entweiht noch, irgendher gekauft, ein Knecht
Mein bräutlich Lager, heißersehnt von Fürsten einst.
Nein! Freien Auges scheid' ich ab vom Sonnenlicht,
Und gebe frei dem Hades meinen Leib dahin.
365 Nun denn, Odysseus, führe mich und tödte mich!
Denn keine Hoffnung, kein Gedanke weckt in mir
Vertrauen, daß mir je das Glück noch lächeln mag.
Doch du, o Mutter, werde mir kein Hinderniß
Durch Wort und That: erflehe lieber selbst mit mir
370 Den Tod, bevor unwürdig niedre Schmach mich trifft.
Denn wer das Leid zu kosten nicht im Leid gelernt,
Der trägt's, doch seufzend fügt er sich dem Joche nur;
Entrückt dem Tageslichte, wär' er glücklicher,
Als lebend: Leben ohne Glück ist herbe Qual.

### Der Chor.

375 Erhabne Zierde, die mit Ruhm das Leben schmückt,
Von Edeln abzustammen! Ja, noch höher ehrt
Ein edler Name jenen, der ihn würdig trägt.

#### Hekabe.

Schön sprachst du, meine Tochter: doch dem Schönen ist
Gesellt die Trauer. Muß Achillen diese Gunst
380 Erwiesen werden, müsset ihr den Tadel fliehn:
Ja, dann, Odysseus, tödtet nicht Polyxena:
Mich führt zu seiner Grabesstatt, mich, mich durchbohrt,
Nicht mein erbarmt euch! Ich gebar den Paris ja,
Der Thetis' Sohne mit dem Pfeil den Tod gesandt.

#### Odysseus.

385 Nicht dich, o Greisin, fordert sich Achillens Geist
Von uns als Opfer; ihren Tod gebeut er uns.

#### Hekabe.

So mordet denn mit meiner Tochter mich zugleich!
Zwiefach des Blutes Spende trinkt die Erde dann,
Und trinkt der Todte, der von euch dies Opfer heischt.

#### Odysseus.

390 An deiner Tochter Tod genügt; nicht Mord zu Mord
Zu fügen ziemt uns: o bedürft's auch dessen nicht!

#### Hekabe.

Ich muß, ich muß mit meiner Tochter sterben gehn.

#### Odysseus.

Wie das? Von Keinem weiß ich doch, der mir gebeut.

#### Hekabe.

Wie Epheu, der die Eich' umrankt, umschling' ich sie.

#### Odysseus.

395 Das wirst du lassen, wenn du folgst dem Klügeren.

#### Hekabe.

Freiwillig laff' ich nimmermehr von diesem Kind.

#### Odysseus.

Und ich — ich will nicht ohne sie von hinnen gehn.

**Polyxena.**

O Mutter, folge mir! Und du, Laërtes' Sohn,
Vergib dem Mutterherzen solch gerechten Schmerz:
400 Doch du, o Arme, kämpfe mit dem Sieger nicht!
Willst du zur Erde stürzen, willst den greisen Leib
Verwunden, wenn dir Stöße drohn von roher Faust,
Willst Hohn erdulden, fortgeschleppt von Jünglingsarm?
Das widerfährt dir: laß es; denn unwürdig ist's!
405 Komm, traute Mutter, reiche mir die theure Hand,
Und laß, Geliebte, meine Wang' an deiner ruh'n!
Denn nie hinfort mehr, sondern heut zum leztenmal
Soll ich die Strahlen und den Kreis der Sonne schaun.
Vernimm die lezten Worte denn aus meinem Mund!
410 O Mutter, die mir Leben gab, ich geh' hinab, —

**Hekabe.**

Und ich, im Lichte weilend, Kind, muß Sklavin sein!

**Polyxena.**

Eh' mir am Hochzeitfeste tönt mein Brautgesang —

**Hekabe.**

Bejammernswerthe Tochter, ich unselig Weib!

**Polyxena.**

Und dort im Hades werd' ich ruhn getrennt von dir!

**Hekabe.**

415 Weh! Was beginnen, wie das Leben endigen?

**Polyxena.**

Als Sklavin sterb' ich, frei gezeugt vom freien Mann.

**Hekabe.**

Und ich, der fünfzig Kinder durch den Tod beraubt.

**Polyxena.**

Was soll ich Hektor'n sagen, was dem Greise dort?

#### Hekabe.
Daß unter allen Frauen ich die ärmste sei.
#### Polyxena.
420 O Mutterbusen, der so liebreich mich genährt!
#### Hekabe.
Ach arme Tochter, arme, schon so früh dahin!
#### Polyxena.
Leb wohl, o Mutter, auch Kassandra, lebe wohl —
#### Hekabe.
Wohl leben Andre, freuen sich, die Mutter nicht.
#### Polyxena.
Polydoros auch im rossefrohen Thrakerland!
#### Hekabe.
425 Wenn er noch lebt: ich zweifle. So schwand all mein Glück!
#### Polyxena.
Er lebt, und schließt im Tode dir das Auge zu.
#### Hekabe.
Ich bin, bevor ich sterbe, schon vor Jammer todt.
#### Polyxena.
Verhüll', Odysseus, mir das Haupt, und führe mich:
Denn vor dem Tode hat der Mutter Klage mir
430 Das Herz gebrochen; meine Noth bricht ihr das Herz.
O Licht, begrüßen darf ich ja dein Auge noch,
O du, so lange mein noch, als ich wandele
Zum Grab Achillens, wo der Opferstahl mich fällt!
(ab mit Odysseus.)

#### Hekabe.
Weh, weh! Ich sinke: meiner Glieder Kraft entweicht!
435 Die Mutter fasse, trautes Kind! Reck' aus die Hand,
Gib! Nicht verlaß mich einsam!

(zu dem Chor:)

                Ich vergehe, Frau'n!
(Indem sie Polyxenen nachblickt:)
O säh' ich also Helena, die Sparterin,
Die Schwester Kastors! Ilion, so glücklich einst,
Hat ihres schönen Auges Macht schmachvoll zerstört!

### Der Chor.
### Erste Strophe.

440 Lüfte, Lüfte des Meeres,
    Die seefahrende, schnelle Barken
    Hin über die Meereswoge tragen,
    Wohin führet ihr mich, die Arme?
    Wem komm' ich, zu Sklavendiensten
445 Erkauft, in's Haus dereinst?
    An dorischen Landes Ufer,
    Oder des Phthiergebietes, wo
    Der Vater der lieblichsten Flut,
    Wo Apidanos, sagt man, tränkt die Fluren?

### Erste Gegenstrophe.

450 Oder trägt mich Verlass'ne,
    Neuem Jammergeschick entgegen,
    Das Ruder des Meeres nach dem Eiland,
    Wo die Palm' und der ersterschaffne
    Lorbeer die geliebte Leto
455 Mit heiligem Grün umschloß,
    Der Göttergeburt ein Denkmal?
    Werd' ich in delischer Jungfrau'n Chor,
    O glückliche Artemis, dein
    Stirnband preisen, das gold'ne, samt den Pfeilen?

### Zweite Strophe.

460 Oder werd' ich in deiner Stadt,
Schönthronende Pallas, auf
Safranfarbnem Gewande dir
Schirren die Roff' an den Wagen,
Kunstreiche Gewebe mit
465 Bunten Faden durchwirkend? Werd' ich
Dir bilden Uranos' Stamm,
Den mit flammendem Bliz
Zeus in ewigem Schlafe begräbt?

### Zweite Gegenstrophe.

Wehe, weh' um die Kinder mir!
470 Weh, Vater und Vaterstadt,
Die, verheert von der Flammen Rauch,
Sank in den Staub, von der Lanze
Der Achäer gefällt! Und ich
Heiße Sklavin im fremden Lande,
475 Muß flieh'n aus Asia, dem
Jezt Europa gebeut,
Tausch' um bräutliche Wonne den Tod!

### Talthybios. Hekabe. Der Chor.

#### Talthybios.

Wo find' ich wohl, ihr Troerjungfrau'n, Hekaben,
Die Herrin einst gewesen über Ilion?

#### Der Chor.

480 Sie liegt in deiner Nähe dort, Talthybios,
Am Boden rücklings, eingehüllt in ihr Gewand.

#### Talthybios.

Was soll ich sagen? Kümmert dich der Menschen Loos,
Zeus, oder nenn' ich's Lüge, nenn' ich's eitlen Wahn,
Zu glauben, daß noch ein Geschlecht der Götter lebt,

485 Da blinder Zufall Alles lenkt, was menschlich heißt?
War diese nicht goldreicher Phryger Königin?
Sie nicht Gemahl des hochbeglückten Priamos?
Nun hat von Grund aus ihre Stadt der Speer zerstört,
Und sie, die Sklavin, hochbetagt und kinderlos,
490 Liegt auf der Erde, wälzt im Staub ihr armes Haupt!
Weh, weh! Ein Greis zwar bin ich: doch er komme nur,
Der Tod, bevor ein schmählich Loos mich niederbeugt!
Steh' auf, Bejammernswerthe, heb' in freie Luft
Die Glieder, richte dein ergrautes Haupt empor!

### Hekabe.

495 Wer bist du, (wehe!) daß du mich nicht lässest ruh'n?
Wozu mich wecken, wer du seist, in meinem Gram?

### Talthybios.

Der Griechen Herold bin ich, bin Talthybios,
Und Agamemnon sendet mich zu dir, o Frau.

### Hekabe.

Mein Lieber, kommst du, weil auch mich die Danaer
500 Am Grabe tödten wollen? Froh vernähm' ich das.
Auf! Eilen laß uns! Hurtig! Führe mich, o Greis!

### Talthybios.

Dich, Frau, zu rufen, daß du dein geschied'nes Kind
Bestatten mögest, komm' ich, und es senden mich
Die zwei Atriden und das Volk der Danaer.

### Hekabe.

505 Was sagst du? Weh mir! Also nicht zum Tode mich
Zu rufen kommst du, — Jammer nur mir kundzuthun?
Du bist dahin, Kind, aus der Mutter Arm geraubt,
Und ich, ich Arme, bin verwaist durch deinen Tod!
Wie habt ihr sie getödtet? Trugt ihr fromme Scheu,

510 Greis, oder habt ihr grausam, als die Feindin, sie
Gemordet? Rede, wenn du gleich nichts Frohes sagst.
### Talthybios.
Zwiefache Thränen willst du mir entlocken, Frau,
Um deine Tochter: denn bericht' ich ihren Tod,
Thränt mir das Auge, wie am Grabe, da sie starb.
515 Das Heer Achäa's war vereint in voller Zahl,
Zu deiner Tochter Opferung um's Grab geschaart.
Da faßte Pyrrhos an der Hand Polyxenen,
Führt auf des Hügels Höhe sie, — ich neben ihm, —
Und auserkorne Jüngling' aus Achäa's Heer,
520 Zu wehren deines Kindes Flucht, begleiten ihn.
Und einen goldnen Becher, voll zum Rande, nahm
Der Sohn Achillens in die Hand, goß Spenden aus
Dem hingeschiednen Vater, und bedeutet mir,
Dem ganzen Heer Stillschweigen anzukündigen.
525 Und ich, zur Seite stehend, rief in's Volk hinein:
„Schweigt still, Achäer! Stille sei das ganze Heer!
Seid ruhig! Schweiget!" Und die Menge stand verstummt.
Doch er begann: „Pelide, du mein Vater, nimm
Von meiner Hand dies Opfer, dies versöhnende,
530 Das Todte lockt vom Hades: komm, das dunkle Blut
Der reinen Jungfrau trinke, das Achäa's Heer
Und ich dir spenden! Sieh dafür uns gnädig an,
Und laß der Taue Fesseln uns am Steuerrand
Der Schiffe lösen, glücklich laß von Ilion
535 Heimkehrend Alle wiedersehn das Vaterland!"
So rief der Held, die ganze Heerschaar flehte mit.
Er faßte dann das goldumglänzte Schwert am Griff,
Zog's aus der Scheide, winkte drauf, dein armes Kind
Zu fassen, Argos' auserkornen Jünglingen.

540 Doch als sie das bemerkte, sprach sie dieses Wort:
„Ihr Söhn' Achäa's, die verheert die Troerstadt,
Ich sterbe willig: Keiner leg' an mich die Hand!
Denn meinen Nacken biet' ich dar mit frohem Muth.
Laßt mich, die Freie, ledig, bei den Himmlischen!
545 Damit ich sterb' als Freie: denn im Todtenreich
Sklavin zu heißen, schämt die Königstochter sich."
Da dröhnte Beifall; auch befahl den Jünglingen,
Von ihr zu lassen, Agamemnons Herrscherwort.
Und als die Jungfrau dies Gebot des Königs hört,
550 Nahm sie von hoher Schulter ihr Gewand und riß
Es bis zur Hüfte mitten durch, zum Nabel hin,
Und zeigte Hals und Busen, wie ein göttliches
Gebild, so reizend, senkt' ein Knie zur Erde dann,
Und sprach von allen Worten dies hochherzigste:
555 „Sieh her, o Jüngling! Wünschest du in meine Brust
Den Stahl zu bohren, bohre: wenn in meinen Hals —
Wohlan: der Nacken ist gefaßt auf deinen Stoß!"
Er, wollend und nicht wollend, (denn sie jammert' ihn)
Zerhaut des Athems Röhren ihr mit scharfem Stahl;
560 Des Blutes Quellen sprangen: sie, im Sterben auch,
Trug viele Vorsicht, hinzusinken, wie's geziemt,
Zu bergen, was man bergen muß vor Mannesblick.
Und als im Todesstoße sie den Geist verhaucht,
Sann jeder Mann des Heeres auf ein andres Werk!
565 Die Einen warfen Blätter auf die Todte hin
Aus voller Hand; die Scheiter thürmten Andere,
Die fichtnen Stämme tragend: wer nicht trug, vernahm
Von Andern, welche trugen, dies hohnvolle Wort:
„Herzloser, stehst du müssig hier, hast kein Gewand
570 Für solche Jungfrau, keinen Schmuck in deiner Hand?

Sie willst du nicht beschenken, die so großgesinnt
Hinstarb, so muthig?" — Solche Kunden bring' ich dir
Von deiner Tochter: ja, du bist die glücklichste
Von allen Müttern und die unglückseligste!

#### Der Chor.
575 Ein grauses Unheil stürmte dies Verhängniß ein
Vom Himmel über Priams Haus und meine Stadt.

#### Hekabe.
O Kind, ich weiß nicht, welches Leid ich klagen soll:
So vieles traf mich! Häng' ich nur an einem fest,
Gleich mahnt ein andres, und von dort ruft wieder mich
580 Ein neuer Schmerz ab, welchem Weh' auf Wehe folgt.
Zwar dein Geschick vermag ich jezt aus meinem Sinn
Nicht auszutilgen, daß ich's nicht bejammerte:
Doch über Maß zu klagen wehrt die Kunde mir
Von deinem Hochsinn. Wunderbar, daß schlechtes Land,
585 Wenn Götterhuld ihm lächelt, edle Saat gebiert,
Und gutes, wenn die rechte Wartung ihm gebricht,
Unedle Frucht gibt, doch der Mensch ein Andrer ist,
Der Böse nur ein Böser stets und überall,
Der Gute gut bleibt, und von keinem Ungemach
590 Sein Sinn verkehrt wird, sondern stets ein edler ist!
Thut's Unterweisung oder thun's die Aeltern hier?
Wohl pflanzt in Menschengeister auch die weise Zucht
Kenntniß des Guten; wer die Tugend kennt, erkennt,
An diesem Maßstab prüfend, auch was böse sei.
595 Doch diese Worte schoß ich ab in leere Luft.
(zu Talthybios)
Du geh' und Argos' Kriegerheer bedeute dies:
Daß Keiner sie berühre, daß der Schwarm von ihr
Fern bleibe! Frechen Pöbel hegt ein großes Heer,

Und wilder rast der Schiffer Zügellosigkeit,
600 Als Feuer; dort heißt böse, wer nichts Böses thut.
(Talthybios geht ab.)

Doch du, betagte Dienerin, nimm dies Gefäß,
Und schöpfe Meereswasser ein und bringe mir's,
Damit ich meine Tochter bad' im lezten Bad,
Die Braut und Jungfrau ohne Lieb' und Jugendlust,
605 Und sie geschmückt ausstelle, — nicht, wie's ihr geziemt, —
Unmöglich! — aber wie ich's kann: wie mach' ich es?
Schmuck will ich sammeln von den mitgefangnen Frau'n,
Die mir vereinigt innerhalb der Zelte hier
Verweilen: birgt doch manche wohl vom eignen Haus
610 Bei sich ein Kleinod, unbemerkt dem neuen Herrn.
(Die Dienerin entfernt sich.)

Du schöner Wohnsiz! Du vordem so glücklich Haus!
Du, reich an Schäzen, Priamos, durch Kinder reich,
Und dieser Kinder Mutter ich, ein greises Haupt!
Wie sind wir, ach, der alten Herrlichkeit beraubt,
615 Zum Nichts herabgesunken! Dennoch bläh'n wir uns,
Der Eine, der im stolzen Goldpalaste wohnt,
Der, weil die Bürger ehrenvoll ihm huldigen!
Das ist ja nichts, als Sinnen über Sorgen, nichts,
Als Zungenhoffart. Jenem fiel das schönste Loos,
620 Dem ungetrübt von Leiden jeder Tag entflieht.
(ab in das Zelt.)

Der Chor.
Strophe.

Mein Haupt mußt' Ungemach,
Mein Haupt mußt', ach! Verderben treffen,
Als auf Höhen des Ida Paris
Zuerst fällte den Fichtenstamm,

625 Durch wilde Meeresflut hinauszusteuern
Zu der Helena Raub, der hold=
seligsten Frau, der in goldenem Glanz
Helios' Auge strahlt!

Gegenstrophe.

Denn Noth, und mächtiger
630 Als Noth, umringt uns Zwang der Knechtschaft.
Durch des einzelnen Mannes Thorheit
Kam dem Volk in Simois' Thal
Gemeinsam Unheil, Untergang durch Andre:
Denn es endete sich der Streit,
635 Welchen am Ida der Hirt entschied
Zwischen den Götterfrau'n,

Schlußgesang.

Mit Krieg und blutigem Morde, mit meiner Paläst'
Einsturz.
Doch bitter weinend seufzt in dem stillen Gemach wohl auch
Manch Spartermädchen an Eurotas' schönem Strom;
640 Und die Mutter gefall'ner Söhne,
Sie legt die Hand wohl an das greise Haupt,
Und zerfleischt sich im Schmerze
Die Wange, daß von Blut die Nägel triefen.

**Eine Dienerin** mit einer verhüllten Leiche. **Hekabe.**
**Der Chor.**
**Die Dienerin.**

Ihr Frau'n, wo weilt die jammervolle Hekabe,
645 Die wahrlich alle Männer und der Frau'n Geschlecht
Besiegt an Unglück? Ihr entreißt Niemand den Kranz!

**Der Chor.**

Was will des Elends Jammerruf, Unselige?
Denn deine Trauerkunden ruh'n ja nimmermehr.

### Die Dienerin.

Dies Leiden bring' ich Hekabe'n: im Jammer tönt
650 Nicht leicht ein Wort des Heiles aus der Menschen Mund

### Der Chor.

Nun ja, sie tritt hier eben aus dem Zelt hervor,
Und kommt für deine Kunden ganz zu rechter Zeit.

### Die Dienerin.

Du Jammervolle, mehr noch als ich sagen kann!
Verloren, Herrin, bist du, todt, und lebst im Licht:
655 Hin, ohne Kinder und Gemahl und Vaterland!

### Hekabe.

Nichts Neues sagst du; dieses Grause weiß ich längst.
Indeß wozu denn bringst du mir Polyxena's
Leichnam? Gemeldet ward mir, daß in Argos' Heer
Für ihr Begräbniß jede Hand geschäftig sei.

### Die Dienerin.

660 Sie weiß von Nichts, sie jammert um Polyxena:
Von ihrem neuen Leide kommt ihr Nichts zu Sinn.

### Hekabe.

Ich Arme, wehe! Bringst du mir Kassandra's Haupt
Vielleicht daher, der gottbetrauten Seherin?

### Die Dienerin.

Sie lebt im Lichte, die du nennst; den Todten hier
665 Beklagst du nicht: so schau den Leichnam unverhüllt,
Ob das dir überraschend dünkt und wunderbar!

### Hekabe.

Weh mir! Ich sehe meinen Sohn erblaßt im Tod,
Polydoros, den der Thraker mir im Hause barg!
Verloren, nicht mehr bin ich Unglückselige!
670    O mein Kind, mein Kind!
Weh! Des Wahnsinns Weisen stimm' ich an,

Von neuem Unheil hörend, das
Ein Quälgeist mir schuf.

**Die Dienerin.**

Erkennst du deines Sohnes Loos, Unglückliche?

**Hekabe.**

675 Unglaublich unerhörten Gräuel seh' ich hier!
Aus Leid keimt mir Leid, aus Noth andre Noth!
Nimmer von Seufzern, ach! nimmer von Thränen leer,
Leuchtet ein Tag mir auf!

**Der Chor.**

Wir dulden grauses, grauses Leid, Unselige!

**Hekabe.**

680 Wehe, Kind, weh, Kind der ärmsten Mutter!
Welches Verhängniß, ha! raffte dich, welcher Tod?
Der dich erschlug, wer war's?

**Die Dienerin.**

Ich weiß es nicht: am Meeresstrande fand ich ihn.

**Hekabe.**

Auf des Gestades Sand
685 Herausgeworfen oder durch die Lanz' entseelt?

**Die Dienerin.**

Des Meeres wilde Woge trug an's Ufer ihn.

**Hekabe.**

Weh! Ich erkenne meines Traums nächtliche
Gestalt; nicht an mir vorbei flog das Bild,
Das schwarzgeflügelte,
690 Das ich von dir erblickte,
Daß du, mein Sohn, nicht mehr athmest im Himmelslicht!

**Der Chor.**

Und wer erschlug ihn? Kannst du deuten deinen Traum?

#### Hekabe.
Mein Gastfreund, der rossekundige Thrakerfürst,
Bei dem ihn der Greis Priamos rettend barg.
#### Der Chor.
695 Was sagst du? Weh mir! Um des Goldes Herr zu sein?
#### Hekabe.
Unnennbar, unaussprechlich, mehr als unerhört!
Verrucht, unerträglich! Gilt kein Fremdenrecht?
Schnöder, verfluchter Mann, daß du mit scharfem Stahl
Des Sohns Glieder hier blutig zerstümmeltest,
700 Daß du den Tod ihm gabst grausam, erbarmungslos!
#### Der Chor.
Du wurdest, ach! der Frauen unglückseligste
Durch eine Gottheit, deren Hand dich schwer berührt!
Doch jezo laßt uns schweigen: denn ich sehe dort
Den Agamemnon, unsern Herrn, o Freundinnen.
#### Agamemnon. Hekabe. Der Chor.
#### Agamemnon.
705 Warum verziehst du, Hekabe, im Grabesschooß
Dein Kind zu bergen, da mir doch Talthybios
Verkündet, daß kein Grieche sie berühren soll?
Wir unterlassen's, rühren sie nicht an, o Frau
Und du verziehst hier müssig, daß ich staunen muß?
710 Ich kam dich holen; denn vom Heer ist Alles wohl
Vollbracht, wenn Etwas dieser Art schön heißen kann.
Ha! Welchen Mann erblick' ich hier am Zelte todt;
Wohl einen Troer? Daß es kein Argeier ist,
Sagt sein Gewand mir, welches ihn umhüllend deckt.
#### Hekabe.
(zu der Leiche)
715 Unsel'ger! — So dich nennend, nenn' ich Hekaben,

Mich selbst! — Was thu' ich? Fall' ich Agamemnon hier
Zu Füßen, oder trag' ich schweigend mein Geschick?
### Agamemnon.
Was kehrst du meinem Angesicht den Rücken zu,
Und klagst, und sagst nicht, was geschehn? Wer ist der
Mann?

### Hekabe.
(bei Seite)

720 Doch wenn er mich, die Sklavin, mich, das Feindesweib,
Von seinen Knie'n verstieße, fühlt' ich neuen Schmerz.
### Agamemnon.
Kein Seher bin ich, um die Wünsch' in deiner Brust
Erspähn zu können, wenn du mir nicht Rede stehst.
### Hekabe.
(bei Seite)

Wohl ist's am Ende leerer Wahn, für einen Feind
725 Den Mann zu halten, der gewiß nicht feindlich ist?
### Agamemnon.
Nun, wenn ich Nichts von diesen Dingen wissen soll,
Dann sind wir einig, weil auch ich Nichts hören will.
### Hekabe.
(bei Seite)

Auch kann ich ohne diesen Mann des Sohnes Tod
Unmöglich rächen. Was bedenk' ich's lange noch?
730 Es muß gewagt sein, ob's gelingt, ob's nicht gelingt! —
(Sie fällt dem Agamemnon zu Füßen)

Agamemnon, hier bei deinen Knieen fleh' ich dir,
Bei deinem Kinn, bei deiner hochbeglückten Hand!
### Agamemnon.
Wonach verlangt dich? Willst du frei der Tage Rest
Verleben? Sonder Mühe wird dir das gegönnt.

#### Hekabe.
735 Mitnichten! Wenn ich strafen kann den Bösewicht.
So will ich Sklavendienste thun mein Lebenlang.

#### Agamemnon.
Und nun, zu welcher Hülfe, sprich, begehrst du mein?

#### Hekabe.
Von dem, was du vermuthest, ist es Nichts, o Herr;
Du siehst, um den ich weine, siehst den Todten hier!

#### Agamemnon.
740 Wohl: doch errathen kann ich nicht das Weitere.

#### Hekabe.
Ihn trug ich unterm Herzen, ihn gebar ich einst.

#### Agamemnon.
Und welches deiner Kinder ist's, Unglückliche?

#### Hekabe.
Kein Priamide, der an Troja's Mauern fiel.

#### Agamemnon.
Gebarst du außer diesen auch noch andre, Frau?

#### Hekabe.
745 Ihn, den du siehst, und, scheint es, nicht zum Segen mir.

#### Agamemnon.
Wo war er, als in Trümmer Troja's Veste sank?

#### Hekabe.
Ihn sandte, für sein Leben bang, der Vater weg.

#### Agamemnon.
Wohin den Einen aus der Söhne Zahl allein?

#### Hekabe.
In diese Landschaft, wo er todt gefunden ward.

#### Agamemnon.
750 Zu Polymestor, welcher hier im Land gebeut?

**Hekabe.**
Zu diesem, daß er schnödem Gold der Hüter sei.

**Agamemnon.**
Und wer erschlug ihn, wie ereilt' ihn sein Geschick?

**Hekabe.**
Kein Andrer that es, ihn erschlug der Thrakerfreund.

**Agamemnon.**
Elender! Lüstern war er nach dem Golde wohl?

**Hekabe.**
755 Gewiß, nachdem ihm Kunde ward von Troja's Fall.

**Agamemnon.**
Wo fandst du ihn? Wer brachte dir den Todten, Frau?

**Hekabe.**
Dies Weib: sie fand ihn ausgestreckt am Meeresstrand.

**Agamemnon.**
Ihn suchend, oder andres Werk beschleunigend?

**Hekabe.**
Sie ging ein Meerbad schöpfen für Polyxena.

**Agamemnon.**
760 Den Todten, scheint es, warf der Freund hinaus in's
    Meer —

**Hekabe.**
Zum Spiel den Wogen: aber so zerfleischt' er ihn!

**Agamemnon.**
Unselige, gränzenloses Leid erfuhrest du!

**Hekabe.**
Ich bin vernichtet, alles Leid erschöpft' ich, Herr!

**Agamemnon.**
Weh! Keinem andern Weibe ward solch herbes Loos!

**Hekabe.**

765 Gewiß das Unglück ist allein unseliger.
Indeß warum ich deine Kniee, Herr, umschlang,
Vernimm! Erscheint dir, was ich dulden muß, gerecht,
So duld' ich: wenn dir's anders dünkt, so werde du
Der Rächer mir an diesem gräuelvollen Freund,
770 Der nicht die Götter drunten noch die oberen
Gefürchtet und die schwere Gräuelthat verübt,
Der oft an meinem Tische saß, dem gastlichen,
Zuerst von meinen Freunden, was dem Freund gebührt,
Als Gast empfangen, alle Lieb' und alle Gunst,
775 Und ihn erschlug und nicht des Grabes würdigte,
Nachdem er ihn gemordet, nein, in's Meer ihn warf!
Wir freilich, wir sind Sklaven, sind unmächtig wohl;
Doch mächtig walten Götter, ihr Gesez gebeut
Machtvoll: an Götter glauben lehrt uns dies Gesez,
780 Und Recht und Unrecht stellt es uns für's Leben fest.
In deine Hut gelangt' es: wenn es untergeht,
Wenn, wer den Gastfreund mordet, wer das Heiligthum
Der Götter frevelnd niedertrat, nicht büßen soll;
Dann hat im Menschenleben Nichts hinfort Bestand.
785 Dies denn für schändlich achtend, hege Scheu vor mir,
Schenk' uns Erbarmen! Wie der Maler, tritt heran,
Betrachte mich und schaue, was ich leiden muß.
Einst war ich Herrin, jezo bin ich deine Magd,
Reich einst an Kindern, nun betagt und kinderlos,
790 Ohn' Heimat, einsam, aller Frau'n unseligste!

*(Agamemnon wendet sich ab.)*

Wohin (ich Arme!) wendest du von mir den Fuß?
Ich werde Nichts hier schaffen, ich Verlorene!

Was müh'n wir uns, wir Menschen, was erforschen wir
Die Wissenschaften alle, wie es würdig ist,
795 Indeß wir Jene, die allein die Welt beherrscht,
Die Kunst der Ueberredung, nicht vollkommener
Für Lohn zu lernen streben, um für jeden Wunsch
Die Geister stimmend, Alles durchzusezen einst?
Wie darf ein Mensch noch hoffen auf des Glückes Stern?
800 So viele Kinder zog ich auf, sie sind dahin;
Ich selbst, die Kriegsgefangne, schmacht' in schnödem Dienst,
Und sehe den Rauch dort qualmen über meiner Stadt.
Vielleicht erscheint es albern, wenn ich Kypris auch
Zur Hülfe mir erbitte: dennoch sei's gesagt!
805 O Fürst, an deiner Seite ruht die Seherin,
Mein Kind, Kassandra bei der Phryger Volk genannt.
Wo wirst du süße Liebeshuld ihr zeigen, Herr?
Soll meine Tochter für die Wonnumarmungen
Von dir empfangen einen Dank und ich von ihr?
810 So höre weiter: siehest du den Todten hier?
Ihn ehrend, ehrst du deinen Anverwandten auch.
Nur Eines ist noch, was zu meinem Wort gebricht.
O wohnt' in diesen Armen mir, in dieser Hand
Ein Laut, im Haar des Hauptes und der Füße Tritt,
815 Durch Götterzauber oder Kunst des Dädalos,
Daß alle weinend deine Knie' umklammerten,
Ihr Flehn in tausend Worten auszuströmen dir!
„O König, strahlenreiches Licht in Hellas' Volk,
O fühle Mitleid, beut der Greisin deinen Arm
820 Ein Rächer: ist sie nichtig auch, doch höre sie!
Dem Edlen ziemt es, seinen Arm dem Recht zu leih'n,
Und überall die Schlimmen schlimm zu züchtigen."

## Der Chor.

Wie doch im Leben Alles sich so seltsam fügt,
Wie fromme Sitte Pflichten schafft und Pflichten löst,
825 Und oft zum Freunde wandelt auch den schlimmsten Feind,
Und den zum Feinde, der sich sonst als Freund bewies!

## Agamemnon.

Mich jammert dein und deines Sohnes, Hekabe,
Mich rührt der Greisin flehend ausgestreckte Hand.
Auch will ich wohl dich rächen am verruchten Freund,
830 Weil dies die Götter wollen, dies das Recht gebeut,
Erschiene solche Hülfe dir allein gewährt,
Und wähnten nicht die Völker, um Kassandra nur
Hätt' ich dem König Thrakia's den Tod verhängt.
Denn Eines macht mir Sorge, wenn ich denken muß:
835 Den Thraker achtet Argos' Heer für einen Freund,
Für einen Feind den Todten; ist mir dieser lieb,
Dann ist es meine Liebe, nicht des Heeres auch.
Das überlege: willig finden sollst du mich,
Für dich die Schmach zu rächen, schnell, dir beizustehn,
840 Doch langsam, wenn ich dulden soll des Heeres Spott.

## Hekabe.

Weh!
Wo mag sich rühmen, frei zu sein, ein Sterblicher?
Dem Glücke fröhnt der Eine, fröhnt des Geldes Macht:
Dem wehrt der Pöbel, jenen hemmt geschriebnes Recht,
Dem eignen Sinn zu folgen, wie das Herz ihn treibt.
845 Doch weil du zaghaft allzusehr dem Volk dich fügst,
Will ich von dieser Sorge dich erledigen.
Mitwisser sei mir, wenn ich Rache such' an ihm,
Der mir den Sohn erschlagen: selber handle nicht!
Erhebt im Heer sich Lärmen, oder helfen sie

850 Dem Thraker, wenn er leidet, was er leiden soll:
So wehre; nur nicht scheine mir's zulieb gethan!
Sonst harre furchtlos: Alles führ' ich wohl hinaus.

**Agamemnon.**

Wie? Was beginnst du? Willst du selbst, in greiser Hand
Das Schwert, den Thraker morden? Wirst du Gift vielleicht
855 Ihm reichen? Oder baust du sonst auf Hülfe noch?
Wer beut die Hand dir? Wo gewinnst du Freunde her?

**Hekabe.**

Die Zelte bergen eine Schaar von Troerfrau'n.

**Agamemnon.**

Du meinst die Kriegsgefangnen, meinst des Heeres Raub?

**Hekabe.**

Mit diesen werd' ich meinen Mörder züchtigen.

**Agamemnon.**

860 Und wie gewönne Manneskraft ein Frauenarm?

**Hekabe.**

Stark ist die Menge, schwer besiegt; ihr hilft die List.

**Agamemnon.**

Wohl; doch ich baue wenig auf der Frau'n Geschlecht.

**Hekabe.**

Wie? Gaben Frau'n Aegyptos' Söhnen nicht den Tod,
Und tilgten sie auf Lemnos nicht die Männer aus?
865 Nein, so gescheh' es! Und genug der Worte nun!
Geleite mir nur ungefährdet diese Frau
Durch's Heer.

(Zu der Frau)

Und du, dem Thrakerfreunde nahend, sprich:
„Sie, die zu Troja Fürstin einst gewesen, läßt
Dich rufen, deinetwegen mehr als ihrethalb,
870 Mit deinen Söhnen; denn es werd' auch diesen kund,

Was ihr Begehr ist." Meiner hingeopferten
Polyxena Bestattung, Herr, verschiebe noch,
Damit die zwei Geschwister, mein zwiefaches Leid,
In Einer Flamme nachbarlich Ein Grab umfängt.

**Agamemnon.**

875 Gescheh' es also! Zwar vermöcht' ich solche Gunst
Dir nicht zu bieten, gönnte Zeus uns sichre Fahrt.
Nun aber, weil uns guten Wind der Gott versagt,
Thut's noth in Ruh zu warten, bis Fahrwind sich hebt.
Was du beginnst, gelinge! Denn dem Einzelnen
880 Und allem Volke frommt es, daß der Böse stets
Auch Böses leide, daß der Edle glücklich sei.

(Beide gehen nach verschiedenen Seiten ab.)

**Der Chor.**

Erste Strophe.

Du, heimische Troja, wirst
Fortan nicht mehr heißen die Unzerstörte:
Solche Wolk' hellenischer Lanzen umhüllt dich
885 In verheerendem Sturme!
Von der Scheitel dir sank der Thürme
Kranz; gräßlich entstellt der Ruß,
Unglückselige, dir das Antliz:
Nicht mehr wandl' ich in deinen Gassen.

Erste Gegenstrophe.

890 Mich traf das Verderben um
Mitternacht, als lieblicher Schlaf das Auge
Nach dem Mahl schloß, als vom Gesang und der Freude
Dankopfern entschlummert
Der Gemahl im Gemache ruhte,
895 Und am Pflocke die Lanze hing;

Nicht mehr sah er die Schifferhorde,
Die zur ilischen Burg emporklomm.
### Zweite Strophe.
Ich wand mit Bändern mir hinauf des Haares Locken,
ordnete,

In goldner Spiegel
900 Endlose Schimmer hineinblickend,
Um dann auf das Lager hinzusinken.
Da lief ein Tosen durch die Stadt,
Und über Troja's Veste scholl lauter Ruf:
Wann, Achäa's Söhne, zerstöret ihr, wann,
905 Ilions Warten, und kehrt
Zurück in eure Heimat?
### Zweite Gegenstrophe.
Vom trauten Lager sprang ich auf, im Mantel, gleich der
Dorerin,

Und warf mich hin vor
Der hehren Artémis, ach, umsonst!
910 Denn meinen Gemahl im Blute sah ich,
Und ward geschleppt zum Meeresstrand,
Und blickte traurig nach der Stadt, als das Schiff
Wieder heimwärts wandte die Segel und mich
Trennte vom ilischen Land:
915 Vor Schmerz verging ich Arme.
### Schlußgesang.
Der Dioskuren Schwester, die Helena, und
Den Hirten Ida's, Paris, den Bringer des Weh's,
Dem Fluche weiht' ich sie!
Vom Vaterland, vom Hause riß
920 Mich die Hochzeit, die nicht Hochzeit war,
Nein, bösen Geistes Unheil!

Nie soll die Meerflut sie zurückgeleiten, nie
Kehre sie wieder zum Vaterhause!

**Polymestor** mit seinen Söhnen und Gefolge. **Hekabe.**
Der Chor.

### Polymestor.

O Priamos, mein Liebster! Liebste Hekabe!
925 Wohl muß ich weinen, seh' ich dich und deine Stadt
Und deine Tochter, welche jüngst im Tod erblich.
Ach!
So hat im Leben Nichts Bestand, nicht Ehr' und Ruhm,
Nicht, daß das Unglück ewig flieht den Glücklichen!
Denn seine Loose, Wohl und Weh, mischt ohne Wahl
930 Ein Gott verwirrend, daß wir Unerfahr'nen ihn
Verehren. Doch zu welchem Ende klag' ich hier?
Die Klage bringt ja nimmermehr des Leides Ziel.
Zürnst du mir etwa, weil ich zögernd hier erschien,
Halt' ein: im Thrakerlande fand ich ferne mich,
935 Als du daherkamst. Eben war ich heimgekehrt,
Und über meine Schwelle sezt' ich schon den Fuß;
Da traf mich deine Dienerin und meldete
Die Worte, die vernehmend ich hiehergeeilt.

### Hekabe.

Ich scheue mich, Polymestor, dir in's Angesicht
940 Zu blicken, da mich solches Leid umfangen hält.
Denn wer im Wohlergehen mich gekannt, vor den
Nunmehr zu treten schäm' ich mich in dieser Noth;
Ich wage nicht dich offnen Blickes anzusehn.
Nicht wähne deßhalb, daß ich übelwolle dir,
945 O Polymestor; auch verbeut die Sitte ja,
Daß Frauen Männern offen schau'n ins Angesicht.

#### Polymestor.
Kein Wunder ist mir's. Doch wozu bedarfst du mein?
Zu welchem Ende rieffst du mich vom Hause her?

#### Hekabe.
Ich wünsche dir und deinen Söhnen, Herr, ein Wort,
950 Das mich betrifft, zu sagen: laß die Diener denn
Zur Seite treten, fern' hinweg von diesem Zelt.

#### Polymestor.
###### (zu dem Gefolge)
Geht hin: gefahrlos ist es hier am stillen Ort!
###### (zu Hekabe)
Du bist mir wohlbefreundet, auch Achäa's Heer
Ist uns gewogen. Aber nun erkläre mir:
955 Wie kann dem schwerbedrängten Freund der Glückliche
Hülfreich sich zeigen? Denn du findest mich bereit.

#### Hekabe.
So sprich vor Allem: lebt er noch in deinem Haus,
Der Knabe, den dir Priamos' und meine Hand
Vertraut? Hernach befrag' ich um das Andre dich.

#### Polymestor.
960 Wohl lebt er: seinetwegen steht es wohl um dich.

#### Hekabe.
Mein Lieber, schön und deiner würdig redest du.

#### Polymestor.
Was ist das Andre, welches ich dir sagen soll?

#### Hekabe.
Gedenkt er seiner Mutter noch, gedenkt er mein?

#### Polymestor.
Hierher sogar verlangt' er ingeheim zu dir.

#### Hekabe.
965 Ist auch das Gold geborgen, das er mitgebracht?

**Polymestor.**
Gewiß; in meinem Hause wird es aufbewahrt.
**Hekabe.**
Verwahr' es denn und trachte nicht nach fremdem Gut.
**Polymestor.**
Nein, Frau; genießen will ich nur, was mein gehört.
**Hekabe.**
Nun, weißt du, was ich dir und diesen sagen will?
**Polymestor.**
970 Wie sollt' ich? Offenbaren wird dein Wort es mir.
**Hekabe.**
O du, mir ehmals theuer, sowie jezt! Es liegt —
**Polymestor.**
Was sollen wir erfahren, meine Söhn' und ich?
**Hekabe.**
Ein alter Goldschaz meines Stamms in tiefem Grund.
**Polymestor.**
Das ist es, was du deinem Sohn enthüllen willst?
**Hekabe.**
975 Gewiß, durch dich nur; denn du bist ein frommer Mann.
**Polymestor.**
Wozu bedarf es meiner Söhne Gegenwart?
**Hekabe.**
Gerathner ist es: wenn du stirbst, so wissen sie's.
**Polymestor.**
Da hast du Recht; wohl wird es also klüger sein.
**Hekabe.**
Du weißt Athene's Heiligthum in Ilion?
**Polymestor.**
980 Da liegt das Gold wohl? Was bezeichnet mir den Ort?

**Hekabe.**
Ein schwarzer Stein, der aus der Erde sich erhebt.
**Polymestor.**
Und weiter Nichts zu sagen hast du mir von dort?
**Hekabe.**
Du sollst den Schaz bewahren, den ich mitgebracht.
**Polymestor.**
Wo ist er? Birgst du innerhalb des Kleides ihn?
**Hekabe.**
985 Er ist im Zelte drinnen, wo die Beute liegt.
**Polymestor.**
Wo? Lagerhütten sind ja dies von Argos' Heer.
**Hekabe.**
In eignen Zelten wohnen wir gefangnen Frau'n.
**Polymestor.**
Und ist es innen sicher, ist's von Männern leer?
**Hekabe.**
Kein Mann des Heers ist innen, sondern wir allein.
990 Nun geh' hinein, denn Argos' Schiffe rüsten sich,
Heimwärts den Lauf zu richten aus dem Troerland,
Daß, ist gethan das Deine, mit den Knaben du
Dorthin zurückkehrst, wo du meinen Sohn verbargst!
(sie gehen in das Zelt.)
**Der Chor.**
Sie säumte noch, die Rache: bald ereilt sie dich!
995 Wie in der hafenlosen See tiefe Flut
Ein Mann jäh' hinabstürzend, den Tod umarmt:
So in des Todes Hand stürzest du! Wer dem Recht
Verfiel, wen ein Gott schuldig erfand, es trifft
Sichres Verderben ihn.
1000 Dich trügt die Hoffnung deines Wegs, Elender, die

Dich hinführt in Hades' grauenvolle Nacht!
Unter der Schwachen Hand hauchst du das Leben aus

**Polymestor.**
(im Zelte)
Das Licht der Augen blenden sie mir Armen, weh!

**Der Chor.**
Habt ihr des Thrakers Weheruf vernommen, Frau'n?

**Polymestor.**
1005 Und aber weh mir: euch, o Kinder, mordet man!

**Der Chor.**
Ihr Theuren, Unerhörtes ward im Zelt verübt!

**Polymestor.**
Ha, nicht entrinnen sollt ihr uns mit raschem Fuß!
In Trümmer brech' ich, stürz' ich hier die Pfosten ein.
Seht, wie der Wurf mir mächtig saust vom starken Arm!

**Der Chor.**
1010 Auf, laßt hinein uns stürzen: denn uns ruft die Noth,
Der Hekabe zu helfen und den Troerfrau'n!

**Hekabe.**
(aus dem Zelte eilend)
Schlag' ein die Pforten, schone Nichts, zertrümmre sie!
Nie bringst du doch dem Auge seinen Glanz zurück,
Schaust nie die Söhne lebend mehr, die ich erschlug!

**Der Chor.**
1015 Du hast den Thraker übermannt, den falschen Freund
Besiegt, o Herrin? Was du sagst, ist ausgeführt?

**Hekabe.**
Du wirst sogleich ihn sehen, vor das Zelt heraus
Den Blinden blindlings treten sehn mit irrem Schritt,
Auch beider Söhne Leichen, die ich tödtete
1020 Mit diesen wackern Troerfrau'n: wohl hat er mir

Gebüßt! O sieh, da tritt er aus des Zeltes Thor!
Doch weg von hier, ich will dem Unmuthschnaubenden
Ausweichen; schwierig würde mir der Kampf mit ihm.

**Polymestor.**
(aus dem Zelte tretend)

Weh mir, weh!
1025 Wo geh' ich, wo tret' ich, wo lenk' ich hin?
Zum Tritt, gleich dem vierfüßigen Waldesthier,
Die Hand aufgestüzt, tast' ich der Spur nach.
Ach, welchen Pfad — hierhin? dorthin?
Wo schreit' ich hinaus?
1030 Ich erhaschte so gern euch, ilische Frau'n,
Die, von Blut triefend, mich mordeten!
Ihr Unseligen, ihr, Dirnen vom Phrygervolk!
Ha, wo in die Winkel entflohn sie, wohin,
Die Verfluchten, vor mir?
1035 Daß du das Augenlid mir, das geblendete,
Das bluttriefende, heiltest, daß du das Licht,
Sonne, mir wiedergäbst!
Ach, ach! Still, still!
Ich vernehme den heimlich schleichenden Tritt
1040 Der verruchtesten Frau'n! Wo stürz' ich auf sie,
Und sättige mich an Fleisch und Gebein,
Und bereite die Speise des Raubwilds mir,
Die Schmach rächend, ha!
Die Schmach meiner Schändung? Weh über mich!
1045 Wo irr' ich, wohin, und lasse die Söhn'
Allein den Mänaden des Todes zurück,
Sie zu zerfleischen, lasse sie, ein blutig Mahl,
Den Hunden und des Berges Wild?
Wo steh' ich, wo geh' ich, wo wander' ich hin?

Euripides v. Donner. I. 3. Aufl.

1050 Scheu, dem Meerschiffe gleich, zieh' ich die Segel ein,
Hierher an das Lager des Todes verstürmt,
Zu meiner Kinder Hut,
An ihr Todesbett.

### Der Chor.

Welch schweres Leid geschah dir, Unglückseliger!
1055 Ja, grauenvolle Strafe trifft die frevle That.

### Polymestor.

O, o!
Daher, Thrakia's
Speerschwingendes, roßtummelndes, wehrkundiges Volk,
   welches der Kriegsgott liebt!
Daher, Achäer! Daher, Atriden!
Geschrei, Geschrei, von mir tönt Geschrei!
1060 O kommt, o kommt, o, bei den Göttern, eilt!
Hört Keiner? Steht uns Keiner bei? Was säumet ihr?
Frau'n waren mein Verderben,
Die kriegsgefangnen Troerfrau'n!
Schweres, Schweres geschah an mir!
1065 Wehe die Schmach, weh mir!
Wo entfliehn, wohin mich wenden?
Soll ich auffliegen in des Aethers Höh'n,
Zu der erhabnen Wohnung,
Wo den Glutglanz Seirios oder Orion herab aus den
   Flammenaugen sendet?
1070 Oder entschwing' ich Unseliger mich zu des
Aïdes schwarzem Strand?

### Der Chor.

Verzeihlich ist es, wenn man unerträglich Leid
Erlitt, ein Dasein enden, das so traurig war.

**Agamemnon. Polymestor. Hekabe. Der Chor.**

**Agamemnon.**

Geschrei vernehmend, komm' ich; denn nicht leise scholl
1075 Durch's Heer der Bergesfelsen Kind, der Wiederhall,
Entsezen rings verbreitend. Wüßt' ich nicht gewiß,
Daß unter Hellas' Speere sank die Phrygerburg:
Nicht kleine Schrecken weckte mir das Wehgeschrei.

**Polymestor.**

Mein Bester, mein Agamemnon! — Deiner Stimme Ton
1080 Vernahm ich deutlich! — Siehst du, was ich leiden muß?

**Agamemnon.**

Ha!
Polymestor, Unglückfel'ger! Wer verderbte dich?
Wer traf das Auge blendend dir mit blut'gem Schlag?
Erschlug dir deine Kinder? Wahrlich schweren Groll
Trug dir und deinen Söhnen, wer es immer war!

**Polymestor.**

1085 Vereint den kriegsgefangnen Frau'n, schuf Hekabe
Verderben, nicht Verderben, nein, noch Schlimmres mir.

**Agamemnon.**

Was hör' ich? Du hast, sagt er, diese That verübt?
Du, Hekabe, des Ungeheuren dich erkühnt?

**Polymestor.**

Wie sagst du? Weh mir! Also steht sie nahe wohl?
1090 O zeige, sprich, wo ist sie, daß sie meine Hand
Ergreife, sie zerreiße, bad' in ihrem Blut?

**Agamemnon.**

Du, was beginnst du?

**Polymestor.**

Bei den Göttern fleh' ich dir:
Vergönne, daß ich leg' an sie die grimme Hand!

8*

### Agamemnon.

Halt' ein, verbann' aus deiner Brust die wilde Wuth!
1095 Sprich, daß ich recht urtheile, weßhalb dieses Loos
Dich traf, nachdem ich wechselnd dich und sie gehört.

### Polymestor.

So höre! Priams jüngster Sohn und Hekabe's
War Polydoros, welchen mir aus Ilion
Sein Vater sendet' und ins Haus in meine Zucht
1100 Mir übergab, vorahnend Troja's Untergang.
Und ihn erschlug ich: doch warum ich ihn erschlug,
Vernimm, mit welch umsichtig klugem Vorbedacht.
Ich sorgte, leb' er, euer Feind, er könnte sich
Die Troer sammeln, Ilion von neuem bau'n,
1105 Und Argos' Söhne, hörend, daß ein Priamssohn
Noch lebe, möchten ihren Zug in's Phrygerland
Erneu'n, und plündernd diese Thrakerflur sodann
Weithin verwüsten, daß wir Nachbarn Ilions
Das Leid erführen, welches, Herr, uns jezt bedrängt.
1110 Da hört von ihres Sohnes Loos die Königin,
Und mich verlockt sie durch das Wort, sie wolle mir
In Ilion verborgnen Priamidenschaz
Entdecken, führt mit meinen Kindern mich allein
In's Zelt, damit kein Andrer davon Zeuge sei.
1115 Ich size mitten auf dem Pfühl, das Knie gebeugt,
Und viele Troerfrauen, die zur linken Hand
Und die zur rechten, sezen, wie zum Freunde, sich
Zu mir, betrachten mein Gewand am Sonnenlicht,
Und loben staunend solch Gewirk von Thrakerhand:
1120 Noch andre sah'n bewundernd auf den Thrakerspeer,
Und also ward mir weggeraubt mein Doppelschmuck.
Die, welche Mütter waren, wiegten, hochentzückt,

Die Kinder schmeichelnd auf dem Arm, und gaben sie
Von einer Hand zur andern, weit vom Vater weg.
1125 Und jezo — was bedünkt dich? — nach so freundlichem
Verkehre zieh'n sie Dolche rasch aus ihrem Kleid,
Und stechen mir die Kinder; andre greifen mich,
Wie Räuber, halten Füße mir und Arme fest.
Indeß ich suchte, meinen Kindern beizustehn,
1130 Ward ich am Haar gehalten, wenn ich mein Gesicht
Emporzurichten strebte; rührt' ich eine Hand,
Vermocht' ich Armer vor dem Schwarm der Weiber nichts.
Zulezt — o Schmach, o Frevel, dem kein Frevel gleicht! —
Verübten sie das Schwerste: denn sie stechen mir
1135 Der Augen arme Sterne, daß es blutig strömt,
Mit spizen Kleiderspangen aus! Dann flohen sie
Durch's Zelt in Eile. Gleich dem Löwen spring' ich auf,
Und seze nach den blutbefleckten Hündinnen,
Im ganzen Zelt umspürend, wie der Jägersmann,
1140 Schlag' ein, zertrümmre. Solches hat man mir gethan
Um deinetwillen, weil ich deinen Feind erschlug,
Agamemnon! Doch was dehn' ich lang die Rede noch?
Wer je von Frauen übelsprach in alter Zeit,
Wer jezt sie schmäht und künftig wieder schmähen wird,
1145 All diese Flüche press' ich kurz in's Eine Wort:
Ein solch Gezüchte hegen Meer und Erde nicht;
Wer stets mit ihnen lebte, weiß davon Bescheid.

### Der Chor.

Nicht trozig überhebe dich, nicht also schilt,
Traf dich das Unglück, ohne Wahl der Frau'n Geschlecht!
1150 Denn freilich, unser viele wohl sind hassenswerth;
Doch wiegt der guten Frauen Zahl die bösen auf.

#### Hekabe.

Wohl, Agamemnon, sollte nie bei Sterblichen
Die Zunge mehr vermögen als die Handlungen.
Nein, Gutes reden sollte nur wer Gutes that;
1155 Des bösen Mannes Rede sei unmächtig auch;
Unrecht in Recht zu wandeln, nie geling' es ihr!
Die solches gründlich lernten, nennt man weise wohl;
Doch bis zum Ende können sie nicht weise sein,
Und gehen unter, Keiner noch entfloh der Schmach.
1160 Mit diesen Worten redet' ich bisher zu dir:
Nun geh' ich wider diesen, und erwieder' ihm.
Du sagst, um Hellas nicht zu müh'n in neuer Noth,
Für Agamemnon gabst du meinem Sohn den Tod.
Verruchter, wisse: nimmermehr wird unser Volk,
1165 Der Stamm Barbaren, Hellas' Volk befreundet sein,
Und kann es niemals werden. Wem zuliebe denn
Bewiesest du den Eifer? Trieb ein Eidam dich,
Ein Blutsverwandter? Oder war's ein andrer Grund?
Du dachtest wohl, sie möchten wiederkehrend euch
1170 Der Felder Saat zertreten? Doch wer glaubt dir das?
Das Gold allein war's, wenn du Wahrheit reden willst,
Ja, deine Habsucht war es, die mein Kind erschlug.
Wo nicht, erkläre dieses mir: als Ilion
Noch blühte, Thurm und Mauer noch die Stadt umgab,
1175 Mein Gatte lebte, Hektor kühn die Lanze schwang,
Was hast du da nicht, wenn du diesem einen Dienst
Erweisen wolltest, meinen Sohn in deinem Haus
Ermordet, oder lebend ihn dem Heer gebracht,
Nein, erst nachdem erloschen unsers Glückes Stern,
1180 Und Rauch verkündet, daß der Feind die Burg erklomm,
Den Gast erschlagen, der sich barg an deinem Herd?

Nun höre noch, was deine Bosheit offenbart!
Du mußtest, warst du wirklich Freund der Danaer,
Das Gold, (du hast es selber sein, nicht dein genannt,)
1185 Den Armen spenden, welche schon so lange Zeit
Auf fremder Erde darbten, fern vom Vaterland.
Du aber willst auch jezo nicht aus deiner Hand
Es lassen, nein, behältst es trozig immer noch.
Ja, hätt'st du, wie's dir ziemte, meinen Sohn gepflegt
1190 Und ihn erhalten, krönte dich ein schöner Ruhm:
Im Leide ja bewährt sich ächte Freundestreu;
In guten Tagen findet sich der Freund von selbst.
Und wenn du selbst verarmtest, er im Glücke war:
So blieb in meinem Sohne dir ein großer Schaz.
1195 Jezt aber hast du keinen Freund an diesem mehr,
Auch wirst du nie des Goldes, nie der Kinder froh,
Und bist so ganz unglücklich! Dir erklär' ich noch,
Agamemnon: böse thust du, wenn du diesem hilfst;
Denn keinen tugendhaften noch erprobten Freund
1200 Beschirmst du, keinen frommen noch gerechten Mann;
Ich müßte sagen, daß du, selbst ein Böser, auch
Die Bösen liebst; doch meinen Herrscher schmäh' ich nicht.

### Der Chor.

Da sehet, wie das Gute doch den Sterblichen
Zu guten Reden allezeit den Stoff gewährt!

### Agamemnon.

1205 Mir fällt es lästig, Richter fremder Noth zu sein;
Und doch, ich muß; denn wahrlich Schande bringt es mir
Das abzulehnen, was ich einmal angelobt.
So wisse denn: ich glaube, weder mir zulieb
Noch Hella's Volke gabst du deinem Gast den Tod,
1210 Nein, um des Goldes Herr zu sein in deinem Haus:

Und nun im Unglück sagst du, was dir frommen mag.
Euch dünkt, den Gast zu morden, wohl ein leicht Vergehn;
Doch uns, Achäa's Söhnen, scheint es frevelhaft.
Wie kann ich also, sprech' ich dich von Sünde rein,
1215 Entfliehn dem Tadel? Nimmer! Weil du Schändliches
Zu thun vermochtest, dulde denn auch Widriges!

**Polymestor.**

Weh! Eine Sklavin, wie es scheint, hat mich besiegt,
Und büßen muß ich einer viel Geringeren!

**Hekabe.**

Wohl nicht mit Unrecht, wenn du schlecht an ihr gethan.

**Polymestor.**

1220 Weh mir! O meine Kinder! Weh, mein Augenlicht!

**Hekabe.**

Das schmerzt dich wohl: mich, meinst du, schmerze nicht
der Sohn?

**Polymestor.**

Dir macht es Freude, mich zu höhnen, Frevlerin?

**Hekabe.**

Ich sollte mich nicht freuen, daß du mir gebüßt?

**Polymestor.**

Die Freude hat ein Ende, wann die Meeresflut —

**Hekabe.**

1225 Mich fort nach Hellas Gränze trägt in hohem Schiff?

**Polymestor.**

Nein, hoch vom Maste stürzend dich begraben wird.

**Hekabe.**

Wer zwänge mich zu solch gewaltsam kühnem Sprung?

**Polymestor.**

Du klimmst mit raschem Fuße selbst zum Mast hinauf.

**Hekabe.**
Beschwingt am Rücken, oder wie vollbring' ich das?

**Polymestor.**
1230 Zum Hunde wirst du, dessen Blick wie Feuer glüht.

**Hekabe.**
Wie kam von meiner Wandelung die Kunde dir?

**Polymestor.**
Der Seher Thrake's, Dionysos, sagte mir's.

**Hekabe.**
Und hat von deinem Leide dir Nichts offenbart?

**Polymestor.**
Dann hätte niemals deine List mich so berückt.

**Hekabe.**
1235 Vollend' ich dort todt oder lebend mein Geschick?

**Polymestor.**
Du stirbst: der Grabeshügel wird nach dir genannt —

**Hekabe.**
Wohl meine Wandlung oder was bezeichnet er?

**Polymestor.**
Das Grab der Hündin, warnend Mal für Schiffende.

**Hekabe.**
Das kümmert mich nicht weiter, nun du mir gebüßt.

**Polymestor.**
1240 Kassandra, deine Tochter, auch trifft früher Tod.

**Hekabe.**
Fern bleibe solches: treffe das dein eignes Haupt!

**Polymestor.**
Die schnöde Hausfrau dieses Mann's ermordet sie —

**Hekabe.**
Nein, rase so die Tochter Tyndars nimmermehr!

**Polymestor.**
Und gibt mit hochgeschwungner Art auch ihm den Tod.
**Agamemnon.**
1245 Ha, bist du rasend? Lüstet dich nach Züchtigung?
**Polymestor.**
Tödte mich! In Argos wartet dein das Todesbad.
**Agamemnon.**
Ihr Knechte, greift ihn, schaffet ihn gewaltsam fort!
**Polymestor.**
Es schmerzt dich, das zu hören?
**Agamemnon.**
　　　　　Schließet ihm den Mund!
**Polymestor.**
Ja, schließt ihn nur; es ist heraus!
**Agamemnon.**
　　　　　　　　Fort, ungesäumt,
1250 Und werfet ihn nach einer wüsten Insel aus,
Ihn, der so schamlos trozig schwazt und ohne Maß!
Du geh, bestatte, jammervolle Hekabe,
Die beiden Todten! Ihr, o Troerfrauen, geht
Nach eurer Herren Zelte: denn ich spüre schon
1255 Das Wehn des Windes, welcher uns nach Hause trägt.
Sei denn die Heimfahrt glücklich, sei es uns vergönnt,
Frei dieser Mühen, Alles wohl daheim zu sehn!
**Der Chor.**
Zu dem Port und den Zelten, o Freundinnen, geht,
Zu versuchen der Herrn mühseligen Dienst!
1260 Unbeugsam waltet das Schicksal.

# Anmerkungen zu Hekabe.

---

Vers 2. **Hades**, der König der Unterwelt; dann auch die Unterwelt selbst. Vgl. V. 49.

4. Die **Phrygerstadt** ist Ilion oder Troja.

5. **Danaiden, Danaer, Achäer, Hellenen** sind bei den Dichtern gleichbedeutende Namen für Griechen.

8. L. ὅς τήνδ' ἀρίστην. — Der **Chersonesos**, die thrakische Halbinsel.

23 f. Des **Achilleus Sohn, Neoptolemos**, auch Pyrrhos genannt, erschlug den greisen König Troja's.

53. **Agamemnons Zelt**, das Zelt der Sklavinnen Agamemnons.

76. L. ἄγκυρ' ἔτ' ἐμῶν.

83. **Helenos und Kassandra**, Kinder Hekabe's, denen die Gabe der Weissagung verliehen war.

118. Die Seherin, **Kassandra**.

120. Des **Theseus Söhne, Akamas und Demophon**.

128. Des **Lartios Sohn, Odysseus**. Lartios, andere Form des Namens Laertes.

134. **Persephone**, die Gemahlin des Hades, die römische Proserpina.

144. Die **himmlischen Götter** im Gegensatze gegen die Götter des Abgrunds.

Vers 265. Die Tochter Tyndars, Helena, die schönste Frau ihrer Zeit. Nachdem die edelsten Jünglinge in Hellas um ihre Hand geworben hatten, gewann sie Menelaos, der Bruder Agamemnons. Aber der Sohn des Priamos, Paris, kam nach Sparta, wurde der Gastfreund des Menelaos, und entführte Helenen nach Troja. Dies war die Ursache des trojischen Krieges.

269. Der Flehende berührte die Hand und das Kinn oder die Wange des Angeflehten, oder umfaßte die Kniee desselben.

384. Achilleus, der Thetis Sohn, welcher Polyxena liebte, ward während des Krieges nach Ilion in den Tempel Apollons gelockt, um wegen seiner Liebe zu unterhandeln: da schoß ihn Paris in die Ferse, die einzige verwundbare Stelle seines Leibes, und tödtete ihn.

454. Leto, von Here verfolgt und von Hermes nach dem Gebote des Zeus auf die Insel Delos gerettet, gebar hier im Schatten der ersten Palme und des ersten Lorbeerbaumes die Kinder des Zeus, Apollon und Artemis.

460. An den Festen der Pallas zu Athen ward ein safranfarbenes Gewand umhergetragen, auf welchem die Thaten der Göttin, ihr Kriegeswagen, so wie der Sieg ihres Vaters Zeus über die Titanen (Uranos' Stamm) durch weibliche Kunst dargestellt waren.

504. Die zwei Atriden, Agamemnon und Menelaos. Söhne des Atreus.

632. Simoïs' Thal, das Thal, das Land, das der Simoïs durchströmt, Troas.

773. L. ξενίας τ' ἀριθμῷ πρῶτα τῶν ἐμῶν φίλων
τυχὼν ὅσων δεῖ καὶ λαβὼν προθυμίαν.

815. Dädalos, der Erbauer des Labyrinthes, verfertigte Bildsäulen, welche nach der Sage sich frei fortbewegten.

863. Die Frauen sind die Töchter des Danaos.

864. Die Lemnier hatten athenische Jungfrauen entführt. Die mit diesen erzeugten Kinder wurden von ihren

## Anmerkungen zu Hekabe.

Müttern in athenischer Sitte und Sprache erzogen und zum Hasse gegen ihre Väter angeleitet. Als darauf die Männer diese Kinder samt ihren Müttern ausrotten wollten, verschworen sich diese und tödteten die Männer.

Vers 907. Die dorischen Jungfrauen trugen weite leichte Mäntel.

971. L. ἔστ', ὦ φιληθείς, ὦ. σ. ν. λ. φ.

1226. Dies und das Folgende bezieht sich auf die Sage, daß Hekabe in Thrakien sich in das Meer gestürzt habe und in eine Hündin verwandelt worden sei. Ein Ort bei Abydos im thrakischen Chersonesos, dem Vorgebirge Sigeion gegenüber, Kynos Sema (Hundeszeichen, Hundesmal) genannt, galt für ihr Grabmal.

# III.

# Helena.

## Personen.

Helena, Tochter des Tyndaros.
Menelaos, ihr Gemahl, Bruder Agamemnons.
Theoklymenos, Sohn des Proteus, König von Aegypten.
Theonoe, seine Schwester.
Teukros aus Salamis, Sohn des Telamon.
Ein Bote.
Eine Greisin.
Die Dioskuren, Kastor und Polydeukes, Söhne des Zeus
  und der Leda.
Der Chor: gefangene Frauen aus Hellas.

> Die Scene ist auf dem ägyptischen Eilande Pharos. Zur
> Seite des königlichen Palastes erblickt man das Grabmal
> des Proteus.

#### Helena.

Das sind des Nil jungfräulich lautre Fluten hier,
Der statt der Himmelstropfen, wann der weiße Schnee
Zerrinnt, Aegyptos' dürstend Saatgefilde tränkt.
Proteus, solang er lebte, war des Landes Fürst,
5 In Pharos' Eiland wohnend als Aegyptens Herr,
Der einer Wellennymphe sich, der Psamathe,
Vermählt, nachdem sie fliehend schied von Aeakos.
Und sie gebar zwei Kinder diesem Fürstenhaus,
Theoklymenos, den Jüngling, der sein Lebenlang
10 Die Götter ehrte, dann die anmuthstrahlende
Jungfrau, der Mutter Wonne schon als kleines Kind,
Und als sie, reif zur Ehe, blüht' in Jugendglanz,
Theonoe geheißen: denn das Göttliche,
Was ist und sein wird, Alles war ihr offenbar:
15 So war's von Nereus, ihrem Ahn, auf sie vererbt.
Mein Vaterland ist Sparta's hochberühmte Stadt,
Mein Vater König Tyndareus: wohl meldet auch
Die Sage, daß in meiner Mutter Leda Schooß
Sich Zeus geschwungen, borgend eines Schwans Gestalt,
20 Der eines Adlers grimmen Klau'n entfloh und sich
Verstohlne Freuden haschte, lügt die Sage nicht.
Ich heiße Helena: welche Leiden ich erlitt,
Vernehmt! Zu Paris kamen drei Göttinnen einst
In Grotten Ida's, kämpfend um der Schöne Preis,

25 Zeus' Tochter, Pallas, Here dann und Kypria:
Er soll den Ausschlag geben, wer die schönste sei.
Und meine Schönheit (wenn das Unheilbringende
Schön ist) gelobte Kypris ihm zum Eigenthum,
Und siegt. Von Ida's Hürden dann zog Paris fort,
30 Und kam gen Sparta, mich zu frei'n als seine Braut.
Doch Hera, Groll im Busen, daß nicht sie gesiegt,
Vereitelt Alexandros' Ehebund mit mir:
Nicht mich gewährt sie, sondern webt ein lebendes
Gebilde, das mir ähnlich war, aus Aetherstoff:
35 So wähnte, mich zu haben, die er nie gehabt,
In eitlem Wahne Priams Sohn. Doch anderer
Rathschluß von Zeus gesellte diesem Leid sich zu:
Denn Krieg erregt' er Argos' Land und Phrygia's
Bedrängtem Volke, daß er Mutter Erde so
40 Der übergroßen Menschenlast entledige,
Und alle Welt erkenne Hellas' größten Sohn.
So ward im Troerstreite denn mein Name nur,
Nicht ich, zum Kampfpreis ausgesezt für Hellas' Volk.
Mich selbst entrückte Hermes durch der Lüfte Raum,
45 Gehüllt in Wolken, (Zeus vergaß der Tochter nicht,)
Und führte mich in König Proteus' Haus hieher,
Der ihm von allen Menschen galt der weiseste,
Damit ich ohne Wanken treu dem Gatten sei.
So bin ich hier nun: aber mein unglücklicher
50 Gemahl, ein Heer versammelnd, zieht vor Ilions
Burgzinnen, heimzufordern mich Entflohene.
Und viele Seelen sanken an Skamandros' Flut
Um meinetwillen: aber mir Unseligen,
Mir fluchen Alle, wähnen, daß mein Treuebruch
55 Am Gatten Hellas grausen Krieg bereitete.

Warum noch leben also? Mir that Hermes kund,
Damit ich keinem Manne mich vereinigte,
Einst werd' ich samt dem Gatten Sparta's stolzen Grund
Bewohnen, hör' er, daß ich nicht nach Troja kam.
60 So lange Proteus dieses Licht der Sonne sah,
Umwarben keine Freier mich; seit aber ihn
Der Erde Nacht umfangen, strebt des Todten Sohn
Nach meiner Hand. Doch meinem ersten Gatten treu,
Knie' ich an Proteus' Grabe hier und fleh' ihn an,
65 Dem Gatten mich zu wahren unbefleckt und rein,
Daß, wenn in Hellas schmachbedeckt mein Name sei,
Die Schmach doch hier nicht meinen Leib entheilige.

**Teukros. Helena.**

**Teukros.**

Wer übt die Macht in diesem festen Schlosse hier?
Ein Haus des Reichthums dieses Haus: so ragt es kühn
70 Mit stolzer Zinn' und königlicher Mauern Kranz.
Ha!
Ihr Götter! Was erblick' ich hier? Das Mörderbild
Der Allverhaßten seh' ich, die mich mordete
Und alle Griechen! Strafen dich die Götter, daß
Du so Helenen ähnelst! Träte nicht mein Fuß
75 Auf fremdes Land, durch diesen wohlgezielten Pfeil
Verdürbst du, büßtest, daß du trägst ihr Ebenbild!

**Helena.**

Was, Armer, wer du seiest, was entfliehst du mir,
Und hegst um ihren Frevelgeist Haß wider mich?

**Teukros.**

Ich irrte, gab dem Grolle mehr als billig Raum.
80 Wohl haßt in Hellas alles Volk die Tochter Zeus':
Darum vergib mir, was ich eben sprach, o Frau.

#### Helena.

Wer bist du? Woher kamst du, Freund, in dieses Land?

#### Teukros.

Der Schwerbedrängten Einer, Frau, von Hellas' Volk.

#### Helena.

Kein Wunder also, hassest du die Helena.
85 Doch wer? Woher? Mit welchem Namen nennt man dich?

#### Teukros.

Ich heiße Teukros, Vater mir ist Telamon,
Und Salamis die Stätte, die mich auferzog.

#### Helena.

Wie kommst du denn an dieses Nilgestade hier?

#### Teukros.

Ich irre flüchtig, aus dem Vaterreich verbannt.

#### Helena.

90 Dann bist du wohl unglücklich: wer vertrieb dich denn?

#### Teukros.

Mein eigner Vater, Telamon, mein bester Freund!

#### Helena.

Warum? Ein Unglück waltet wohl in diesem Fall.

#### Teukros.

Des Bruders Tod bei Troja ward mein Untergang.

#### Helena.

Wie? Traf ihn doch nicht etwa deines Schwertes Stoß?

#### Teukros.

95 In's eigne Schwert sich stürzend gab er sich den Tod.

#### Helena.

Er raste wohl? Denn wer bei Sinnen thäte das?

#### Teukros.

Du hast Achillen, Thetis' Sohn, wohl auch gekannt?

**Helena.**
Er freite, wie wir hörten, mit um Helena.

**Teukros.**
Sein Tod erweckt' im Heere Streit um seine Wehr.

**Helena.**
100 Wie mochte dies dem Ajas unheilbringend sein?

**Teukros.**
Die Wehr empfing ein Andrer; drum entleibt' er sich.

**Helena.**
So brachte denn sein Leiden Unheil über dich?

**Teukros.**
Weil ich an seiner Seite nicht gefallen bin.

**Helena.**
Du kamst denn auch vor Troja's stolze Stadt, o Freund?

**Teukros.**
105 Und fand, sie mitzerstörend, selbst den Untergang.

**Helena.**
So sank sie schon in Trümmer, ward des Feuers Raub?

**Teukros.**
Daß auch die Spur der Mauern nicht mehr kennbar ist.

**Helena.**
Du warest, arme Helena, der Phryger Tod!

**Teukros.**
Und auch Achäa's! Schweres Unglück ist geschehn.

**Helena.**
110 Wie lange Zeit her ist es, daß die Beste fiel?

**Teukros.**
Fruchtreicher Jahreskreise sind es sieben fast.

**Helena.**
Wie lange Zeit denn laget ihr vor Ilion?

**Teukros.**
Viel Monde, die durch zehen Jahre wandelten.

**Helena.**
Das Weib von Sparta, kam es auch in eure Hand?

**Teukros.**
115 An ihren Haaren schleppte sie Menelaos fort.

**Helena.**
Du sahst die Arme? Oder hast du's nur gehört?

**Teukros.**
Wie dich mit meinen Augen, also sah ich sie.

**Helena.**
Daß nur die Götter keinen Wahn euch zugesandt!

**Teukros.**
Von Anderm laß uns reden, sprich nicht mehr von ihr.

**Helena.**
120 So zweifellos, so sicher dünkt euch dieser Wahn?

**Teukros.**
Ich sah's mit eignen Augen, und noch sieht's der Geist.

**Helena.**
Und ist ihr Gatte schon daheim mit Helena?

**Teukros.**
Nicht am Eurotas ist er, auch in Argos nicht.

**Helena.**
O Wort des Unglücks — jenen, die das Wort betrifft!

**Teukros.**
125 Er ist mit ihr verschwunden, wie die Sage geht.

**Helena.**
So ging die Rückfahrt Aller nicht nach Einem Ziel?

**Teukros.**
Wohl: doch nach allen Seiten warf der Sturm sie fort.

**Helena.**

Und welches Meeres Rücken trug die Schiffenden?

**Teukros.**

Sie fuhren eben mitten durch's Aegäermeer.

**Helena.**

130 Und ob er hier entronnen, weiß Niemand von euch?

**Teukros.**

Niemand; in Hellas' Volke wird er todtgesagt.

**Helena.**

(Ich bin verloren!) Lebt die Thestiade noch?

**Teukros.**

Von Leda sprichst du? Diese ging auch schon dahin.

**Helena.**

Ihr brachte doch der Tochter Schande nicht den Tod?

**Teukros.**

135 In Schlingen, sagt man, schnürte sie den edlen Hals.

**Helena.**

Die Söhne Tyndars leben? Oder sind sie todt?

**Teukros.**

Sie leben nicht und leben; denn zwei Sagen gehn.

**Helena.**

Und welches ist die beff're? (Weh, ich Elende!)

**Teukros.**

Sie sollen Götter, zugesellt den Sternen sein.

**Helena.**

140 Schön lautet dieses; aber nun das Andere —?

**Teukros.**

Der Schwester wegen gaben sie sich selbst den Tod.
Genug davon! Zwiefachen Jammer spare mir.
Doch was zu diesem Königshaus mich gehen hieß,
Die Gottvertraute möcht' ich sehn, Theonoen:

145 Sei du mir hülfreich, daß von ihr ein Seherspruch
　　Mir werde, wie, mein Segel glücklich ausgespannt,
　　Nach Kypros ich, dem Meereseiland, kommen mag,
　　Wo Phöbos mich heißt wohnen und dem neuen Siz
　　Von meiner Heimat Salamis den Namen leihn.

### Helena.

150 O Freund, die Fahrt selbst leitet dich dahin; indeß
　　Verlasse, fleuch dies Ufer, eh des Landes Herr,
　　Der Sohn des Proteus, dich gewahrt; fern ging er jezt
　　Mit treuen Hunden auf die Jagd des Wildes aus.
　　Er tödtet, welchen Fremdling er aus Hellas greift:
155 Weßwegen, dieses strebe du nicht auszuspähn,
　　Und ich verschweig' es: denn was hülfe dir es auch?

### Teukros.

　　Dank dir für deine Kunde: daß die Götter dir
　　Vergälten, was du Liebes uns erzeigt, o Frau!
　　Zwar gleich an Körper Helenen, doch bist du nicht
160 Ihr gleich an Sinne, sondern ganz unähnlich ihr.
　　Sie treffe schnöd Verderben, nie gelange sie
　　Zum Strom Eurotas; aber du sei glücklich stets!

(er geht ab.)

### Helena.

Ich, in unendlicher Leiden unendliche Qualen geworfen,
Wie durchkämpf' ich den Gram? Welch trauernde Weisen
　　　　　　　　　　　　　　　　　　　　ersinn' ich,
165 Thränenerfüllt, voll Schmerz und Bekümmerniß?

### Erste Strophe.

Ihr beschwingten Erdentöchter, holde Jungfrau'n, liebliche
Sirenen! Daß ihr meines Grams Genossen kämt mit
　　　　　　　　　　　　　　　　　　　　Libya's
Rohrflöte, mit Schalmei'n, und Thränen zolltet,

Die zu meinem Leide stimmen, Lied um Lied und Klag' um
Klage!
170 Daß du Gesangeschöre, Schattengöttin,
Antwortend meiner Trauer,
Sendetest! Ich sänge Todtenlieder,
Deine Wonnen, unter Thränen
Dir hinab in's blut'ge Haus der Nacht.

Der **Chor** tritt ein. **Helena.**

Der **Chor.**
Erste Gegenstrophe.

175 An der blauen Welle saß ich, auf des Rasens krausem
Moos,
Buntfarb'ne Kleider sonnend rings im goldnen Strahl des
Helios,
Und ringsumher am grünen Schilfgestade.
Kläglich rief es da, des Jammers Schrei vernahm ich,
herbe Klagen,
Gleich Tönen einer Nymphe, die, verlassen,
180 Aufstöhnt in bangen Lauten,
Wann der Liebling in die Berg' entflohen,
Und im Schatten tiefer Grotten
Ihres Pan's Untreue laut beweint.

**Helena.**
Zweite Strophe.
O Raub des Barbarschiffes, ihr, Jungfrau'n von Hellas'
Flur!
185 Ein Schiffer kam, ein Mann aus Argos war's,
Bringt zu Thränen Thränen mir, meldet Troja's Untergang,
Das zerstört von Feindesflamme sank um mich, die Mörderin,
Sank um mich, die Dulderin.
Und Leda gab sich selbst

190 Im Schmerz über meine Schmach mit frevlem Strang den Tod;
Mein Gemahl, im Meer umher irrend, schwand verloren hin;
Auch der Heimat Doppelzierde, Kastor mit dem hehren Bruder,
Schwand, verließ der Renner stolze Bahn, verließ die Tummelpläze
Am schilfreichen Strom Eurotas, rüstiger Jugend Lust.

**Der Chor.**
Zweite Gegenstrophe.
195 Weh, thränenwerthes Mißgeschick! Weh, dein Verhängniß, Frau!
Dir fiel ein jammervolles Erdenloos,
Als Kronion dich gezeugt, der, ein Schwan, durch helle Luft
Schimmernd flog in Leda's Schooß. Welches Leid blieb fern von dir?
Welches Unheil trugst du nicht?
200 Die Mutter ging dahin;
Auch Zeus' Zwillingssöhnen lächelt nicht des Glückes Stern;
Dein Geburtsland siehst du nie; durch die Städte geht der Ruf,
Hohe Frau, du hab'st dem fremden Buhlen dich dahingegeben;
Dein Gemahl versank im Meer, im Schooß der Wellen; deine Heimkehr
205 Beglückt nie dein Haus, nie Pallas' ehernen Tempel mehr.

**Helena.**
Schlußgesang.
Weh! Welcher Phryger war's,
Der die Fichte gefällt, die so thränenreich
Für Troja ward, aus welcher Priamos' Sohn
Sich das unheilvolle Boot zimmert' und auf fremdem Kiel

210 Zu meinem Herde segelte,
Zu der unglückseligen Schönheit,
Daß ich sein würde? Weh!
Kypris auch, die schlaue, kam, die Mörderin,
Brachte Tod den Danaern, Tod den Priamiden.
215 Wehe mir um mein Geschick! Aber Zeus' erhabene
Gattin hoch auf goldnem Throne,
Sie sandte Maja's flügelschnellen Sohn herab,
Der, als ich frische Rosenblätter las in meinem Schooße,
Zu Pallas' ehernem Hause sie zu tragen,
220 Mich durch der Lüfte Raum in dies segenlose Land entraffte,
Daß er argen Zwist erweckte Priamos' und Hellas' Volk.
Und an Simois' Gewässern hat
Mein Name nichtig eitlen Ruhm erlangt.

### Der Chor.
Du leidest hart, ich weiß es; doch es frommt gewiß,
225 Harmlos zu tragen, was die Noth des Lebens bringt.

### Helena.
Geliebte Frauen, welches Loos umstrickte mich?
Gebar zum Graun den Menschen nicht die Mutter mich?
Denn keine Frau von Hellas, kein Barbarenweib
Gebiert ein Kind, das eine weiße Schal' umhüllt,
230 In welcher, sagt man, Leda mich von Zeus gebar.
Denn Grauen ist mein Leben, Graun mein Erdenloos,
Und Here's Groll und meine Schönheit trägt die Schuld.
O könnt' ich wieder, einem Bilde gleich, verwischt,
Anstatt der Schönheit häßlichere Gestalt empfahn,
235 Und was die Gottheit Böses über mich verhängt,
Vergäßen das die Danaer, und bewahrten sie
Mein Gutes nur im Sinne, wie mein Böses nun!
Wen Gott in Einem Glücke nur, an dem er hing,

Heimsuchte, schwer zwar, aber doch erträgt er es:
240 Ich sehe mich in vieles Ungemach verstrickt.
Vorerst verfolgt mich unverdient ein böser Ruf;
Und größer ist solch Uebel als die Wirklichkeit,
Für Uebelthat zu büßen, die man nicht beging.
Dann führten Götter aus der Heimat mich hinweg
245 Zu rohen Völkern; und, beraubt der Theuersten,
Sank ich zur Sklavin, freier Aeltern Kind, herab:
Denn hier sind Alle Sklaven und nur Einer frei.
Doch welcher Anker mich allein aufrecht erhielt,
Mein Gatte werde kommen einst und mich befrein,
250 Er ist dahingeschwunden, wenn der Gatte starb!
Die Mutter schied, und ihre Mörderin bin ich
Genannt — mit Unrecht; aber mein ist doch die Schmach.
Die meine Lust und meines Hauses Wonne war,
Die Tochter altert gattenlos als Mädchen hin.
255 Auch, die nach Zeus sich nennen, meine Brüder sind
Dahin. Und so, von jedem Unglück heimgesucht,
Bin ich vor Menschenaugen todt, wenn lebend auch.
Das Schlimmste wäre: käm' ich heim in's Vaterland,
Man legte mich in Bande, wähnend, Helena
260 Vor Troja sei ich, folgte mir Menelaos nicht.
Denn, lebte noch der Gatte, wir erkennten uns
An sichern Zeichen, ihm und mir allein bekannt.
Nun ist es anders, und er kehrt nicht mehr zurück.
Wozu noch leben? Welches Loos erwartet mich?
265 Erwähl' ich, solches Ungemach zu fliehn, die Hand
Des fremden Mannes, seze mich in seinem Haus
An reiche Tafeln? Aber haßt das eigne Weib
Den Gatten, ist das Leben selbst auch ihr verhaßt.
Zu sterben, ist das Beste. Wie mit Ehren nur?

270 Schmach ist der Tod am hochgewundnen Strange wohl,
Und gilt sogar bei Sklaven als entwürdigend;
Durch's Schwert zu fallen adelt und ist ehrenvoll,
Und Eines Pulses Dauer währt das Sterben nur.
In solcher Leiden tiefes Meer versanken wir.
275 Wohl hat die Schönheit andern Frau'n ein glücklich Loos
Bereitet; uns nur brachte sie den Untergang.

#### Der Chor.

O Helena, der Fremde, wer er immer sei,
Nicht lautre Wahrheit sprach er dir, das glaube nicht.

#### Helena.

Doch sagt' er klar und deutlich, mein Gemahl sei todt.

#### Der Chor.

280 Viel, was die Menschen reden, ist auch lügenhaft.

#### Helena.

Und Vieles wahr auch; Wahres wird unschwer erkannt.

#### Der Chor.

Anstatt zu hoffen, kehrst du dich dem Grame zu.

#### Helena.

Die Furcht umstrickt mich, treibt in Schrecken meinen Geist.

#### Der Chor.

Wie sind die Hausgenossen hier für dich gestimmt?

#### Helena.

285 Sie sind mir alle freundlich, nur mein Freier nicht.

#### Der Chor.

Nun, weißt du was? Verlasse dieses Todtenmal —

#### Helena.

Was willst du sagen? Welche Mahnung gibst du mir?

#### Der Chor.

Tritt ein zum Hause, frage dort Theonoen,
Der Nereide Tochter, (ihr ist Alles kund,)

290 Um deinen Gatten, ob er noch im Lichte weilt,
Ob schon dahinging. Wenn du dieses wohl erforscht:
Je nach der Schickung stimme dich zu Freud' und Schmerz.
Bevor du Jedes sicher weißt, was frommt es dir,
Der Trauer nachzuhängen? Darum folge mir:
295 Verlaß das Grab, und aus der Jungfrau Munde dort
Wird Alles kund dir werden. Kannst im Hause du
Wahrheit erfragen: blicke nicht zur Ferne hin!
Ich will, dir folgend, mithinein zum Hause gehn;
Denn mitzuhören drängt es mich den Seherspruch;
300 Wohl ziemt es ja für Frauen, Frau'n hülfreich zu sein.

### Helena.

Ich folge, Freundin, deinem Rath.
Geht, o geht in's Haus hinein,
Damit ihr hört von meinem Leidenskampf!

### Der Chor.

Du rufst der willig folgenden.

### Helena.

305 Weh, unglückseliger Tag!
Welches thränenvolle Wort werd' ich hören, welchen Spruch?

### Der Chor.

Künde nicht voraus den Jammer, klag', o Liebe, nicht vorher!

### Helena.

Wie ging es meinem armen Gatten?
Sieht er noch des Tages Licht, noch der Sonne Viergespann
310 Und der Sterne Bahnen, oder hält bei den Todten ihn
Unter der Erde das Todesloos?

### Der Chor.

Deute stets zum Bessern Alles, was die Zukunft bringen mag.

**Helena.**

Dir ja ruf' ich, dich beschwör' ich,
Du kühler schilfumgrünter Strom Eurotas, wenn vom Tode
315 Des Gatten mir die wahre Kunde scholl —

**Der Chor.**

Was sollen die thörichten Worte?

**Helena.**

Schnür' ich hoch in Todesschlingen meinen Hals,
Oder stoße durch die Brust mir
Den blutvollen Stahl,
320 Treibe das eigene Schwert mit ringender Hand in die Kehle,
Ich, der drei Göttinnen Opfer
Und des Priamiden, der die Rinderheerden
Weidend auf Ida's Höhn die Flöte blies.

**Der Chor.**

Andre treffe solches Unheil: lebe du, von Glück umblüht!

**Helena.**

325 O jammervolle Troja,
Durch Missethat sinkst du, Schweres littest du!
Kypris schuf durch meine Schönheit vieles Blut und viele Thränen,
Daß du Gram zu Gram, Leid zu Leid empfingst!
Mütter weinten um der Söhne Tod,
330 Und die Jungfrau'n, Schwestern edler Todten, schoren sich das Haar
An der phrygischen Flut des Skamandros.
Geschrei, Geschrei erhob Hellas und klagte
In lautem Jammer:
An ihr Haupt die Hände legend, färbte sie mit blutigen
335 Schlägen zarte Wangen roth.
O glückselige Tochter Arkadia's, die des Kroniden

Lager vordem vierfüßig verließ, o Kallisto,
Wie weit glücklicher warst du, denn Leda,
Daß in den zottigen Gliedern des Waldthiers
340 Du mit dem grimmigen Blicke der Löwin
Des Unglücks Bewußtsein verlorst!
Glücklicher warest auch du, die Artemis einst aus dem Chore
Als goldhörnige Hinde der Schönheit wegen verstoßen,
Merops' Kind vom Titanengeschlecht; mein Name vertilgte
345 Pergamos, Dardanos' Burg,
Und die verlorenen Söhn' Achäa's!

(Sie entfernt sich mit dem Chore.)

**Menelaos** in dem Aufzuge eines Schiffbrüchigen. Später
**eine Greisin.**

### Menelaos.

Du, der in Pisa's Fluren einst Oenomaos
Im Wagenkampf besiegte, Sohn des Tantalos!
O raffte damals, als zerstückt den Göttern du
350 Zum Mahle dientest, dich im Götterkreis der Tod,
Bevor du meinen Vater noch, Atreus, gezeugt,
Dem wir entsprossen aus dem Schooß Aërope's,
Agamemnon und Menelaos, ein berühmtes Paar!
Die größte Kriegsmacht (ohne Prahlen sag' ich es)
355 Geleitet' ich nach Troja durch des Meeres Flut
Als König, dessen Machtgebot die Jünglinge
Sich ohne Zwang, freiwillig unterordneten.
Und ihrer zählt man Viele, die gefallen sind,
Und Andre, die gerettet froh dem Meer entflohn,
360 Und die der Todten Namen mir zurückgebracht.
Ich Armer irre durch des Meeres blaue Flut
Umhergetrieben, seit ich Troja's Burg zerstört,
Und heimzukommen drängt es mich in's Vaterland;

## Helena.

Doch dieses Glückes würdigen mich die Götter nicht.
365 Um Libya's Einöden und ungastliche
Seebuchten alle segelt' ich; und bin ich nah
Dem Vaterlande, rafft ein Sturm mich wieder fort:
Nie schwellte Wind mein Segel, daß ich landete.
Und nun, beraubt der Freunde, ward ich strandend hier
370 An dieses Land geworfen, und gebrochen treibt
Mein Schiff in vielen Trümmern um den Felsenstrand.
Vom schöngefügten Baue blieb allein der Kiel,
Auf dem ich samt Helenen, die von Troja wir
Mitschleppten, kaum durch unverhofftes Glück entrann.
375 Ich weiß des Landes Namen nicht, noch welches Volk
Hier wohnt; die Menschenmassen ja vermied ich stets,
Daß meine Nacktheit nicht die Neugier weckte: Scham
Hieß mich die Noth verbergen. Fällt ein hoher Mann,
So drückt das ungewohnte Leid viel härter ihn,
380 Als einen Andern, welcher längst unglücklich war.
Wohl drängt die Noth mich; denn an Mundvorrath gebricht's,
An Kleidern, mich zu decken; leicht erkennt man dies:
Als Hülle dient mir, was der Schiffbruch übrig ließ.
Der frühern Kleider weicher Prunk, die köstlichen
385 Gewande sind des Meeres Raub. In hohler Schlucht
Verbarg ich alles meines Leids Urheberin,
Mein Weib, und komme, während mir der Freunde Schaar,
Die mir geblieben, mein Gemahl bewachen muß.
Ich irr' allein, umspähend, ob ich etwa nicht,
390 Was ihnen noththut, schaffen mag den Freunden dort.
Da sah ich dies von Zinnen ringsumkränzte Haus,
Die stolzen Pforten sah ich eines Glücklichen,
Und nahte mich. Aus einem reichen Hause darf
Der Schiffer Etwas hoffen; wem's an Gütern fehlt,

395 Verlangt's ihn auch zu helfen, er vermag es nicht.
(Er klopft an das Thor des Palastes.)
Holla!
Wer hütet diese Pforte? Kommt Niemand heraus,
Damit er drinnen meine Noth verkündige?

**Eine Greisin.**
(innen)
Wer ist am Thore? — Gehst du nicht vom Hause weg?
Was willst du, stehend an des Hofes Thoren hier,
400 Dem Herrn beschwerlich fallen? Traun, dich trifft der Tod
Als Griechen, dem hier keine Statt beschieden ist!

**Menelaos.**
O Greisin, viel unholde Worte sprichst du da.
Du darfst es; ich gehorche; doch sprich gütiger.

**Die Greisin.**
Hinweg vom Hause! Mir, o Fremdling, liegt es ob,
405 Zu wachen, daß kein Grieche diesem Hause naht.

**Menelaos.**
Ha, balle nicht die Fäuste, brauche nicht Gewalt!

**Die Greisin.**
Du hörst ja nicht auf Worte, du trägst selbst die Schuld.

**Menelaos.**
Geh hin und melde deinem Herrn im Hause dort —

**Die Greisin.**
Du dürftest übel fahren, wenn ich's meldete!

**Menelaos.**
410 Schiffbrüchig komm' ich, Fremdling, unter Götterhut.

**Die Greisin.**
So geh nach einem andern Haus, in dieses nicht!

**Menelaos.**
Nein; hier in dieses geh' ich: du willfahre mir!

**Die Greifin.**

Du bist mir lästig: nächstens treibt Gewalt dich fort.

**Menelaos.**

Weh!
Mein ruhmbedecktes Kriegerheer, wo bist du jezt?

**Die Greifin.**

415 Dort warst du wohl gefeiert: hier, Freund, bist du's nicht.

**Menelaos.**

O Schicksal, welch unwürdig namenlose Schmach!

**Die Greifin.**

Was schwimmt dein Aug' in Thränen? Was bejammerst du?

**Menelaos.**

Ich klage mein vergangnes, mein verlornes Glück.

**Die Greifin.**

Geh hin, und weine deinen Gram den Deinen vor.

**Menelaos.**

420 Wie heißt das Land hier? Wessen ist das Königshaus?

**Die Greifin.**

Proteus bewohnt es, und Aegyptos heißt das Land.

**Menelaos.**

Aegyptos? Wohin kam ich Unglückseliger?

**Die Greifin.**

Was hast du denn zu schelten auf des Niles Volk?

**Menelaos.**

Nicht dieses schalt ich: mein Geschick beklag' ich nur.

**Die Greifin.**

425 Unglücklich sind so Viele; nicht du bist's allein.

**Menelaos.**

Nun, ist der König, den du nennst, im Hause wohl?

**Die Greifin.**

Das ist sein Grabmal, jezt gebeut sein Sohn im Land.

**Menelaos.**
Wo weilt er? Auswärts oder im Palaste hier?
**Die Greisin.**
Nicht hier; die Griechen haßt er als ihr schlimmster Feind.
**Menelaos.**
430 Um welche Schuld, daß ich für diese büßen muß?
**Die Greisin.**
Zeus' Tochter weilt in diesem Hause, Helena.
**Menelaos.**
Was sprichst du? Was vernahm ich? Nochmals sage mir's.
**Die Greisin.**
Die Tochter Tyndars, die vordem zu Sparta war.
**Menelaos.**
Von wannen kam sie? Rede! Wie verhält sich das?
**Die Greisin.**
435 Von Lakedämons Lande kam sie hergeschifft.
**Menelaos**
Wann? — (bei Seite) Hat sie Jemand aus der Kluft vielleicht entführt?
**Die Greisin.**
Bevor Achäa's Heeresmacht gen Troja zog.
Doch geh hinweg vom Hause; denn es waltet dort
Ein Schicksal, das dem Königshaus Unruhe bringt.
440 Du kommst in ungelegner Zeit: wenn unser Herr
Dich trifft, empfängst du sichern Tod als Gastgeschenk.
Ich will Achäa's Volke wohl und sagte dir
Aus Furcht vor meinem König nur manch bittres Wort.
(Sie geht in den Palast zurück.)
**Menelaos.**
Was sag' ich nun? Was red' ich? Denn zum alten Leid
445 Hat, wie wir hören, neue Noth sich hier gesellt.

Von Troja kommend führ' ich als Gefangene
Mit mir die Gattin und verbarg in Höhlen sie;
Und nun verweilt in diesem Königshause hier
Ein andres Weib, das meiner Gattin Namen trägt.
450 Sie sei von Zeus entsprossen, sagt die Alte mir.
So führt am Nilgestade wohl ein Sterblicher
Den Namen Zeus? Denn Einer ist im Himmel nur.
Doch gibt's ein andres Sparta noch, als dort allein,
Wo stolz Eurotas' schilfumkränzte Wellen ziehn?
455 Und auch den Namen Tyndareus führt Einer nur.
Und gibt's ein Land, das Lakedämons Namen trägt
Und Troja's? Was ich sagen soll, ich weiß es nicht.
Gar Manche, scheint es, haben wohl in manchem Land
Die gleichen Namen, diese Stadt und jene Stadt,
460 Dies Weib und jenes; also das befremdet nicht.
Auch, was die Sklavin drohte, schreckt mich nicht zurück.
So grausam ist doch Keiner, daß er Speise mir
Verweigern dürfte, nenn' ich meinen Namen ihm.
Wer weiß von Troja's Brande nicht? Der ihn entflammt,
465 Menelaos, ist in allen Landen wohlbekannt.
Erwart' ich denn des Hauses Herrn! Das bietet mir
Zwiefache Hoffnung: wenn er rohen Sinnes ist,
Dann, mich verbergend, eil' ich nach dem Wrack zurück;
Doch wenn er menschlich milde fühlt, dann will ich mir
470 Erbitten, was mir frommen mag in diesem Leid.
Das ist in meinem Mißgeschick das Härteste,
Daß ich, ein König, betteln muß um Unterhalt
Bei fremden Herrschern; aber so gebeut die Noth.
Ein Spruch der Weisen ist es, nicht mein eignes Wort:
475 Hoch über allen Mächten steht die grause Noth.

(Er geht auf die Seite.)

### Der Chor.
(aus dem Palaste zurückkommend)

Mein Ohr vernahm, was die weissagende
Jungfrau dort in der Herrscher Haus offenbart,
Daß Menelaos noch nicht in's düstere Todtenreich
Unter die Erde geschwunden,
480 Sondern in der wogenden See treibend umher,
Noch immer der Heimat Porte nicht erreicht,
Und auf irrender Lebensbahn, unglückselig, der Freunde
beraubt,
Allen Gestaden der Welt
Sich im Meerschiff nähere, seit Troja's Flur er verlassen.

### Helena. Der Chor.
### Helena.

485 Zum Siz am Todtenmale wandl' ich wiederum,
Nachdem ich Liebes hörte von Theonoe,
Die klar in alle Tiefen schaut: sie sagte mir,
Noch weile lebend mein Gemahl im Sonnenlicht,
Und werde, tausend Meere durch umhergestürmt
490 Hierhin und dorthin, vielgeprüft auf irrer Fahrt
Heimkehren, wann er seiner Leiden Ziel erreicht.
Von Einem schwieg sie, ob er fortan glücklich sei:
Denn das bestimmt zu fragen, unterließ ich selbst,
Voll Freude, daß mir Kunde ward, er lebe noch.
495 Doch nahe, sprach sie, weilt er hier im Lande wo,
Entflohn dem Schiffbruch, im Geleit von Wenigen.
Wann wirst du kommen? Wie verlangt mein Herz nach dir!
(Menelaos nähert sich ihr.)

Ha!
Wer ist der Mann hier? Werd' ich durch verborgnen Trug
Vielleicht von Proteus' gottvergeff'nem Sohn berückt?

500 Ich will mich, rasch, wie Rosse, wie Bacchantinnen,
Zum Todtenmale schwingen! Traun, ein wilder Mann
Ist das von Aussehn, welcher mich zu greifen strebt!
(eilt fort.)

**Menelaos.**

Du, die mit starken Schritten ungestümer Hast
Hineilt zum Rand des Grabes und den flammenden
505 Geweihten Kuchen, bleibe! Was entfliehest du?
Sprachloses Staunen, Schrecken weckt dein Bild in mir.

**Helena.**
(zu dem Thore)

Gewalt geschieht uns, dieser Mann hält uns, o Frau'n,
Zurück vom Grabmal, will mich fahen, will dem Herrn
Mich übergeben, dessen Hand ich stets geflohn.

**Menelaos.**

510 Kein Räuber bin ich, keines Missethäters Knecht.

**Helena.**

Doch deckt der Glieder Blöße dir ein schmuzig Kleid.

**Menelaos.**

Der Furcht vergessen, hemme, Frau, den schnellen Schritt.

**Helena.**
(nachdem sie das Grabmal erreicht)

Ich bleibe, nun ich angelangt an diesem Ort.

**Menelaos.**

Wer bist du? Welche Züge zeigst du meinem Blick?

**Helena.**

515 Wer du? Denn so zu fragen hab' ich gleichen Grund.

**Menelaos.**

Nie sah ich eine Frau'ngestalt ihr ähnlicher!

**Helena.**

O Gott! Denn Freunde wiedersehn ist Gottesglück.

**Menelaos.**
Du stammst aus Hellas, oder bist du heimisch hier?
**Helena.**
Aus Hellas; aber nenne mir auch dein Geschlecht.
**Menelaos.**
520 Nie sah ich Eine, Helenen so gleich, wie du.
**Helena.**
Du gleichst so ganz Menelaos: mir versagt das Wort!
**Menelaos.**
Den ärmsten aller Männer hast du recht erkannt.
**Helena.**
(auf ihn zueilend)
Du spät in deines Weibes Arm zurückgekehrt!
**Menelaos.**
Welch eines Weibes? Rühre nicht an mein Gewand!
**Helena.**
525 Die Tyndareus, mein Vater, dir zur Ehe gab.
**Menelaos.**
Lichtgöttin, send' uns holde Bilder, Hekate!
**Helena.**
Kein Nachtgebild der Wegegöttin siehst du hier.
**Menelaos.**
Doch zweier Frauen Gatte bin ich Einer nicht.
**Helena.**
Welch andre Gattin hast du dir denn angetraut?
**Menelaos.**
530 Sie birgt der Fels, vom Phrygerlande bring' ich sie.
**Helena.**
Zur Gattin hast du Keine sonst, als mich allein.
**Menelaos.**
Bin ich bei Sinnen, oder ist mein Auge krank?

**Helena.**
So glaubst du, mich erblickend, nicht dein Weib zu sehn?

**Menelaos.**
Gleich ist das Aussehn; doch die Meine bist du nicht.

**Helena.**
535 Schau! Was bedarf's noch? Kann ein Zeugniß klarer sein?

**Menelaos.**
Du bist ihr ähnlich: das bestreit' ich nimmermehr.

**Helena.**
Wer anders kann dich's lehren, als dein eigner Blick?

**Menelaos.**
Ich habe schon ein andres Weib: dies macht mich irr.

**Helena.**
Nicht ich, mein Abbild war es, das nach Troja kam.

**Menelaos.**
540 Doch wer erschafft Gestalten, die lebendig sind?

**Helena.**
Der Aether sandt' ein gotterschaffnes Weib dir zu.

**Menelaos.**
Und welche Gottheit schuf es? Wunderbares Wort!

**Helena.**
Arglist der Here, daß mich Paris nicht empfing.

**Menelaos.**
Wie warst du hier denn und zugleich in Ilion?

**Helena.**
545 Die Namen sind an manchem Ort, die Körper nicht.

**Menelaos.**
Laß mich! Des Leides bracht' ich schon genug mit mir.

**Helena.**
Mich willst du lassen, und entführst das leere Bild?

**Menelaos.**

Leb' wohl, und Heil dir, daß du so Helenen gleichst!

**Helena.**

O Gram! Den Gatten fand ich kaum, und er entflieht!

**Menelaos.**

550 Dem schweren Leid vor Troja glaub' ich mehr denn dir.

**Helena.**

Weh mir!
Wo war ein Unglück größer, als das meinige?
Die Liebsten fliehn, verlassen mich: ich kehre nie
Zu Hellas' Volk, in meiner Ahnen Land zurück!

**Ein Bote. Die Vorigen.**

**Der Bote.**

Menelaos, lange suchend find' ich endlich dich:
555 Ich irrte rings durch diese fremden Gau'n, gesandt
Von deinen Freunden, die du dort verlassen hast.

**Menelaos.**

Was ist geschehen? Plündern euch Barbaren aus?

**Der Bote.**

Ein Wunder, dessen Größe nie das Wort erreicht.

**Menelaos.**

Sprich! Unverhofftes bringst du deiner Eile nach.

**Der Bote.**

560 Nun denn: du trugst die tausendfachen Müh'n umsonst.

**Menelaos.**

Du klagst um alte Leiden: was begab sich denn?

**Der Bote.**

Hinauf, in Aethershöhen unsichtbar entrückt,
Schwand deine Gattin, und verbirgt im Himmel sich,
Nachdem sie jene Grotte, wo wir sie bewahrt,
565 Verlassen, also sprechend: „Armes Phrygervolk

Und Volk Achäa's, meinethalb, durch Here's Trug,
Starbt ihr im Feld Skamanders, wähnend, Helenen
Besitze Troja's Paris, der sie nicht besaß.
Ich aber, nun ich ausgeharrt die lange Zeit,
570 Die mir bestimmt mein Schicksal, kehre nun zurück
Zum Himmel, meinem Vater. Sie, die Nichts verbrach,
Die Tyndaride trug umsonst den bösen Ruf."

(Er erblickt Helenen, die vom Grabmale her sich nähert.)

O Heil dir, Leda's Tochter! Also warst du hier?
Und ich verkünde, daß du dich zu Sternenhöhn
575 Emporgeschwungen, wußte nicht, daß Flügel dir
Ein Gott verlieh'n! Zum zweitenmale sollst du mich
Nicht höhnen, daß du Hellas' Heer vor Ilion
Und deinem Gatten ohne Grund die Mühen schuffst!

### Menelaos.

Dies war es also! Was sie sprach, ist wahr und stimmt
580 Zu dieses Mannes Worten! Längstersehnter Tag,
Der dich, Geliebte, wiederbringt in meinen Arm!

### Helena.

O liebster du der Männer, nun, Menelaos, schwand
Das Leid vorüber, eben ist die Freude da!
Glücklich, o Frau'n, bin ich, daß ich den Gatten fand:
585 Ich schlinge meinen liebenden Arm um ihn
Nach langen Grames Nacht.

### Menelaos.

Und ich um dich! Ich könnte viel dir sagen und
Weiß nicht, wovon ich jetzt zuerst beginnen soll.

### Helena.

In Freude beb' ich, Wonneschauer sträuben
590 Des Hauptes Haar auf, und die Zähre strömt mir:

Um dich, Trauter, wind' ich meinen Arm, um dich,
Daß ich genieße der Lust!

#### Menelaos.

Ich schelte nicht mein Loos: (o süßer Anblick!)
Ich fand sie wieder, Zeus' und Leda's Tochter,
595 Welche das Paar der Brüder einst, das auf strahlenden
Rossen prangt,
Feierte bei der Fackeln Glanze,
Und Götter meinem Haus entrückten!

#### Helena.

Ein anderes, ein seligeres Geschick hat ein Gott uns bereitet;
Und, gewandelt in Heil,
600 Führt dich in meinen Arm das Unheil zurück,
Wohl spät: doch — o mög' ich froh sein des Glücks!

#### Menelaos.

Sei froh des Glückes: also fleht auch dein Gemahl;
Denn zwei Verbundne tragen Wohl und Weh vereint.

#### Helena.

O Frau'n, was ich litt, klag' ich, beseufz' ich nun
605 Nicht mehr; wieder hab' ich ihn, meinen Gemahl,
Den ich ersehnt, ersehnt: nach viel Jahren kam,
Kam er von Troja zurück!

#### Menelaos.

Du hast mich, und ich habe dich! Nach langen Reih'n
Durchkämpfter Sonnen ahnt' ich erst der Göttin Trug:
610 Meine Thränen wandeln sich in Lust!

#### Helena.

Was sag' ich? Wer auf Erden hätte das gedacht?
Ich drücke dich wider Erwarten an's Herz.

**Menelaos.**

Ich dich, und wähnte, nach der Stadt am Idaberg
Seist du gefloh'n, zu Troja's unsel'ger Burg!
615 Bei den Göttern, sprich, wie wardst du meinem Haus
entrückt?

**Helena.**

Weh! Bittern Pfad betrittst du:
Bittrer Kunde, Freund, spähst du nach!

**Menelaos.**

Sprich: hören muß ich's. Alles kommt aus Götterhand.

**Helena.**

Verabscheut, verhaßt ist mir, was ich verkünden soll!

**Menelaos.**

620 Sprich immer: von durchkämpftem Leide hört man gern.

**Helena.**

Nicht in den Arm des Troerjünglinges
Flog ich im Schiffe dahin,
Flog nicht, verlangend nach frevelnder Liebeslust!

**Menelaos.**

Und welches Schicksal, welcher Gott entrückte dich?

**Helena.**

625 Des Zeus' Sohn und Maja's, o Freund, trug mich zum
Lande des Nil.

**Menelaos.**

Seltsam! Von wem gesendet? Wunderbares Wort!

**Helena.**

Ich muß weinen, feucht ist mir von Zähren das
Auge: mir brachte Zeus' Gattin den Untergang!

**Menelaos.**

Here? Warum verhängte sie Leid über uns?

**Helena.**

630 Wehe, mein Unglück, ihr Bäder und Quellen, wo
Sich die Gestalt der Göttinnen verklärte, wo
Paris' richtender Spruch erscholl!

**Menelaos.**
Auf diesen Spruch erschuf dir Here solches Leid?

**Helena.**
Mich dem Paris zu rauben, —

**Menelaos.**
    Wie? Rede!

**Helena.**
635 Dem Kypria mich gelobt, —

**Menelaos.**
    Arme!

**Helena.**
(Ja wohl, Arme! —) Trug sie mich zum Nil hieher.

**Menelaos.**
Und gab für dich dann, wie du sagst, ein Schattenbild.

**Helena.**
Und nun, ach! das Unglück, das Unglück daheim —
O meine Mutter! Wehe mir!

**Menelaos.**
    Was sprichst du da?

**Helena.**
640 Dahin die Mutter! Weil ich dir die Treue brach,
Wand sie die Todesschlinge, gab sich den Tod.

**Menelaos.**
Weh! Doch die Tochter, lebt sie noch, Hermione?

**Helena.**
Sie beklagt unvermählt, o Freund, kinderlos,
Voll Scham den Unglücksbund.

### Menelaos.

645 Du, der von Grund aus unser ganzes Haus zerstört,
Gingst unter dafür, Alexandros, und tausend
Danaer, strahlend in Erz!

### Helena.

Und mich riß ein Gott von Heimat und Stadt,
Mich Arme, und von dir, der Fluch faßte mich,
650 Als ich dem Haus entfloh, welchem ich nicht entfloh
Zu schmachvollem Bund!

### Der Chor.

Ist auch in Zukunft euer Loos ein glückliches,
Genügt es, gutzumachen, was euch früher traf.

### Der Bote.
(näher tretend)

Menelaos, gönnt an eurer Lust auch mir ein Theil,
655 Die wohl ich ahnen, aber nicht verstehen kann.

### Menelaos.

Ja, nimm auch du an unsern Reden Theil, o Greis.

### Der Bote.

Trägt diese nicht an unserm Troerkampf die Schuld?

### Menelaos.

Sie nicht: die Götter hatten uns mit Trug berückt:
Mein Arm umschloß ein jammervolles Wolkenbild.

### Der Bote.

Wie sagst du?
660 Um Wolken also kämpften wir umsonst uns ab?

### Menelaos.

So fügt' es Hera, so der drei Göttinnen Streit.

### Der Bote.

Und lebt sie wahrhaft? Ist sie wirklich dein Gemahl?

**Menelaos.**
Sie ist's: vertraue meinem Wort und glaube mir's.
**Der Bote.**
(gegen Helena sich wendend)
O Kind, ein Wesen, unerforschlich wunderbar,
665 Ist doch die Gottheit! Alles dreht und lenkt sie klug
Hierhin und dorthin: dieser härmt in Noth sich ab,
Und jener, vorher ohne Harm, verdirbt hernach,
Kennt nicht in wandellosem Glück Beständigkeit.
Ihr rangt mit schweren Nöthen, du wie dein Gemahl,
670 Du durch des Rufes Tücken, er im Kriegessturm.
Voll Eifer suchend fand er Nichts, und jezo fand,
Von selbst errang er ungesucht das höchste Glück.
So hast du nicht verbrochen, was dein Ruf erzählt,
Hast nicht den greisen Vater, nicht Zeus' Söhn' entehrt!
675 Nun, nun erneu' ich deinen Brautgesang im Geist,
Der Fackeln denk' ich wieder, die dem Viergespann
Ich stolz vorantrug, als im Wagen du mit ihm
Als Braut verließest dein beglücktes Vaterhaus.
Ein Schlechter ist, wer seine Herrschaft nicht verehrt,
680 Mit ihr sich freut, in ihrem Leide klagt mit ihr.
Mir sei's beschieden, bin ich auch ein Sklave nur,
Den Dienern edlen Sinnes beigezählt zu sein,
Und wurde mir der freie Name nicht, so sei
Doch frei die Seele! Besser, als wenn Einen zwei
685 Gebrechen drücken, daß er kühn dem Laster fröhnt,
Und daß er, unterthänig, Knecht der Andern ist.
**Menelaos.**
Wohlan, o Greis! So viele Mühen hast du schon,
Bei mir im Kampfe stehend, ausgekämpft mit mir:
Nun geh, nachdem du meines Glückes Zeuge warst,

690 Und melde meinen Freunden am Gestade dort,
Wie du's gefunden, melde, was mit uns geschah,
Und heiß' am Strand sie bleiben und des schweren Kampfs
Gewärtig sein, der, wie wir ahnen, unser harrt,
Und spähen, wie wir Helenen geheim von hier
695 Fortschaffen, daß wir, frohvereint zu gleichem Glück,
Dem wilden Volk entfliehen, wenn's uns möglich ist.

### Der Bote.

So sei's, o König! Aber, traun, Weissagungen
Sind eitel alle, seh' ich hier, und lügenhaft.
Nichts also magst du lernen aus der Flamme Glut,
700 Nichts aus der Vögel Lauten: Thorheit ist es, nur
Zu wähnen, Vögel schafften Rath den Sterblichen.
Denn Kalchas hat dem Heere niemals offenbart,
Daß er die Freunde für ein Luftbild sterben sah:
Niemals! Die Troerveste ward umsonst zerstört!
705 Ihr sagt: er schwieg wohl, weil's des Gottes Wille war.
Was fragt ihr dann die Seher? Fleht die Götter an
Um Heil und opfert, aber laßt die Seherkunst!
Denn diese ward als eitler Köder nur erdacht,
Und durch der Flamme Zeichen ward kein Träger reich:
710 Der beste Seher ist der Geist und kluger Sinn.

(geht ab.)

### Der Chor.

Was dieser Greis vom Sehervolke spricht, es trifft
Auch meine Meinung. Wer die Huld der Götter sich
Gewann, besizt die beste Seherkunst daheim.

### Helena.

Wohlan! Bis hieher, mein Gemahl, ging Alles gut.
715 Doch, Armer, wie von Troja du dich rettetest,

Zwar dies zu wissen fruchtet nichts: indeß verlangt's
Den Freund, zu hören, welche Noth der Freund erfuhr.

**Menelaos.**

Viel fragst du mich mit Einem Wort, in Einem Zug.
Was nenn' ich dir die Leiden im Aegäermeer,
720 Am Strand Euböa's Nauplios' trugvollen Brand,
Die Städte Kreta's, die wir sah'n, und Libya's,
Und Perses' Warten? Nicht erfättigt würdest du
Von meinen Reden, und erzählend trauert' ich,
Wie duldend ich mich härmte: doppelt fühlt' ich Schmerz.

**Helena.**

725 Wohl ist die Antwort besser, als die Frage war.
Doch Eins für Alles sage mir, wie lange Zeit
Ihr auf des Meeres Rücken triebt umhergestürmt.

**Menelaos.**

Zehn Jahreskreise brachten wir vor Troja zu;
Dann volle sieben Jahre noch durchkämpften wir.

**Helena.**

730 Welch eine lange Jammerzeit, Unglücklicher!
Und, dort gerettet, fällst du hier in Mörderhand!

**Menelaos.**

Wie sagst du? Wehe! Wie du mich vernichtest, Frau!

**Helena.**

Ermorden wird dich jener, dem dies Haus gehört.

**Menelaos.**

Was that ich denn, das solcher Strafe würdig war?

**Helena.**

735 Dein unverhofftes Kommen stört: er wirbt um mich.

**Menelaos.**

So hat ein Andrer mein Gemahl zu frei'n verlangt?

**Helena.**
Und Schmach auf mich zu laden, wenn ich's duldete!
**Menelaos.**
Ein mächtiger Bürger? Oder gar des Landes Fürst?
**Helena.**
Der Sohn des Proteus, der in diesem Land gebeut.
**Menelaos.**
740 Das also war das Räthsel, das die Sklavin sprach!
**Helena.**
An welchem Thor des fremden Hauses trafst du sie?
**Menelaos.**
Hier, wo man, gleich dem Bettler, mir die Thüre wies.
**Helena.**
Du bat'st um eine Gabe wohl? Ich Elende!
**Menelaos.**
Das war die Sache: dieses Worts enthielt ich mich.
**Helena.**
745 So weißt du denn vom Drängen meines Freiers auch?
**Menelaos.**
Wohl: aber ob du widerstand'st, vernahm ich nicht.
**Helena.**
Ich wahrte rein und lauter meine Liebe dir.
**Menelaos.**
Was birgt mir hiefür? Sprichst du wahr, welch süßer
Trost!
**Helena.**
Du siehst am Grabmal meinen unglückfel'gen Siz?
**Menelaos.**
750 Rohrkissen seh' ich: was bedarfst du dieser nur?
**Helena.**
Hier fleht' ich, suchte Rettung aus des Fremdlings Hand.

11*

**Menelaos.**

Gab's keinen Altar? Oder ist dies Landesbrauch?

**Helena.**

Wie Tempel hoher Götter, bot dies Grab mir Schuz.

**Menelaos.**

Mit dir nach Hause schiffen darf ich also nicht?

**Helena.**

755 Dein harrt der Mordstahl eher, Freund, als mein Besiz.

**Menelaos.**

So wär' ich aller Menschen unglückseligster.

**Helena.**

Bedenk' es denn nicht länger: fleuch aus diesem Land!

**Menelaos.**

Ich dich verlassen? Troja stürzt' ich dir zulieb.

**Helena.**

Doch besser, als wenn mein Besiz dich tödtete.

**Menelaos.**

760 Ein feiger Rath, nicht würdig meines Troerruhms!

**Helena.**

Du willst den König tödten? Das vermagst du nicht!

**Menelaos.**

Verwundet denn das Eisen seinen Körper nicht?

**Helena.**

Versuch' es! Weise wagen nichts Unmögliches.

**Menelaos.**

Still böt' ich meine Hände wohl der Fessel dar?

**Helena.**

765 Unschlüssig schwankst du; hier bedarf es einer List.

**Menelaos.**

Süß ist ein tapfrer, nicht ein thatenloser Tod.

**Helena.**
Eins gibt mir Hoffnung, was allein uns retten kann —

**Menelaos.**
Kühnheit, Bestechung, oder Redekunst vielleicht?

**Helena.**
Wenn mein Gebieter, daß du kamst, nicht inne wird.

**Menelaos.**
770 Wer wird es ihm verrathen? Und mich kennt er nicht.

**Helena.**
Er hat daheim die göttergleiche Helferin —

**Menelaos.**
Eine Stimme, die in seines Hauses Tiefen wohnt?

**Helena.**
Nein, seine Schwester, und sie heißt Theonoe.

**Menelaos.**
Prophetisch klingt der Name: sprich, was wird sie thun?

**Helena.**
775 Dem Bruder dich entdecken: ihr ist Alles kund.

**Menelaos.**
So sterb' ich; denn verborgen bleiben kann ich nicht.

**Helena.**
Vielleicht, das unser Flehen sie bestimmen wird —

**Menelaos.**
Zu welcher That? Welch eine Hoffnung zeigst du mir?

**Helena.**
Dem Bruder deine Gegenwart nicht kundzuthun.

**Menelaos.**
780 Und wenn wir sie bestimmten, dann entflöhen wir?

**Helena.**
Vereint mit ihr, leicht; aber heimlich nimmermehr.

**Menelaos.**
Da siehe du zu: stimmt das Weib zum Weibe doch!
**Helena.**
Um ihre Kniee schlingen will ich meinen Arm.
**Menelaos.**
Wohl: aber wenn sie unserm Fleh'n ihr Ohr verschließt?
**Helena.**
785 Dann stirbst du; mich Unsel'ge freit er mit Gewalt.
**Menelaos.**
Du brächst die Treue, die Gewalt wird vorgeschützt.
**Helena.**
Mit heil'gem Eide schwör' ich dir bei deinem Haupt —
**Menelaos.**
Und was? Zu sterben, keines Andern Weib zu sein?
**Helena.**
Durch Einen Mordstahl: fallen will ich neben dir!
**Menelaos.**
790 Auf dieses schlinge deine Hand in meine Hand!
**Helena.**
Hier! Starbest du mir, scheid' ich ab von diesem Licht.
**Menelaos.**
Auch ich erwähle, werd' ich dein beraubt, den Tod.
**Helena.**
Wie sterben aber, daß der Ruhm das Ende krönt?
**Menelaos.**
Auf diesem Grabmal tödt' ich dich, und mich sodann!
795 Doch eh wir sterben, kämpf' ich einen großen Kampf
Um deine Liebe: komme, wer ihn wagen will!
Denn nicht beschimpfen will ich meinen Troerruhm,
Mich nicht verhöhnt sehn, kehr' ich heim zu Hellas' Volk,
Ich, der die Thetis ihres Heldensohns beraubt,

800 Gesehn den Ajas, als er stürzt' in's eigne Schwert,
Und kinderlos den Nestor: und ich sollte nun
Für meine Gattin in den Tod zu gehn mich scheun?
Nein, nimmermehr! Denn wenn die Götter weise sind,
So decken sie dem Tapfern, den der Feind erschlug,
805 Mit leichter Erde sein Gebein im Grabesschooß,
Des Feigen Hügel drücken sie mit schwerem Staub.
### Der Chor.
O Götter, laßt doch Tantalos' Geschlecht einmal
Das Glück erringen und dem Ungemach entfliehn!
### Helena.
Weh, Mißgeschick ohn' Ende! Denn das ist mein Loos.
810 Es ist um uns geschehen! Aus dem Hause tritt
Theonoe, die Prophetin. Horch! Das Haus erdröhnt,
Die Riegel klirren. Fliehe! Doch warum entfliehn?
Abwesend und anwesend weiß die Seherin,
Daß du gekommen. Wehe mir Verlorenen!
815 Aus Troja kaum gerettet, aus dem Fremdlingsland,
So fällst du wieder unter Fremdlingsschwerter hier!

**Theonoe**, gefolgt von zwei Dienerinnen mit flammenden Fackeln. **Die Vorigen.**
### Theonoe.
(zu der ersten Dienerin)
Auf, schreite du mit hellen Fackeln mir voran,
Laß Schwefel wallen zu des Aethers heil'gem Raum,
Damit ich athme reinen Hauch aus Himmelshöhn!
(zu der andern)
820 Du sühne mir mit hehrer Flamme Strahl den Pfad,
Wenn ihn ein ungeweihter Fuß entheiligte,
Voran die Fackel schwingend, wo ich wandeln soll!
Und thatet ihr den Göttern, was mein Brauch gebeut,
So tragt des Herdes Flamme mir in's Haus zurück.

(zu Helena)

825 Nun, Helena, wie steht's um meinen Seherspruch?
Dein Gatte kam, Menelaos: sichtbar steht er hier,
Beraubt des Schiffs, und deines Ebenbilds beraubt.

(zu Menelaos)

Du Jammervoller, welchen Müh'n entrannest du,
Und weißt nicht, ob du heimgelangst, ob bleiben mußt?
830 Denn Streit im Götterrathe wird an diesem Tag
Um deinetwillen in Kronions Hause sein.
Zwar Hera, die dir früher stets so feindlich war,
Ist nun gewogen, will dich heim zu Hellas' Volk
Mit dieser retten, daß sie seh'n, ein Truggeschenk
835 Kythere's habe Paris einst als Weib umarmt.
Doch Kypris will vereiteln deine Wiederkehr,
Den Tadel fürchtend, daß sie nur durch Helena
Den Sieg der Schönheit sich erkauft mit schnöder Huld.
Es steht bei mir nun, ob ich, wie Kythere wünscht,
840 Dem Bruder deine Gegenwart kundthun und dich
Verderben, ob, nach Here's Wunsch, dich retten will,
Dem Bruder dich verläugnend, der mir anbefahl,
Es ihm zu melden, wann du kämst in dieses Land.

(gegen die Diener sich wendend)

Geht Einer, meinem Bruder anzukündigen
845 Des Fremdlings Ankunft, daß ich selbst gesichert sei.

### Helena.

Jungfrau, zu deinen Knieen fall' ich flehend hin,
Und liege hier an dieser jammervollen Statt
Für mich und diesen, den ich endlich wiederfand,
Und kaum gefunden sehen soll des Todes Raub.
850 O sage deinem Bruder nicht, daß mein Gemahl
In meine treuen Arme mir zurückgekehrt:

Nein, rett' ihn, ich beschwöre dich, und opfre nicht,
Des Bruders Sinn dich fügend, deine Frömmigkeit;
Nicht schnöden, ungerechten Dank erkaufe dir.
855 Die Götter hassen die Gewalt: was Jeder sich
Erwerben darf, erwerb' er, aber raube nicht;
Nein, alles ungerechte Gut verschmähe man!
Gemeinsam ist der Himmel allen Sterblichen,
Gemein die Erde: mehrt den Schatz in eurem Haus,
860 Doch rühret nicht an Fremdes, raubt nicht mit Gewalt!
Mich gab in deines Vaters Hand, zum Segen mir
Und auch zum Unglück, Hermes, um dem Gatten mich
Zu retten, der, mich auszulösen, hier erscheint.
Wie kann er todt mich lösen? Wie erstattete
865 Proteus dem Todten wiederum die Lebende?
Ja, denk' an deinen Vater, denk' an jenen Gott:
Wird Hermes, wird der abgeschiedne Vater wohl
Zurückbehalten wollen, was des Andern ist?
Mitnichten! Darum achte mehr den edlen Geist
870 Des Vaters, als des Bruders thöricht eitlen Sinn.
Wenn du, des Unsichtbaren kund als Seherin,
Des todten Vaters heilig Recht zu Boden trittst,
Und dich des Bruders ungerechtem Sinne fügst:
Dann ist dir's Schmach, zu kennen alles Göttliche,
875 Was ist und nicht ist, aber Pflicht und Tugend nicht.
O lös' aus meinem Leide mich Unglückliche,
Und was das Schicksal nicht gewährt, vollende du!
Denn Keiner lebt auf Erden, der nicht Helenen
Verfluchte, die dem Gatten (so schilt Hellas mich!)
880 Untreu, bewohnte Phrygia's goldreiche Burg.
Doch, kehr' ich heim nach Hellas, heim in's Sparterland,
Dann hören sie, dann seh'n sie, daß sie Göttertrug

Verdarb, und ich dem Gatten nicht die Treue brach;
Und wieder tret' ich in die Reih'n der edlen Frau'n,
885 Vermähle meine Tochter, die jezt Keiner freit,
Und dann, erlöst von meines Wanderns bittrer Fahrt,
Genieß' ich froh der Schäze, die mein Haus bewahrt.
Wär' er gestorben, zehrt' ihn auf der Scheiter Glut,
Den fern geschwundnen feiert' ich mit Thränen dann:
890 Nun lebt er, ist gerettet, und man raubt mir ihn.
Nicht also, Jungfrau! Wende dich zu meinem Flehn,
Gewähre diese Liebe mir, und ahme nach
Dem edlen Vater! Ist es doch der schönste Ruhm
Des Kindes, das aus wackrer Aeltern Stamm entsproß
895 An edler Art dem edlen Vater gleich zu sein.

### Der Chor.
Mitleid erwecken deine Reden mir, o Frau,
Mitleid du selbst auch; aber von Menelaos nun
Wünsch' ich zu hören, was er für sein Leben sagt.

### Menelaos.
(zu Theonoe)

Ich möchte deine Kniee nicht umschlingen, nicht
900 Mein Aug' in Thränen baden; denn wir schändeten
Durch solche Feigheit unsern Ruhm im Troerland.
Wohl sagen sie, dem edlen Manne steh' es schön,
Wenn ihm das Unglück Thränen aus dem Auge lockt;
Ich aber wähle solchen Ruhm, ist's anders Ruhm,
905 Nicht statt des hohen Sinnes, der im Helden wohnt.
Gefällt es dir, zu retten einen fremden Mann,
Der seine Gattin, wie's geziemt, zu fordern kommt:
So gib sie, rett' uns beide! Wenn dir's nicht gefällt,
So wär' ich heute nicht zuerst, nein, öfter schon
910 Elend gewesen, du erscheinst als hartes Weib.

Doch was wir unser würdig und gerecht erkannt,
Und was vor Allem dein Gemüth ergreifen wird,
Das sprech' ich aus am Grabe deines Vaters hier:
„Du, der in diesem Marmormale wohnt, o Greis,
915 O gib, ich fordre mein Gemahl von dir zurück,
Die Zeus hieher dir sandte, sie zu retten mir!
Du gibst sie mir nicht wieder, denn du bist dahin:
Doch diese wird nicht wollen, daß der hohe Ruhm
Des Vaters, den ich aus der Nacht zum Lichte rief,
920 Geschändet werde; denn es steht in ihrer Macht."
O Schattenfürst, auch deinen Beistand ruf' ich an,
Du, der so viele Leichen einst um Helena
Zum Lohn empfangen, die mein Schwert geopfert hat;
O sende die nun wiederum an's Licht herauf,
925 Wo nicht, so gebe diese doch, als würdig Kind
Des frommgesinnten Vaters, mir mein Weib zurück!
Doch wenn ihr meines Weibes mich berauben wollt,
So laß von uns dir sagen, was sie dir verschwieg.
Durch hohen Eidschwur, (wisse, Jungfrau!) band ich mich,
930 Zuerst mit deinem Bruder in den Kampf zu gehn;
Er oder ich muß sterben: schlicht ist dieses Wort!
Doch wenn er nicht zum Kampfe Fuß stellt wider Fuß,
Und uns durch Hunger treiben will vom Grabe hier:
So steht es fest, ich tödte diese, drücke dann
935 Mein doppelschneidig Eisen mir in's Herz hinein
Auf dieses Grabmals Rücken, daß des Blutes Strom
Hinab den Hügel fließe; zwei denn liegen wir,
Der Todte bei der Todten, auf dem glatten Stein,
Dir ewigwache Reue, deinem Vater Schmach!
940 Denn ihre Hand empfangen soll dein Bruder nicht,
Noch sonst ein Andrer: sondern ich entführe sie,

Vermag ich nicht nach Hause, doch in's Todtenreich!
Ja! Strömt' ich weibisch mein Gefühl in Thränen aus:
Bedauernswürdig wär' ich mehr, als männlichstark.
945 Tödt' uns, gefällt dir's; keinen Niedern tödtest du;
Doch lieber leihe meinem Wort ein willig Ohr:
So bleibst du fromm, und meine Gattin führ' ich heim!

### Der Chor.

Bei dir, o Jungfrau, steht es, hier den Spruch zu thun:
O richte so, daß Alle deines Spruchs sich freu'n!

### Theonoe.

950 Natur und Wille stimmen mich zur Frömmigkeit.
Ich liebe mich und möchte meines Vaters Ruhm
Niemals beflecken, noch dem Bruder eine Gunst
Gewähren, die mir künftig Schmach bereitete.
Ein großes, lautres Heiligthum des Rechtes ist
955 In meiner Brust hier, das mir Nereus' Huld geliehn,
Und das ich, o Menelaos, treu bewahren will.
Der Götterfrauen höchste will dein Wohlergehn;
Mein Wille stimmt zum ihren. Kypris möge mir
Hold sein, Gemeinschaft übte sie niemals mit mir,
960 Und trachten werd' ich immerdar Jungfrau zu sein.
Und was du meinem Vater hier zuriefst am Grab,
Dasselbe muß ich sagen. Unrecht thäten wir,
Sie nicht zurückzugeben: wenn er lebte noch,
Er gäbe dir die Gattin und dich ihr zurück.
965 Denn solcher Frevel wird gerächt im Todtenreich,
Wie bei der Erde Menschen hier; zwar lebt er nicht,
Der Geist der Todten, aber hat ein ewiges
Gefühl, nachdem er ew'gem Aether sich vermählt.
Doch — um mich kurz zu fassen: stets verschwiegen bleibt,
970 Um was ihr mich gebeten, und ich werde nie

In seiner Thorheit Helferin dem Bruder sein.
Denn Gutes üb' ich, ob er's auch nicht glaubt, an ihm,
Entfremd' ich ihn dem Frevel, daß er weise wird.
Ihr selber mögt nun einen Ausweg euch erspähn:
975 Ich ziehe still aus eurem Kreise mich zurück.
Doch bei den Göttern fanget an, und bittet sie,
Kytheren, daß sie Wiederkehr in's Vaterland
Dir gönne, Heren, daß sie fest im alten Sinn
Verharre, dich zu retten und den Gatten hier.
980 Und du, geschiedner Vater, soviel ich vermag,
Nie sollst du gottlos statt gerecht gescholten sein!
(Sie geht in den Palast zurück.)

### Der Chor.

Noch wurde Keiner glücklich, der Unrecht verübt;
Des Glückes Hoffnungskränze blüh'n der Tugend nur.

### Helena.

Von dieser Jungfrau dürfen wir Nichts fürchten, Freund:
985 Doch nun geziemt uns, Red' um Rede tauschend, in
Vereintem Rath den Weg der Rettung auszuspähn.

### Menelaos.

So höre! Lange lebst du schon in diesem Haus,
Und mit des Königs Dienern bist du wohlvertraut.

### Helena.

Was willst du damit? Denn du weckst mir Hoffnungen,
990 Du werdest Etwas wagen, was uns beiden frommt.

### Menelaos.

Bewegtest du wohl Einen, dem ein Viergespann
Zur Hut vertraut ist, Roß und Wagen uns zu leih'n?

### Helena.

Das könnt' ich; doch zu fliehen — wie vermöchten wir's,
Unkundig aller Wege durch's Barbarenland?

### Menelaos.

995 Unmöglich! Aber wenn ich, im Palast versteckt,
Mit diesem doppelschneidigen Schwert ihn mordete —?

### Helena.

Das duldet seine Schwester nicht, noch würde sie's
Verschweigen, wenn man ihren Bruder tödten will.

### Menelaos.

Und auch kein Schiff ist unser, um durch Fliehen uns
1000 Zu retten: das wir hatten, hat die Meeresflut.

### Helena.

Vernimm! Vielleicht sagt Weises auch ein Frauenmund.
Sprich, magst du wohl todt heißen, du, der Lebende?

### Menelaos.

Zwar Vorbedeutung böser Art; doch, bringt's Gewinn,
So will ich wohl todt heißen, ich, der Lebende.

### Helena.

1005 Die Locken scherend jammr' ich dann nach Frauenart:
So mag ich Mitleid wecken bei dem falschen Mann.

### Menelaos.

Wie sollte das ein Mittel uns zu retten sein?
Doch deine schlichte Rede birgt wohl eine List.

### Helena.

Ich bitte dann den Herrscher, dir ein leeres Grab
1010 Erbaun zu dürfen, den im Meer der Tod umarmt.

### Menelaos.

Laß ihn's gestatten! Aber wie dann ohne Schiff
Entfliehen, wenn das leere Scheingrab mich verbirgt?

### Helena.

Ich fordr' ein Fahrzeug, welches dir den Todtenschmuck
Zu deinem Grab im Meeresschooße tragen soll.

**Menelaos.**

1015 Ganz wohl gesprochen! Doch der Vorwand frommt zu Nichts,
Gebeut er dir, am Lande meine Gruft zu baun.

**Helena.**

So sag' ich, daß in Hellas nicht die Sitte sei,
Mit Staub zu decken, die der Meeresgrund verschlang.

**Menelaos.**

Auch fein ersonnen! Und ich schiffe dann mit dir,
1020 Und führ' im gleichen Boote mit den Todtenschmuck.

**Helena.**

Du mußt vor Allem nahe sein und die mit dir
Zu Schiffe waren und der Meeresnoth entflohn.

**Menelaos.**

Und steht am Ankerplaze mir das Schiff bereit,
So wird mit nacktem Schwerte Mann zu Mann sich reih'n.

**Helena.**

1025 Du mußt in Allem Ordner sein: o schwelle nur
Fahrwind die Segel, und entführ' im Flug das Schiff!

**Menelaos.**

Das wird geschehn: die Götter enden meine Noth!
Doch, — fragt er, — wer gab Kunde dir von meinem Tod?

**Helena.**

Du selbst! Allein, sprich, seiest du dem Tod entflohn
1030 Im Schiff mit Atreus' Sohne, hab'st ihn sterben sehn.

**Menelaos.**

Wohl! Diese Lumpenhülle, die mich kaum verhüllt,
Wird vom zerschellten Schiffe mir ein Zeuge sein.

**Helena.**

Du missest gern izt, was du dort ungern verlorst,
Und jenes Unglück wird vielleicht ein Segen dir.

**Menelaos.**

1035 Soll ich in's Haus mit dir hineingehn, oder hier
Am Grabe ruhig harren, bis du wiederkehrst?

**Helena.**

Hier bleibe: hebt er wider dich die Freolerhand,
So wird das Grab dich schützen und dein gutes Schwert.
Ich geh' ins Haus und schneide mir die Locken ab,
1040 Und statt des weißen leg' ich an ein schwarzes Kleid,
Und blutig ritzt der Nagel mir die Wangen auf.
Schwer naht ein Kampf, zwei Loose zeigt die Wage mir:
Entweder muß ich sterben, wenn sie meine List
Entdecken, oder kehr' ich heim und rette dich.
1045 Erhabne Hera, die du ruhst im Arm des Zeus,
O lab' in ihrem Leide zwei Unglückliche!
Wir fleh'n, in Himmelshöhen unsern Arm zu dir
Emporgehoben, wo du thronst im Sternenglanz.
Und du, Dione's Tochter, die der Schöne Preis
1050 Durch meine Hand errungen, nicht verderbe mich!
Genug der Qualen schufst du mir, als Phrygern du
Nur meinen Namen, nicht den Leib, zum Opfer gabst.
O laß mich sterben, wenn du denn mich tödten willst,
Daheim! Warum doch wirst du nie des Leides satt,
1055 Indeß du Liebeshändel, Trug und Täuschungen
Und Zauber windest, der mit Blut die Häuser füllt?
Du wärst vor allen, übtest du nur Mäßigung,
Der Menschen holde Göttin: frei bekenn' ich das!

(Sie geht in den Palast.)

**Der Chor.**

Erste Strophe.

Dich, der im Laubgemach, in den Schatten des Baums,
1060 Den liederreichen Tempel sich erbaute, will ich rufen,

Gesangeskundiger Vogel, König der Töne,
Dich, Nachtigall, schwimmend in Thränen!
O komm, aus falber Kehle zu wirbeln ein klagendes
Lied,
Stimm' ein in meine Trauer,
1065 Da Helene's Mühen und Noth
Ich sing' und ilischer Frau'n
Klägliches Weh, das über ihr Haupt
Argos' Lanzen verhängten,
Als der fremde Freier kam, der im Phrygerschiff
1070 Durch der Wogen Brand dem Stamm Troja's Helenen
Von Sparta, die Unglücksbraut,
Zuführte, der Unhold, Priamos' Sohn,
Geleitet von Kythera.

### Erste Gegenstrophe.

Und viel' Achäer sanken, von Lanzen durchbohrt,
1075 Von Steineswurf getroffen, hin in jammervollem Tode,
Daß ihre Gemahlinnen jammernd schoren das Haupthaar,
Stumm trauern verödete Hallen.
Und viele Leben mordet' ein Mann, der im einsamen Boot
Am Meergestad' Euböa's
1080 Entflammend der Fackeln Glanz,
Zu Kaphareus Felsen sie trieb,
Der an Aegä's stürmischen Höhn
Schwang die trügliche Flamme.
Keinen Schuz bot Malea's Vorgebirg dem Heer,
1085 Als, durch Windes Hauch verstürmt fern vom Vaterland,
Es im Schiff heimführte das Graun,
Das den Streit ihm erweckte, die Wolkengestalt,
Der Hera göttlich Luftbild.

## Zweite Strophe.

Was Gott, was nicht Gott sei, was Mittelnatur,
1090 Welch Sterblicher gründet es aus,
Der die fernsten Enden durchspäht, wenn er sieht auf der
Götter Thun,
Das sich herüber, hinüber, und dann auf feindliche Bahn
Durch ungeahnte Loose schlingt?
Du warst des Zeus Tochter, o Helena, du:
1095 Ein Schwan in Leda's Schooße ja,
Zeugte der Vater dich einst;
Und doch nennt der Ruf in Hellas' Volke dich
Unheilig, gottlos, Frevlerin, Verrätherin.
Unsicher dünkt mir Menschenwiz;
1100 Der Götter Wort nur fand ich wahrhaft.

## Zweite Gegenstrophe.

Unsinnige, die nach dem Ruhme des Krieges verlangt!
Ihr seid mit der Schärfe des Speers
Menschenzwist in thörichtem Sinn muthig beizulegen bemüht:
Sollten ihn Kämpfe des Bluts entscheiden, gewönne der
Streit
1105 In der Menschen Städten nie sein Ziel.
Vom Speere sank Priamos' Burg in den Staub:
Doch konnte wohl den Streit um dich,
Helena, schlichten das Wort.
Und jezt ruh'n sie selbst unten in Grabes Nacht,
1110 Und auf die Mauern stürmte Brand, wie Bliz von Zeus,
Und häufte Troja's armem Volk
In seinem Unglück Leid zu Leide.

**Theoklymenos** (von der Jagd mit Gefolge zurückkehrend).
**Menelaos. Helena. Der Chor.**
**Theoklymenos.**
(nähert sich dem Grabmal)

Heil dir, o Vaters Grab! Am Eingang hier begrub
Ich dich, o Proteus, dir zu bringen meinen Gruß.
1115 Zu jeder Stunde, geh' ich aus und ein im Haus,
Mein Vater, spricht Theoklymenos, dein Sohn, zu dir.
(Zu den Dienern)
Schafft ihr die Jägerneze, schafft die Hunde nun,
Ihr Knechte, mir in's königliche Haus zurück!
(Die Diener gehen)
Ich habe schon so manchesmal mich selbst geschmäht,
1120 Daß ich mit Todesstrafe nie die Bösen traf.
Und nun vernahm ich offen, daß ein Danaer
In's Land geschlichen und die Wächterschaar getäuscht:
Kundschaften wird er wollen oder Helenen
Geheim entführen. Greift man ihn, trifft ihn der Tod!
Ha!
1125 Ich finde, scheint es, Alles schon in's Werk gesezt:
Den Siz am Grabe hat die Tyndaride leer
Gelassen, ist aus meinem Lande fortgeschifft!
Holla! Die Pforten öffnet, löst im Stalle mir
Die Rosse, Diener, und die Wagen schafft heraus!
1130 Soweit es meine Mühe gilt, soll mir das Weib,
Um das ich werbe, nicht geheim von hier entfliehn!
Doch — haltet! Sie, nach welcher unsre Schritte spähn,
Ist nahe, seh' ich, im Palast, und nicht entflohn!
(Zu Helena, die aus dem Palaste tritt)
Du sprich, warum vertauschtest du dein helles Kleid
1135 Mit schwarzen Trauergewanden? Was beraubtest du
Dein edles Haupt mit dem Eisen seines Lockenschmucks?

Was strömen heiße Zähren dir die Wang' hinab?
Verstimmte dich ein nächtlich Traumgebilde so
Zur Trauer? Oder kam dir eine Kunde zu
1140 Aus deiner Heimat, daß der Gram dein Herz verzehrt?

**Helena.**
O mein Gebieter! — also nenn' ich jezo dich —
Verloren, nichts mehr bin ich, all mein Glück dahin!

**Theoklymenos.**
In welches Unglück stürztest du? Was ist geschehn?

**Helena.**
Menelaos — ach, wie sag' ich's? — mein Gemahl ist todt!

**Theoklymenos.**
1145 Frau, diese Botschaft freut mich nicht! — (für sich) Welch
Glück für mich! —
Woher erfuhrst du's? Sagte dir's Theonoe?

**Helena.**
Sie sagt es, und ein Andrer, der ihn sterben sah.

**Theoklymenos.**
So kam ein Bote, der es als gewiß erzählt?

**Helena.**
Wohl kam er: mag's ihm frommen, wie mein Wunsch es ist!

**Theoklymenos.**
1150 Wer ist er? Wo? Genau're Kunde wünscht' ich mir.

**Helena.**
Der hier am Fuß des Grabes hingekauert sizt.

**Theoklymenos.**
Apollon! Welch ein schmuzig Kleid entstellt den Mann!

**Helena.**
Weh!
Auch meinen Gatten, fürcht' ich, hüllt ein solch Gewand.

**Theoklymenos.**
Wer ist der Mann, von wannen kam er hergeschifft?

**Helena.**
1155 Aus Hellas Einer, meines Gatten Schiffsgenoß.

**Theoklymenos.**
Und welches Todes, sagt er, daß Menelaos starb?

**Helena.**
Des jammervollsten, in des Meeres nasser Flut.

**Theoklymenos.**
Wo trieb er um auf fremder unwirthbarer See?

**Helena.**
An Libya's portlosen Klippen scheitert' er.

**Theoklymenos.**
1160 Und wie entrann denn dieser auf demselben Schiff?

**Helena.**
Oft haben Edle mindres Glück, als Niedere.

**Theoklymenos.**
Wo ließ er dann des Schiffes Wrack und kam hieher?

**Helena.**
Wo Frevler sterben sollten, doch Menelaos nicht!

**Theoklymenos.**
Er ist dahin! Doch welches Fahrzeug brachte den?

**Helena.**
1165 Ihn nahm ein Schiff auf, sagt er, das vorüberfuhr.

**Theoklymenos.**
Wo weilt das Unheil, das für dich nach Troja zog?

**Helena.**
Du meinst das Wolkenbild? Zum Aether schwand's hinauf.

**Theoklymenos.**
Priamos und Troas, welches Nichts gab euch den Tod!

**Helena.**

Am Loos der Priamiden ward auch mir mein Theil.

**Theoklymenos.**

1170 Begrub er oder ließ er ihn grablos zurück?

**Helena.**

Grablos: ich Jammervolle, welch ein bittres Leid!

**Theoklymenos.**

Drum schnittst du wohl des blonden Haares Locken ab?

**Helena.**
(indem sie auf das Grabmal deutet, bei welchem Menelaos sizt)

Wohl ist ja hier auch theuer, wer es Einmal war.

**Theoklymenos.**

So wird mit Recht denn dieser Trauerfall beweint?

**Helena.**

1175 Du trügest wohl gleichgültig deiner Schwester Tod?

**Theoklymenos.**

Mitnichten! Nun? Verweilst du länger noch am Grab?

**Helena.**

Was willst du mich verhöhnen? Laß den Todten ruh'n!

**Theoklymenos.**

Du bleibst ja deinem Gatten treu und fliehest mich!

**Helena.**

Nicht länger; jezt denn ordne mein Vermählungsfest!

**Theoklymenos.**

1180 Spät kommst du; doch ich lobe dich um dieses auch.

**Helena.**

Nun höre: was vergangen, soll vergessen sein!

**Theoklymenos.**

Um welchen Preis denn? Gunst erweis' ich gern um Gunst.

**Helena.**

Laß einen Bund uns schließen, sei mir wieder hold!

### Theoklymenos.
Ich zürne nicht mehr: Wind verwehe meinen Groll!

### Helena.
(fällt ihm zu Füßen)
1185 Hier denn bei deinen Knieen, da mein Freund du bist, —

### Theoklymenos.
Wonach verlangend, wirfst du dich zu meinen Knie'n?

### Helena.
Dem todten Gatten möcht' ich, Herr, ein Grab erbaun.

### Theoklymenos.
Wie so? Dem Fernen? Willst du's einem Schatten weih'n?

### Helena.
Es ist Hellenensitte, wer im Meer ertrank, —

### Theoklymenos.
1190 Was thun sie? Pelops' Enkel sind der Dinge kund.

### Helena.
In leerer Tücher Hülle wohl begräbt man ihn.

### Theoklymenos.
Bring' Opfer, bau' im Lande, wo du willst, ein Grab!

### Helena.
Nicht so begräbt man Schiffer, die das Meer verschlang.

### Theoklymenos.
Wie denn? Achäa's Bräuche sind mir unbekannt.

### Helena.
1195 Was Todten zukommt, bringen wir in's Meer hinaus.

### Theoklymenos.
Was soll ich denn dir geben für den todten Freund?

### Helena.
(auf Menelaos deutend)
Der weiß es: ich, einst glücklich, weiß hier nicht Bescheid.

**Theoklymenos.**
(zu Menelaos)

Du hast erwünschte Kunden mir gebracht, o Freund —

**Menelaos.**
(herzutretend)

Mir sind sie's nicht, und auch dem Hingeschiednen nicht!

**Theoklymenos.**

1200 Sprich, wie begrabt ihr Todte, die das Meer verschlang?

**Menelaos.**

Wie Jedem seiner Habe Maß beschieden ist.

**Theoklymenos.**

Von Schäzen nenne, was du willst; ihr geb' ich's gern.

**Menelaos.**

Blut wird zuerst den Todesgöttern dargebracht.

**Theoklymenos.**

Von welchem Thiere? Sage mir's, ich folge dir.

**Menelaos.**

1205 Du selbst entscheide! Was du geben magst, genügt.

**Theoklymenos.**

Roß oder Stier zu geben, ist Barbarenbrauch.

**Menelaos.**

Gib (was du geben mögest) nur Untadliches.

**Theoklymenos.**

Bei reichen Heerden fehlt es uns an solchem nicht.

**Menelaos.**

Auch eine Bahre bringt man, wohlumhüllt und leer.

**Theoklymenos.**

1210 Es sei! Was sonst zu bringen heischt die Sitte noch?

**Menelaos.**

Die Wehr von Erze: denn der Speer war seine Lust.

**Theoklymenos.**
Die Gabe wird der Pelopiden würdig sein.
**Menelaos.**
Dann was an schönen Blumen noch die Erde trägt.
**Theoklymenos.**
Doch wie versenkt ihr dieses in die Meeresflut?
**Menelaos.**
1215 Ein Schiff mit Ruderknechten muß zugegen sein.
**Theoklymenos.**
Und welche Weite hält das Boot vom Strande fern?
**Menelaos.**
Man sieht vom festen Lande kaum der Ruder Schlag.
**Theoklymenos.**
Doch wie? Warum hat Hellas diesen Brauch erwählt?
**Menelaos.**
Sonst spült das Meer die Opfer an den Strand zurück.
**Theoklymenos.**
1120 Ein rasch phönikisch Ruderschiff steht euch bereit.
**Menelaos.**
Das wäre schön, für Menelaos ganz erwünscht.
**Theoklymenos.**
Doch könntest du nicht ohne sie das Alles thun?
**Menelaos.**
Das ist der Frau'n, der Mutter oder Kinder Pflicht.
**Theoklymenos.**
Des Manns Bestattung, meinst du, sei der Frau Geschäft?
**Menelaos.**
1225 Ein Frommer raubt den Todten ihre Rechte nicht.
**Theoklymenos.**
So sei's! Ein frommes treues Weib ist uns Gewinn.
Zum Hause gehend wähl' ich nun den Todtenschmuck,

(zu Menelaos)

Und send' um Liebesdienste, die du dieser thust,
Dich nicht mit leeren Händen fort. Und weil du mir
1230 Die frohen Kunden brachtest, soll dir Kost und Kleid
Für deine Nacktheit werden, daß du heimgelangst:
Denn jezt, bemerk' ich, bist du jammervoll bestellt.

(zu Helena)

Und du, Bedrängte, quäle dich um Dinge nicht,
Die keine Gottheit wendet! Er hat ausgekämpft,
1235 In's Leben kann der todte Gatte nicht zurück.

**Menelaos.**

Dir, Frau, gebietet deine Pflicht, den lebenden
Gemahl zu lieben, laß den todten Gatten ruh'n:
Wie dein Geschick gefallen, ist's am besten so.
Doch, wird mir Rettung, kehr' ich heim in Argos' Land,
1240 So steur' ich deinem bösen Ruf, bewährst du dich
Als Gattin deinem Gatten, wie's dein würdig ist.

**Helena.**

Das wird geschehen; nimmermehr soll mein Gemahl
Mich schelten: du bist nahe, wirst selbst Zeuge sein!
Hinein, o Armer, gehe nun, und bade dich,
1245 Und nimm dir andre Kleider um: ich möchte dir
Gern ohne Zögern Liebes thun: du richtest ja
Geneigter meinem liebsten Freund sein Opfer aus,
Nachdem von uns dir wurde, was dir werden muß.

(Sie gehen alle in den Palast.)

**Der Chor.**

Erste Strophe.

Die bergliebende Göttermutter
1250 Stürmt' einst mit flüchtigem Fuß
Durch waldige Thale dahin,

Durch der Gewässer strömende Flut,
Durch lautdonnernden Meeresschwall,
Nach der Entschwundnen verlangend, der
1255 Unnennbaren Jungfrau.
Der wilden Klappern eherner Ton scholl hell in Berg' und Wälder hin,
Nachdem sie der Löwen Gespann in die Joche geschirrt: er rief
Ihr, die der Schattenherrscher entrückt
Aus der Jungfrau'n kreisendem Chor.
1260 Und es folgt' auf Schwingen des Sturms
Artemis hier mit Pfeilen und dort Pallas mit Speer und Gorgoschild.
Doch aus himmlischen Höhen herab schauend, bereitete Kronos' Sohn
Andre, bittere Loose.

### Erste Gegenstrophe.

Und als, müde der langen Irrfahrt,
1265 Die Mutter hemmte den Lauf,
(Denn fruchtlos späht sie dem Trug,
Der die Tochter ihr raubte, nach:)
Schwang sie hoch zu den schneeigen
Warten von Ida's Nymphen sich auf,
1270 Und warf sich im Grame
Auf eisumstarrten felsigen Grund. Da keimt auf Erden keine Saat,
Die Gefilde befruchtet kein Pflug, es verkümmert der Menschen Geschlecht;
In schönlaubenden Ranken grünt
Keine Speise den Heerden mehr.
1275 Und der Städte Leben versiegt;

Opfer sieht kein Götteraltar, keine Fladen verzehrt die Glut;
Nirgends perlt ein thauender Quell silberner Wasser hervor:
denn nie
Schläft ihr Gram um die Tochter.
### Zweite Strophe.
Doch als sie so Göttern die Lust
1280 Des Mahls und den Menschen geraubt, stillt Zeus den
entsezlichen Grimm
Deo's: „eilt," spricht er, „herbei, hehre Huldgöttinnen,
kommt!
Um die Tochter hat uns Demeter gegrollt: o verscheuchet
den Gram
Ihr durch Töne der Lust; im Chor stimmt, o Musen,
Hymnen ihr an!
Und nehmt dumpfdröhnendes Erz,
1285 Nehmt rindshäutene Pauken zur Hand!" Da lacht unter
den Göttern
Aphrodita, der Göttinnen schönste, zuerst,
Nimmt in die Hände dann die schallende Flöte,
Und freut sich des Jubels.
### Zweite Gegenstrophe.
Der nicht erglühn durfte für dich,
1290 Ihn hast du liebend entflammt, und es traf dich rächend
ihr Zorn,
Kind, der Erdherrscherin Zorn, weil du sie nicht opfernd
versöhnst.
Denn gewaltige Macht übt wahrlich der Hindinnen fleckig
Gewand,
Uebt des Epheus laubiger Kranz, der um heilige Stäbe
sich schlingt,
Und das Erz, das, hallend, im Kreis

1295 Mächtig geschwungen erschüttert die Luft, auch des begei=
sterten Schwarmes
Flatterndes Haar und der Göttin nächtliches Fest.
Da traf Mondesglanz dein schlummerndes Auge:
Du trotzest auf Schönheit!

**Helena. Menelaos** (in voller Rüstung). **Theoklymenos
Der Chor.**

**Helena.**
(aus dem Palaste kommend, zu dem Chor)

Im Hause drinnen, liebe Frau'n, gelang es uns:
1300 Denn Proteus' Tochter fördert uns in unsrer List.
Gefragt, verrieth sie meines Gatten Gegenwart
Dem Bruder nicht, und sagte, mir zulieb, er sei
Hinabgeschieden, schaue nicht der Sonne Glanz.
Zum Schönsten griff in guter Stunde mein Gemahl:
1305 Denn welche Wehr er senken soll in Meeresgrund,
Die trägt er selbst, in eines Schildes Ring den Arm,
Den starken, fügend, und die Rechte faßt den Speer,
Als sei er mitgeschäftig bei des Todten Grab.
Er hat zum Kampfe passend sich die Wehr umhüllt,
1310 Als ob er tausend Feinde mit des Armes Kraft
Besiegen wollte, wann wir steh'n an Schiffes Bord,
Hat ein Gewand geworfen um den nackten Leib;
Ich hab' ihn ausgestattet, ihm ein Bad gereicht,
Nach langer Frist ihn labend durch des Stromes Thau.
(Theoklymenos mit Gefolge tritt heraus)
1315 Doch — aus der Halle schreitet ja der König dort,
Der meines Herzens, meiner Hand sich sicher glaubt —
(zu dem Thore)
Ich schweige. Dir verheiß' ich, wenn du wohlgesinnt
Den Mund beherrschest, wann ich selbst gerettet bin,
Dereinst auch dich zu retten, wenn mir's möglich ist.

### Theoklymenos.
(zu den Dienern)

1320 Geht nach der Reihe, wie's der Fremdling ordnete,
Und tragt, o Diener, unsre Grabgeschenk' an's Meer!
(zu Helena)
Du, wenn dir unsre Rede nicht mißfällt, o Frau,
Folg' uns und bleibe! Gleichen Dienst erzeigst du ja
Dem Gatten, ob du nahe bist, ob ferne weilst,
1325 Denn dort, ich fürchte, wandelt dich ein Sehnen an,
Dich ihm in Meeresfluten nachzustürzen, wann
Der alten Liebe Wonnen dich durchschauerten;
Denn übermäßig klagst du ja dem Fernen nach.

### Helena.
Mein neuer Herr und Gatte, mir gebeut die Pflicht,
1330 Den ersten Gatten und den bräutlich holden Bund
Zu ehren: weil der Gatte mir so theuer war,
Möcht' ich mit ihm auch sterben: doch was frommt es ihm,
Wenn mich der Tod dem Todten zugesellt? So laß
Mich gehn, um selbst die Grabesehren ihm zu weihn!
1335 Gewähren dir die Götter, was mein Herz dir wünscht,
Und diesem Fremdling, weil er mir's vollbringen hilft!
Du sollst an mir die Gattin, wie du sie verdienst,
Im Hause haben nach dem Liebesdienst an ihm
Und mir: zu großem Heile wird uns das gedeihn.
1340 Doch wer das Boot uns schaffe, das die Gaben trägt,
Gebeut, damit dein Liebeswerk vollkommen sei.

### Theoklymenos.
(zu einem Diener aus dem Gefolge)

Du geh und diesen schaff' ein fünfzigrudriges
Sidonerfahrzeug, wohlbemannt mit Ruderern.

### Helena.
Und wird im Schiff gebieten, der das Grab bestellt?

**Theoklymenos.**
1345 Gewiß!
(zu dem Diener)
Gehorchen sollen meine Schiffer dem!
**Helena.**
Befiehl es zweimal, daß sie deutlich dich verstehn.
**Theoklymenos.**
Zweimal und dreimal sag' ich's, wenn du's also willst.
**Helena.**
Heil dir, und mir auch! Glücke, was ich froh begann!
**Theoklymenos.**
Nicht allzusehr doch härme dich in Thränen ab!
**Helena.**
1350 Noch dieser Tag beweist dir meine Dankbarkeit.
**Theoklymenos.**
Nichts sind die Todten, ganz umsonst der Schmerz um sie.
**Helena.**
Mit meiner Sehnsucht bin ich dort und bin ich hier.
**Theoklymenos.**
Kein schlimmrer Gatte werd' ich als Menelaos sein.
**Helena.**
Du bist untablich: Glückes nur bedarf ich noch.
**Theoklymenos.**
1355 Das ruht in deinen Händen, schenkst du Liebe mir.
**Helena.**
Nicht heute lern' ich lieben, die mich lieben, Herr.
**Theoklymenos.**
Soll ich die Fahrt selbst leiten, euch zur Seite stehn?
**Helena.**
Mitnichten! Sei nicht deiner Knechte Knecht, o Fürst!

**Theoklymenos.**

So sei's! Indeß was kümmern Hellas' Bräuche mich?
1360 Ist unser Haus doch unbefleckt, Menelaos hat
Nicht hier verhaucht sein Leben. Geh' ein Diener nun,
Und heiße meine Fürsten Brautgeschenke mir
In meine Wohnung senden: weit im ganzen Land
Erschalle seligfroher Sang, der Helena's
1365 Brautfest und meines jubelnd hochverherrliche!
Du gehe, Fremdling, weihe Dies dem Meeresschooß,
Des Mannes Todtenopfer, der ihr Gatte war:
Zurück zur Wohnung eile dann mit meiner Braut,
Damit du heimkehrst, wann du mein Vermählungsfest
1370 Mit mir gefeiert, oder hier im Glücke wohnst.

(geht ab.)

**Menelaos.**

O Zeus, du heißest Vater und ein weiser Gott:
O blick' auf uns hernieder, nimm das Leid von uns!
Wir schleppen mühsam unsre Last den Berg hinan:
O hilf! Berührt uns deine Fingerspitze nur,
1375 Gelangen wir zum Ziele, dem wir zugestrebt.
Genug ja sind der Mühen, die wir schon durchkämpft.
Bezeugt mir, Götter, ihr vernahmt viel Gram und Leid
Von mir! Ich muß nicht ewig unglückselig sein:
Nein, laßt mich aufrecht wandeln! Nur den Einen Wunsch
1380 Gewährt mir huldreich, und ich bin fortan beglückt.

(ab mit Helena.)

**Der Chor.**

Erste Strophe.

Phöniker, auf, Sidons Kind!
Auf, schnelles Seeruder, der Wogen Vater,
Hüpfend im Wellentanz!

Helena.

Chorführer tonliebender Delphine, wann, von den Winden
1385 Nicht erregt, schweigt das Meer,
Und Pontos' blauäugiges Kind, die Meerstille, den Ruf hebt:
„Spannt die Segel, und gebt sie preis schwellenden Lüften
auf hoher See,
Nehmt die fichtenen Ruder zur Hand! Auf, ihr Schiffer,
ihr Schiffer, auf!
Auf, und geleitet Helena mir
1390 Zum gastfreundlichen Port, zum Haus des Perseus!"

### Erste Gegenstrophe.

Du wirst am stolz rauschenden Strom
Leukippos' Jungfrauen vielleicht erblicken,
Oder vor Pallas' Haus,
Zu späten Chorreigen gesellt, oder am Fest Hyakinthos'
1395 Bei der Nacht Jubelschall,
Den Phöbos einst, als er zum Ziel ringend schnellte den
Diskos,
Tödtete, daß, zum Gedächtniß ihm, Opfertage Kronions
Sohn
Weihen hieß im Lakonerland: dann vermählst du die
Tochter auch,
Die du blühend ließest daheim,
1400 Der die Hochzeitfackel noch nicht geleuchtet!

### Zweite Strophe.

O schwebten wir hoch durch die Lüfte, beschwingt, wie der
schwärmende Zug,
Libyscher Vögel Geschlecht,
Die, kaltstürmendem Herbst entflohn, weithin zieh'n und des
ältesten
Lockpfeife folgen, des Führers, der zu dem dürstenden Land,

Euripides v. Donner. I. 3. Aufl.

1405 Zum fruchtschweren Gefilde mit laut hallendem Jubel
heranschwebt.
Auf, ihr Vögel mit schlankem Hals, eilender Wolken Laufe
gesellt,
Fliegt am Siebengestirn vorbei, schwebt um Orions nächt-
liche Bahn;
Am Strom Eurotas den Flug hemmend, meldet die
Kunde dort:
Atreus' Sohn, der Dardanos' Burg stürzte, kehrt in die
Heimat!

### Zweite Gegenstrophe.

1410 Eilt ihr auch mit Rossen und Wagen im Flug durch die
Lüfte daher,
Söhne des Tyndaros, kommt,
Die ihr unter der funkelnden Sterne Kreisen im Himmel
wohnt!
O kommt als Helena's Retter über die brandende See,
Ueber düsterer Meeresflut wildaufrauschende Wogen,
1415 Und hellwehenden Windeshauch von Zeus sendet den
Schiffern zu:
Wälzt die Schmach von der Schwester ab, daß sie dem
fremden Mann sich gesellt!
So bitter büßt sie den Spruch, den am Ida fällte der Hirt:
Und doch nahte sie Troja nie, nie den Thürmen Apollons!

**Theoklymenos** tritt aus dem Palaste. **Ein Bote.**

**Der Chor.**

**Der Bote.**

Gelegen, König, treffen wir zu Hause dich;
1420 Denn neues Unheil hörst du gleich aus meinem Mund

**Theoklymenos.**

Was gibt es?

### Der Bote.
Wirb um eines andern Weibes Hand;
Denn aus dem Lande fortgeflohn ist Helena.
### Theoklymenos.
Auf Flügeln schwebend? Oder trat ihr Fuß den Grund?
### Der Bote.
Menelaos hat sie deinem Land im Schiff entführt,
1425 Der selbst, für todt sich meldend, hier vor dir erschien.
### Theoklymenos.
Unsel'ge Botschaft! Welches Schiff entführte sie
Von diesen Ufern? Denn du sagst Unglaubliches.
### Der Bote.
Das du dem Fremdling gabest; deine Ruderer
Mitnehmend, ist er fortgeschifft: hier hast du's kurz.
### Theoklymenos.
1430 Wie das? Ich möcht' es wissen; denn ich kann es mir
Nicht denken, daß des Einen Arm so vieles Volk
Bemeistern mochte, das ich ausgesandt mit dir.
### Der Bote.
Nachdem Kronions Tochter hier das Königshaus
Verlassen, und zum Meeresufer wandelte,
1435 Beklagt sie schlau, mit zartem Fuße schreitend, ihn,
Den nicht gestorbnen Gatten, der zur Seite ging.
Und als wir nun zu deinem Schiffszeughaus gelangt,
Da zogen wir ein neu Sidonerschiff heraus
Mit fünfzig Bänken und der Ruder gleicher Zahl.
1440 Arbeit auf Arbeit folgte dann: der stellt den Mast,
Der Andre fügt die Schaufeln und das Ruderwerk
Sorgfältig ein; der zieht die weißen Segel auf,
Und läßt das Steuerruder in sein Joch hinab.
Bei dieser Arbeit schlichen sich Hellenen her,

1445 Menelaos' Fahrtgenossen, die den Augenblick
Wahrnahmen, vom zerrissnen Kleide kaum verhüllt,
Zwar wohlgestaltet, aber kläglich anzuschaun.
Der Sohn des Atreus sah sie kaum, so heuchelt er
Trugvolles Mitleid, und beginnt, an sie gewandt:
1450 „Ihr Jammervollen, wie, woher, aus welchem Schiff
Achäa's kommt ihr, dessen Kiel zertrümmert ward?
Wollt ihr mit uns bestatten Atreus' todten Sohn,
Dem hier die Tyndaride baut ein Ehrengrab?"
Und sie, die Heuchler, stiegen dann an Schiffes Bord,
1455 In Thränen schwimmend und für Atreus' Sohn den Schmuck
Der Todten tragend. Uns erweckte dies Verdacht,
Und Alles flüstert: daß der Eingestiegenen
Anzahl so groß sei; aber dennoch schwiegen wir,
Treu deiner Weisung; dein Gebot, daß uns der Mann
1460 Im Schiff befehle, schuf Verwirrung überall.
Und Alles war nun mühelos an Bord gebracht
Und aufgehoben; nur der Stier noch sträubte sich,
Aufrecht hinabzugehen nach dem Schiffsverdeck.
Er brüllte, rollt im Kreise wild das Aug' umher,
1465 Und krümmte stolz den Rücken, schielte nach dem Horn,
Und ließ sich nirgends fassen; da rief Helena's
Gemahl: „O Freunde, die zerstört die Troërstadt,
Auf, raffet ihr nicht nach Hellenenart ihn auf,
Den Stier, und tragt auf jugendlichen Schultern ihn
1470 Zum Bug des Schiffes", (und er hielt zugleich das Schwert
Gezückt) „als Opfergabe für den todten Herrn?"
Auf diese Mahnung griffen sie sofort den Stier,
Und schafften ohne Säumen ihn zum Schiffsverdeck.
Menelaos aber streichelt Stirn und Nacken ihm,
1475 Den wohlumstrickten, daß er gern zu Schiffe ging.

Jezt, als im Fahrzeug Alles aufgenommen war,
Durchmaß die Leitersprossen auch mit schönem Fuß
Helén' und sezte mitten im Verdecke sich,
Und neben ihr Menelaos, den man todt gesagt.
1480 Die Andern saßen, diese rechts und jene links,
Mann neben Mann, gleichviele, Schwerter im Gewand
Verborgen haltend, und Gesang der Ruderer
Durchhallt die Wogen, als des Meisters Stimm' erscholl.
Und als wir weder allzufern, noch nahe mehr
1485 Am Lande waren, fragte so der Steuermann:
„Sprich, segl' ich weiter, oder ist es also recht,
O Fremdling? Denn des Schiffes Hut ist dir vertraut."
Der ruft: „genug mir!" schreitet mit gezücktem Stahl
Zum Bug des Schiffes, und zum Opfermord des Stiers
1490 Herangetreten, denkt er keines Todten mehr,
Und fleht, die Kehle trennend: „Meerbewohnender
Seegott Poseidon, keusche Nereïden ihr,
O rettet mich und meine Gattin unversehrt
Zu Nauplia's Gestaden!" Und in hohem Strom,
1495 Dem Fremdling Heil verkündend, schoß das Blut in's Meer.
Da sagte Mancher: „Diese Schifffahrt ist Betrug!
Zurückzusegeln mahn' ich euch: gebiete du!
Und wende du das Steuer!" Atreus' Sohn indeß
Rief nach vollbrachtem Opfer dies den Freunden zu:
1500 „Was säumt ihr, Heldenblüte vom Hellenenland,
Die Fremden hinzuschlachten und vom Schiff hinab
In's Meer zu stürzen?" Doch vom Rudermeister scholl
Ein ganz verschiedenlautend Wort den Deinen zu:
„Ergreift ihr nicht am Ende Brett und Stange noch,
1505 Zerschellt die Bänke, reißt vom Pflock das Ruder ab,
Und färbt die Köpfe blutigroth den Fremdlingen?"

Und Alle stürmten muthig auf, die wohlbewehrt
Mit Ruderstangen, Schwerter schwang die fremde Schaar;
Im Blute schwamm die Barke. Da rief Helena
1510 Vom Spiegel her: „Wo blieb er, euer Troerruhm?
Zeigt ihn der fremden Horde!" Nun im Kampfesmuth
Stürzt dieser, der steht wieder auf, die sahst du todt
Am Boden liegen. Atreus' Sohn in voller Wehr
Späht, wo die Kampfgenossen im Gedränge sind,
1515 Und dort, den Stahl in hoher Rechten, eilt er hin,
Uns über Bord zu stürzen: also leert er rings
Von deinem Volk die Ruder. Und an's Steuer trat
Der Fürst, gebietend: „Hellas zugewandt den Kiel!"
Man spannt die Segel, heitrer Fahrwind weht heran:
1520 So schiffen sie von dannen! Ich entrann dem Tod,
Und ließ am Ankertaue mich in's Meer hinab.
Und schon ermattend sank ich: da bot Einer mir
Ein Seil, und zog mich rettend auf an's trockne Land,
Dir dieses, Herr, zu melden. Traun, für Sterbliche
1525 Ist weises Mißtraun allezeit das Heilsamste.

### Der Chor.

Ich ahnte niemals, König, daß Menelaos dich
Und uns belisten könnte, wie er's hier gethan.

### Theoklymenos.

Wehe mir, wie ward ich Armer, wie berückt durch Frauenlist!
Meine Lieb' ist mir entflohen! Wäre noch das Schiff zu fahn,
1530 Wenn ich ihm nacheilte, scheut' ich keine Müh und fing'
es leicht.
Aber nun soll uns die Schwester büßen, die Verrath geübt,
Die, des Atreus Sohn im Hause schauend, mir's verheimlichte!
Keinen Mann mehr soll sie fortan täuschen durch ihr Seherwort!

(er will fort.)

**Der Chor.**
(vertritt ihm den Weg)

Höre doch! Wo willst du hin, Herr? Wen zu tödten
eilst du fort?

**Theoklymenos.**
1535 Wo Gerechtigkeit mich fordert: weichet aus dem Wege denn!

**Der Chor.**
Nein, ich lasse dein Gewand nicht: großes Unheil sinnst
du ja!

**Theoklymenos.**
Wollt ihr eurem Herrn gebieten, Sklaven ihr?

**Der Chor.**
Ich mein' es gut.

**Theoklymenos.**
Nicht mit mir, wofern du mich nicht lässest, —

**Der Chor.**
Nimmer lass' ich dich!

**Theoklymenos.**
Daß ich sie, die arge Schwester, tödte, —

**Der Chor.**
Sie, die fromme Frau!

**Theoklymenos.**
1540 Die mich schnöd verrathen —

**Der Chor.**
Rechtthun ist Verrath, der Ehre bringt!

**Theoklymenos.**
Die mein Weib hingab dem Fremdling —

**Der Chor.**
Dem sie mehr, als dir, gebührt!

**Theoklymenos.**
Wem gebührt das Meine?

### Der Chor.
Jenem, der sie nahm aus Vaters Hand!

### Theoklymenos.
Mir hat sie das Glück beschieden.

### Der Chor.
Und das Schicksal nahm sie dir.

### Theoklymenos.
Dir geziemt nicht hier zu richten.

### Der Chor.
Wenn ich Beſſ'res rathe, wohl!

### Theoklymenos.
1545 So bin ich nicht Herr, bin Sklave!

### Der Chor.
Herr genug, um rechtzuthun!

### Theoklymenos.
Nach dem Tode wohl verlangt dich's?

### Der Chor.
Morde mich: die Schwester nur
Mordest du mit meinem Willen nimmermehr! Für seinen Herrn
Sterben ist dem edlen Diener, traun, der ehrenvollste Tod.

### Die Dioskuren erscheinen. Die Vorigen.
### Einer der Dioskuren.
Laß ab vom Zorne, der dich treibt voll Ungebühr,
1550 Theoklymenos, dieses Landes Fürst! Wir rufen dich,
Wir Söhne Leda's und des Zens, der Helena
Glorreiche Brüder, welche floh aus deinem Haus.
Du zürnst der Gattin wegen, die das Schicksal dir
Mißgönnt: auch that die Schwester, Nereus' Enkelin,
1555 Theonoe, dir kein Böses, nein, sie ehrte nur

Der Götter Willen und des Vaters fromm Gebot.
Denn immer sollte Helena (so war's bestimmt)
In deinem Hause wohnen bis zu dieser Zeit,
Jezt aber nicht mehr, da die Troerveste sank,
1560 Und sie den Göttern ihren Ruf zum Opfer gab:
Von neuem knüpfen muß sie nun den alten Bund,
Nach Hause kehren und vereint dem Gatten sein.
Drum zück' auf deine Schwester nicht das dunkle Schwert,
Und glaube, daß sie weise that in diesem Fall.
1565 Längst hätten wir auch unsre Schwester schon befreit,
Da Zeus der Götter hohem Chor uns beigesellt:
Doch unser Arm war schwächer, als des Schicksals Macht,
Und als die Götter, welchen dies also gefiel.
Dir sag' ich dies! Du, meine Schwester, schiffe heim
1570 Mit deinem Gatten! Guter Wind weht eurer Fahrt:
Wir, deine Brüder, retten dich, zur Seite dir
Auf Rossen fahrend über Meer, in's Vaterland.
Doch wann sich deiner Tage Lauf zum Ziel geneigt,
Dann wirst du Göttin heißen, wirst am Opfertrank
1575 Dein Theil mit uns empfangen, und von Sterblichen
Mit uns Geschenke nehmen: denn Zeus will es so.
Wohin dich Maja's großer Sohn zuerst entrückt
Aus Sparta, wo du wohntest an Eurotas' Bord,
Und dich geheim aus Paris' Armen weggeraubt, —
1580 Dies Inselland, das feste, das vor Akte sich
Hinstreckt, es heißt auf Erden fortan Helena:
Denn dich empfing es, als dich Maja's Sohn geraubt.
Atreus' verstürmtem Sohne gönnt des Himmels Huld
Wohnsiz im heitern Inselland der Seligen;
1585 Dem Hochgesinnten grollen ja die Götter nicht,
Unedlen Pöbels wartet nur des Lebens Noth.

### Theoklymenos.

O Söhne Leda's und des Zeus, er ruhe nun,
Mein alter Groll um eure Schwester Helena;
Auch meine Schwester sterbe nicht von meiner Hand!
1590 Mag Tyndars Kind heimziehen, wenn's der Himmel will!
Doch wißt, die beste Schwester und die weiseste
Ist sie, mit euch aus Eines Vaters Blut gezeugt.
Heil euch um solchen Edelsinn der Helena,
Der nicht in vieler Frauen Brust lebendig ist!

### Der Chor.

1595 Vielfache Gestalt hat der Götter Geschick,
Viel wirkt unverhofft der Unsterblichen Rath,
Und was du gewähnt, vollendet sich nicht:
Zum Unmöglichen findet die Bahn ein Gott.
So endete dieses Begegniß.

# Anmerkungen zu Helena.

Vers 1. Der Nil wird jungfräulich genannt, weil er sich mit keinem anderen Flusse vermischt.

2. Nach der Meinung vieler Alten, namentlich des Anaxagoras, rührt das Schwellen des Nil von dem geschmolzenen Schnee der äthiopischen Gebirge her.

Die Insel Pharos lag im Meere vor einer der Nilmündungen. Hier wohnten die ältesten Könige Aegyptens.

6. Pfamathe, die Tochter des Nereus, ward wider Willen die Gemahlin des Aeginetenkönigs Aeakos, verließ ihn aber bald.

9. Der Name Theoklymenos bezeichnet Einen, welchen die Gottheit hört, wie Theonoë V. 13 die Gotteskundige.

19. Zeus, in einen Schwan verwandelt, (so erzählt Hyginus,) ließ sich von Aphrodite in Adlergestalt verfolgen und flüchtete in den Schooß der Leda.

32. Alexandros, ein anderer Name des Paris.

33 ff. Dieser Sage erwähnt auch Herodotos 2, 112 ff.

41. Hellas' größten Sohn, den Achilleus.

64. Das Grabmal des Proteus befand sich zur Seite des königlichen Palastes.

93. Des Bruders, des Ajas.

101. Ein Anderer, Odyssens.

## Anmerkungen zu Helena.

Vers 114. Das Weib von Sparta, Helena.

132. Die Thestiade, die Tochter des Thestios, Leda.

139. Das Sternbild der Zwillinge soll das Gedächtniß der Dioskuren (des Kastor und Polydeukes) verewigen.

166. Töchter der Erde werden die Sirenen genannt, weil sie aus dem zur Erde geflossenen Blute des Stromgottes Acheloos, als Herakles diesem im Faustkampfe das eine Horn abgerissen, entsprungen sein sollten.

167. Aus dem Holze des Lotosbaumes, der in Libyen (Afrika) wächst, wurden Flöten verfertigt.

205. Der eherne Tempel der Pallas Athene zu Lakedämon.

217. Maja's Sohn, Hermes.

230. Helena, die Tochter des Zeus, der Leden in Schwanengestalt liebte, ward in einem Ei geboren.

232. Helena ward von Here gehaßt als Tochter ihrer Nebenbuhlerin Leda.

321. Die drei Göttinnen sind Here, Pallas, Aphrodite, deren Streit um Schönheit Paris entschied, da er als Hirt auf dem Ida lebte.

337. Kallisto, eine von den Nymphen der Artemis, wurde von Zeus geliebt, und deßhalb aus dem Chore der Göttin gestoßen, von der erzürnten Here aber in einen Bären oder (nach unserem Dichter) in eine Löwin umgestaltet. Bothe.

344. Kos, die Tochter des Titanen Merops, welcher in der von seiner Tochter benannten Insel herrschte, ward, in eine Hirschkuh verwandelt, von der Artemis, die sie verachtet hatte, mit einem Pfeile getroffen, von Persephone aber lebendig in die Unterwelt entrückt. Bothe.

347. Ueber das hier Erwähnte s. die Anmerkung zu Orestes V. 980.

349. Um die Allwissenheit der Götter zu prüfen, sezte Tantalos seinen Sohn Pelops ihnen zum Mahle vor.

402. L. ὦ γραῖα, ταῦτα πάντ' ἔπη κακῶς λέγεις.

## Anmerkungen zu Helena.

Vers 505. Geweihte Brode oder Kuchen wurden auf dem Grabe berühmter oder besonders theurer Todten verbrannt.

527. Hekate hieß die Göttin der Wege, weil man sie auf den Kreuzwegen verehrte.

534. Anders und den Worten der Urschrift näher:
Gleich ist das Aussehn'; doch es läßt mich ungewiß.

578. Für ἄδην l. μάτην.

596. Bei'm Glanze der Fackeln wurde die Braut am Abend aus dem väterlichen Hause dem Bräutigam zugeführt.

610. L. ἐμὰ δὲ δάκρυα χαρμονά.

629. L. τί νῷν χρῄζουσα προσθεῖναι κακόν;

633. L. τόδ' εἰς κρίσιν σοι τήνδ' ἔθηχ' Ἥρα κακόν;

634. L. Πάριν ὡς ἀφέλοιτο.

635. L. Κύπρις ᾧ μ' ἐπένευσεν.

720. S. zu V. 1078.

722. Die Warten des Perseus, ein Ort in Aegypten, wo Perseus die Medusa erschlug.

774. S. zu V. 9.

801. L. τὸν Νηλέως τ' ἄπαιδα.

1049. Dione's Tochter, Aphrodite.

1078. Nauplios, König in Euböa, lockte, um die Ermordung seines Sohnes Palamedes, der wahrscheinlich durch die Ränke des Odysseus gefallen war, zu rächen, die von Troja zurückkehrenden Hellenen durch trügerische Wachfeuer an das Vorgebirge Kaphareus, wo Viele Schiffbruch litten. Er soll selbst in einem Boote an den Ufern seiner Insel und einer benachbarten, Aegä, hingeschifft sein, um die Hellenen irre zu führen.

1163. L. ὅπου κακός γ' ὄλοιτο.

1249. Die bergliebende Göttermutter ist Kybele oder Rhea, die aber hier mit ihrer Tochter Demeter verwechselt wird, weil beide, wiewohl in verschiedener Beziehung, Sinnbilder der Erde waren. Kybele war die

# Anmerkungen zu Helena.

vornehmste Göttin der Phryger, zu denen auch die Troer gerechnet werden, und ist wider Helenen erbittert, weil sie den Paris (wenn auch unabsichtlich, indem sie nur sich seinem Anblicke nicht entzogen) zur Liebe gereizt, und dadurch so großes Unglück über das, Kybelen theure, Troja gebracht hat. Der Chor fordert Helenen auf, sie zu versöhnen. Wie gefährlich ihr Zorn sei, zeigt er an den Schrecknissen, die Kybele, oder vielmehr Demeter, überall verbreitete, als Pluton ihre Tochter Persephone geraubt hatte. Bothe.

Vers 1255. **Der unnennbaren Jungfrau, der heiligen Persephone**, deren Namen kein Ungeweihter aussprechen soll. Diese Göttin und ihre Mutter Demeter waren Hauptgegenstände der geheimnißvollen Feste zu Eleusis. Bothe.

1231. **Deo**, Demeter.

1289. L. ὃν οὐ θέμις.

1292. In Hirschfelle gehüllt, mit epheuumrankten Thyrsosstäben in der Hand, feierten, singend und tanzend, die Priester Kybele's, die Korybanten, ihre Feste.

1294. Das Erz, eine metallene Scheibe, die an Riemen geschwungen und mit der Hand geschlagen wurde.

1297. L. εὗδον ἵν' ὄμμα σὸν ἔβαλλε σελάνα.

1352. L. ὧν ἔγωγ' ἐρῶ.

1377. L. πόλλ' ἄχρηστ' ἐμῶ κλύειν.

1381. Der Chor redet das Schiff an, welches Helenen in die Heimat tragen soll.

1390. Mykenä war von Perseus erbaut.

1391. Am stolzrauschenden Strom, dem Eurotas.

1392. Den vergötterten Töchtern des Leukippos, Jlaeira und Phöbe, war in Lakedämon ein Tempel geweiht.

1393. **Vor Pallas' Haus**, dem ehernen Tempel der Göttin auf der Burg von Lakedämon. S. V. 205.

1394. Der spartische Jüngling Hyakinthos, ein Sohn des Amyklas, der Liebling Apollons, wurde von diesem

## Anmerkungen zu Helena.

bei'm Spiel mit der metallenen Wurfscheibe getödtet, und Apollon stiftete zu seinem Andenken in Lakedämon ein Fest.

Vers 1397. Kronions Sohn, Phöbos Apollon.

1398. Die Tochter, Hermione.

1401. L. *γενοίμεσθ', ᾇ Λίβυες*.

1411. Die Söhne des Tyndaros, Kastor und Polydeukes, Brüder der Helena, von den Schiffern als Schutzgötter verehrt, unter den Sternbildern die Zwillinge.

1416. Den Thürmen des Phöbos. Phöbos hatte mit Poseidon die Mauern Troja's erbaut.

1482. Der Rudermeister sang vor, die Ruderknechte fielen mit Gesang ein und schlugen nach dem Takte die Ruder.

1580. Die befestigte Insel Kranaë, an der Küste von Attika (Akte), dem Vorgebirge Sunion gegenüber gelegen, hieß auch Helena.

1584. Die Eilande der Seligen dachte man sich fern im westlichen Okeanos an den Gränzen der Erde.

# IV.

# Die Phönikerinnen.

### Personen.

Oedipus, vormals König von Thebe.
Jokaste, seine Gemahlin.
Eteokles,
Polyneikes, } ihre Kinder.
Antigone,
Hofmeister der Antigone.
Kreon, Jokaste's Bruder.
Menökeus, Sohn des Kreon.
Teiresias, ein blinder Seher.
Manto, seine Tochter.
Zwei Boten.
Chor phönikischer Jungfrauen.

Der Schauplaz ist in Thebe vor dem königlichen Palaste.

### Jokaste.

Der durch des Himmels Sterne wallt die lichte Bahn,
Und auf des Wagens goldnem Thron mit flüchtigem
Gespann die Flammenscheibe wälzt, o Helios,
Welch feindlichdüstre Strahlen warfst du jenen Tag
5 Auf Thebe nieder, als vom meerumflossenen
Phönikerstrande Kadmos kam in dieses Land!
Der freite Kypris' Tochter einst, Harmonia,
Und zeugte Polydoros: dem ward Labdakos
Geboren, sagt man: dessen Sohn war Laïos.
10 Ich bin Menökeus' Tochter hier im Volk genannt,
Und Kreon ist mein Bruder, Einer Mutter Sohn,
Sie nennen mich Jokaste; denn so nannte mich
Mein Vater: Lajos freite mich. Und als er mir
Vermählt in langer Ehe kinderlos verblieb,
15 Da ging er, fragte Phöbos, und erbat zugleich,
Mit Söhnen ihm zu segnen unser ödes Haus.
Der sprach: „o Fürst im rossereichen Theberland,
Verlange nicht nach Kindern, weil's ein Gott verbeut!
Denn zeugst du Kinder, mordet dich dein Sohn dereinst,
20 Und deines ganzen Hauses Pfad geht über Blut."
Doch er, von Wollust aufgeregt und Trunkenheit,
Wird Vater eines Sohnes, und als Vater erst
Erkennt er sein Vergehen und des Gottes Spruch,
Und gibt den Säugling Hirten, um auf Hera's Au

25 Ihn auszusezen, auf Kithärons hohem Fels,
Nachdem die Knöchel ihm durchbohrt der spize Stahl,
Weßhalb in Hellas Oedipus sein Name ward.
Hier fanden Rosseshüter ihn von Polybos,
Und trugen heim in ihrer Fürstin Arm das Kind.
30 Sie legte meiner Schmerzen Frucht an ihre Brust,
Und rühmte täuschend dem Gemahl als Mutter sich.
Im braunen Schmuck der Wangen dann zum Mann gereift,
Ging — war es Ahnung, oder folgt' er fremdem Wink? —
Mein Sohn zu fragen, welcher Aeltern Kind er sei,
35 Zu Phöbos' Hause: gleichen Weg zog Laïos,
Mein Gatte, nach dem ausgesezten Sohne dort
Zu forschen, ob er lebe noch. So trafen denn
Auf einem Dreiweg Beide sich im Phokerland.
Und Lajos' Wagenführer rief gebietend ihm:
40 „Tritt auf die Seite, Fremdling! Plaz dem Könige!"
Er aber, lautlos, schritt dahin in stolzem Muth:
Da trat die Fersen blutig ihm der Rosse Huf.
Nun (was erzähl' ich Weit'res? Hört das Grause selbst!)
Erschlug der Sohn den Vater, nahm sein Roßgespann,
45 Und gab's dem Pfleger Polybos. Als drauf die Sphinx
Mit Raub die Stadt verheerte, todt mein Gatte war:
Ließ Bruder Kreon meine Hand durch Heroldsruf
Zum Lohne dem verheißen, der den Räthselspruch
Der klugen Jungfrau löse. Da trifft Oedipus,
50 Mein Sohn, (die Götter fügten's so) des Spruches Sinn,
Worauf er auserkoren als des Landes Herr,
Das Scepter über dieses Volk als Preis empfängt,
Mit ihm die Hand der Mutter, weh! er weiß es nicht,
Noch weiß die Mutter, daß der Sohn ihr Gatte ward.
55 So gab ich Kinder meinem Kind, zwei männliche,

Eteokles und Polyneikes' hochberühmte Kraft,
Zwei Töchter dann, Ismene, wie der Vater sie
Genannt, die ältre hieß ich selbst Antigone.
Als Oedipus, der aller Leiden Maß erschöpft,
60 Erkannte, daß er Gatte mir, der Mutter, sei;
Da trifft er grausam mörderisch der Augen Paar,
Und sticht mit goldnen Spangen sich die Sterne durch.
Doch als sich meiner Söhne Kinn beschattete,
Verschlossen sie den Vater, daß Vergessenheit
65 Die Schmach bedecke, die so schwer zu bergen war.
Er lebt im Hause; doch gebeugt vom Mißgeschick,
Verflucht er seiner Söhne Haupt durch grausen Fluch,
Mit Schwertesschärfe Lajos' Haus zu theilen einst.
Voll banger Ahnung, solchen Fluch erfüllt zu sehn
70 Durch Götterschickung, wohnten sie zusammen hier,
Vertrugen die sich, daß zuerst der jüngere,
Polyneikes, meide dieses Land aus freier Wahl,
Eteokles aber König sei auf Jahresfrist,
Abwechselnd dann der andre. Doch am Ruder nun
75 Der Oberherrschaft sizend, weicht Eteokles nicht,
Und treibt den Bruder flüchtig fort aus Kadmos' Land.
Der eilt nach Argos, wird Adrastos' Eidam hier,
Versammelt um sich viele Schild' aus Argos' Volk,
Rückt auf die sieben Thore dieser Stadt heran,
80 Und fordert seiner Ahnen Thron und Theil am Land.
Und ich, den Streit zu schlichten, bat den Sohn, dem Sohn
Zu nah'n im Frieden, eh' er rührt an seinen Speer.
Er komme, sagt der Bote, den ich abgesandt.
Doch du, der hoch in lichten Himmelsräumen wohnt,
85 Rett' uns, o Zeus, gib meinen Kindern Einen Sinn!

Du darfst ja nicht gestatten, wenn du weise bist,
Daß Einen Menschen immerdar heimsucht die Noth.
(ab.)

**Der Hofmeister** (auf dem Giebel des Palastes). **Antigone**
(noch innerhalb desselben).

### Der Hofmeister.
(spricht vom Söller in das Haus hinein)

Des Vaterhauses hoher Sproß, Antigone!
Weil dir die Mutter aus dem Frau'ngemach zu gehn
90 Verstattet auf des Hauses höchsten Söller hier,
Das Heer zu schaun von Argos, wie du flehend batst:
So warte, bis ich ausgespäht die Straße dort,
Ob nicht ein Bürger etwa sich am Wege zeigt,
Daß nicht verkehrter Tadel mich, den Sklaven, trifft,
95 Und dich, die Fürstin. Dann verkünd' ich Alles dir,
Was dort im Feindeslager ich vernahm und sah,
Als deinem Bruder Waffenruh' entbietend, ich
Dorthin von hier ging und von ihm hierher zurück.
Doch — nirgend kommt ein Bürger zum Palast heran, —
100 So steig' empor die alten Cederstufen hier,
Und schaue, längs der Ebne, bei Ismenos' Flut,
Am Borne Dirke's, welch ein mächtig Feindesheer!

### Antigone.
(steigt herauf)

Reiche der Jungfrau nun, reiche die greise Hand
Mir von den Stufen her, hilf empor meinem Schritt!

### Der Hofmeister.
105 Hier, fasse mich, o Tochter; eben kommst du recht.
Denn schon bewegt sich überall pelasgisches
Kriegsvolk, es sondern Haufen sich von Haufen ab.

### Antigone.

Ach, Hekate, Leto's Kind,
O du Himmlische! Ha, wie von Erz
110 Rings das Gefilde blitzt!

### Der Hofmeister.

Unmächtig kam Polyneikes nicht in's Land: er braust
Mit vielen Rossen, Schilden ohne Zahl heran.

### Antigone.

Fugen die Schlösser doch wohl in die Pforten ein,
Stehn in der Riegel Erz sicher die steinernen
115 Mauern, Amphions Werk?

### Der Hofmeister.

Sei gutes Muthes! Innen ist die Stadt verwahrt.
Doch siehe da den Ersten, wenn du Kunde willst.

### Antigone.

Wer ist es im strahlenden Helm,
Der dort einherzieht vor der Schaar,
120 So leicht den schweren, ehernen
Schild an dem Arme schwingt?

### Der Hofmeister.

Ein Führer ist es, Herrin.

### Antigone.

     Und wo stammt er her?
Wer ist er? Alter, sage mir's! Wie nennt man ihn?

### Der Hofmeister.

Er heißt ein Mykenäer seinem Stamme nach,
125 Und wohnt an Lerna's Fluten, Fürst Hippomedon.

### Antigone.

Wie stolz tritt er her, fürchterlich anzuschaun,
Dem Erdensohn, dem Giganten vergleichbar!

Wie die Stern' im Wappen leuchten! Nicht der Sterblichen
Tagesgeschlecht gleicht er.

### Der Hofmeister.
130 Erblickst du den, der über Dirke's Wasser sezt,
Den Führer?

### Antigone.
Anders, anders ist der Waffen Art.
Wer ist der Mann?

### Der Hofmeister.
Tydeus, des Oeneus hoher Sohn:
Er trägt ätol'schen Kriegesmuth in tapfrer Brust.

### Antigone.
Ist das, Alter, der Held, der die leibliche
135 Schwester der Braut Polyneikens sich
Zur Gattin auserkor?
Wie fremd die Rüstung, die er trägt, ein Halbbarbar!

### Der Hofmeister.
Kind, lange Schilde tragen all' Aetolier:
Im Lanzenwurfe treffen sie am glücklichsten.

### Antigone.
140 Wie weißt du doch dies Alles so genau, o Greis?

### Der Hofmeister.
Ich sah der Schilde Wappen dort und merkte sie,
Jüngst, als ich deinem Bruder Waffenruh' entbot:
Betracht' ich diese, weiß ich, wer die Krieger sind.

### Antigone.
Wer schreitet denn an Zethos' Grabmal dort einher,
145 Mit den wallenden Locken, dem wilden Blick,
Noch Jüngling an Gestalt?

### Der Hofmeister.
Ein Führer.

### Die Phönikerinnen.

**Antigone.**

Wohl dringt hinter ihm in voller Wehr
Ein Heerhaufe nach.

**Der Hofmeister.**

Das ist Parthenopäos, Atalante's Sohn.

**Antigone.**

150 Artemis, die mit der Mutter des Jünglinges
Auf dem Gebirg' umschweift, o vertilge sie ihn mit dem
Pfeile,
Weil er die Stadt uns zu verheeren kam!

**Der Hofmeister.**

Sei's, Tochter! Doch mit gutem Rechte kommen sie:
Drum fürcht' ich auch, die Götter richten hier gerecht.

**Antigone.**

155 Doch wo find' ich Ihn, den mir ein trauriges
Schicksal zum Bruder gab?
Mein liebster Alter, sage, wo Polyneikes ist.

**Der Hofmeister.**

Bei'm Grabe dort der sieben Töchter Niobe's,
Adrastos nahe, steht er: siehst du nicht, o Kind?

**Antigone.**

160 Ich sehe, doch nicht deutlich, — wohl den äußeren
Umriß der Bildung, also trägt er wohl die Brust.
Daß ich flöge den Flug windschnellen Gewölks
Mit den Füßen dahin durch der Lüfte Reich
An des Geliebten Brust, und nach so langer Zeit
165 Wieder die Arm' um ihn schläng', um den lieben Hals
Des unseligen Flüchtlings!
Wie schön er ist im goldnen Waffenschmuck, o Greis:
So licht, wie die Sonn' im Frührothe strahlt, glänzt er
hervor!

### Der Hofmeister.

Bald kommt er hieher, und erfüllt dein Herz mit Lust,
170 Im Schuz der Waffenruhe.

### Antigone.

Wer ist jener dort,
Der selbst, o Greis, der weißen Rosse Zügel lenkt?

### Der Hofmeister.

Der Seher Amphiaraos ist's, Gebieterin:
Er führt die Opfer, deren Blut die Erde trinkt.

### Antigone.

Tochter des strahlenumgürteten Helios,
175 O du, die mit goldfunkelnder Scheibe glänzt,
Selene! Wie geschickt er, wie
Ruhig die Zügel
Hält und die Rosse tummelt!
Wo aber ist er, der so kühn verhöhnt die Stadt,
180 Der Kapaneus?

### Der Hofmeister.

Der Thürme Zugang späht er aus,
Und mißt die Mauern auf und ab mit stolzem Blick.

### Antigone.

O du, Nemesis, ihr, des Zeus tosende Donner, du,
Des wilden Blizes aufflammende Glut, o zähmt
Den über die menschliche Kraft aufstrebenden Troz!
185 Der ist's, der Thebe's Frau'n dem Mykenervolk
Und, o Triäna, dir an dem Lernäersee
Dahingeben will, den amymonischen
Wassern des Meerbeherrschers, in der Knechtschaft dort
unterzugehn?
Nimmer, o laß mich nimmer, du heilige

190 Tochter des Zeus mit den goldenen Locken,
Artemis, dulden den Sklavendienst!

**Der Hofmeister.**

Nun, Tochter, komm in's Haus zurück, und harre dort
In deinem Fraun'gemache, da du deine Lust
Befriedigt und gesehen, was dein Herz verlangt.
195 Der Kriegesaufruhr tobt heran zur Stadt und führt
Dort eine Schaar von Frauen nach der Königsburg.
Schmähsüchtig ist ja von Natur der Frauen Art;
Und wenn sich ihnen wenig Stoff zum Reden beut,
Sie schaffen immer neuen; nichts Vernünftiges
200 Einander vorzuschwazen, das ist ihre Lust.

(Sie gehen ab.)

**Der Chor.**

Erste Strophe.

Tyros' Meere verlassend, kam
Ich, dem pythischen Gott bestimmt,
Aus phönikischem Eiland,
In Apollon's heiligem Dienst
205 Unter seines Parnassos schnee=
reichen Gipfeln zu wohnen:
Ueber jonische Fluten hin
Fuhr ich, während in hellem Hauch
Durch Poseidon's ödes Gefild,
210 Das Sikelia rings umwogt,
Jagend, Zephyros durch die Luft
Wallt' im schönsten Gesäusel.

Erste Gegenstrophe.

Auserkoren von meiner Stadt,
Kam ich, Loxias' Dienst geweiht,
215 Zum Kadmeiergebiete,

Zu Agenor's hehrem Geschlecht,
Her zu Laïos' Mauern, den
Mir verwandten, gesendet.
Goldnen Säulengebilden gleich,
220 Werd' ich Phöbos' Dienerin sein;
Und mein wartet Kastalia's
Quelle noch, mir die Locken, der
Jungfrau'n Schmuck, zu benezen zu
Phöbos' heiligem Dienste.

      Schlußgesang.

225 Du, von Flammen umleuchteter
Fels mit strahlendem Doppelhaupt,
Höhn, dem Bacchos geweiht, und
Rebe, du, die jeglichen Tag
Aus frohkeimender Blüte Wein
230 In reicher Füll' hervorströmt;
Hehre Klüfte des Drachen, und
Ihr Bergwarten der Götter, du
Schneebedeckter, heiliger Berg!
Als der ewigen Göttin Chor
235 Möcht' ich tanzend, frei von Gefahr,
Fern zum Mittel der Erde von
Dirka's Borne gelangen!

      Zweite Strophe.

Aber jezt rückt ungestüm
Ares vor die Mauern hier,
240 Und entflammt (o wehrt es ab,
Götter!) blut'gen Krieg der Stadt.
Freundesleid ja theilt der Freund;
Wenn die siebenthorige
Stadt ein Leid erdulden soll,

245 Trauert auch Phönike's Land:
Denn wir sind aus Einem Blute,
Beide Sprossen der gehörnten Jo;
Thebe's Schmerz ist unser Schmerz.

### Zweite Gegenstrophe.

Ein Gewölk von Schilden blitzt
250 Rings entflammt um Kadmos' Stadt,
Bild von blut'gen Schlachten, die
Ueber Oedipus' Geschlecht
Ares bald verhängen wird,
Der Erinnen Strafgericht.
255 Argos, o pelasgisches,
Ha, mir graut vor deiner Macht,
Vor den Göttern: denn gerecht ist
Dieser Kampf, in den er stürmt gewaffnet,
Der nach seinem Erbe ringt!

### Polyneikes.
(tritt auf mit gezücktem Schwert, vorsichtig umherspähend)

260 Des Thores Hüter schlossen mir willfährig auf,
Und ließen ohne Säumen in die Stadt mich ein.
Drum fürcht' ich eben, nun sie mich im Netz verstrickt,
Sie lassen mich nicht ohne Blut von dannen ziehn.
So muß nach allen Orten hin mein Auge späh'n,
265 Dorthin und hierher, ob Verrath mich nicht berückt.
Doch mit dem guten Schwerte hier die Hand bewehrt,
Will ich des Muthes Sicherheit mir selbst verleih'n.
Wen hör' ich? Holla! Oder schreckt mich nur Geräusch?
Wohl findet Alles grausenvoll der Wagende,
270 Wann seine Füße schreiten durch des Feindes Land.
Indeß der Mutter trau' ich, und auch wieder nicht,
Die mich beredet, ohne Furcht hieherzugeh'n.

Doch nahe weilt die Hülfe: hier stehn Herde, stehn
Altäre, nicht verlassen sind die Wohnungen.
275 Der dunkeln Scheide geb' ich denn mein Schwert zurück,
Und frage, wer sie seien, die am Hause steh'n.

(Er geht auf den Chor zu)

Ihr fremden Frauen, sagt mir an, aus welchem Land
Hieher zu Hellas' Häusern ihr gekommen seid.

### Der Chor.

Uns hat Phönikes' Land erzeugt und großgenährt;
280 Agenor's Enkel sandten uns als Erstlinge
Aus ihrer Kriegesbeute her für Delphi's Gott.
Geleiten wollt' uns Oedipus' glorreicher Sohn
Zu Phöbos' hehrem Tempel und Orakelort;
Da rückten Argos' Söhne vor die Stadt heran.
285 Nun sage du mir, wer du seist, von wannen du
Zur siebenthorigen Feste kamst, in Thebe's Land.

### Polyneikes.

Der Sohn des Lajos, Oedipus, erzeugte mich;
Jokasta, Menökeus' edles Kind, gebar mich ihm,
Und Polyneikes nennen mich die Theber hier.

### Der Chor.

290 O Blutsverwandter aus Agenor's Herrscherstamm,
Dem ich gehorche, welcher mich hieher gesandt!
Laß mich, zu Füßen dir, dich anbeten, Fürst,
Die Weise meines Landes ehrend!
Du kommst, ach, so spät in dein heimisch Land
295 Auf, eil' hervor, Gebieterin,
Oeffne die Pforten ihm!
Du, die ihn geboren, Mutter, hörst du?
Warum säumst du noch in dem gewölbten Gemach?
Schlinge die Arm' um deinen Sohn!

#### Jokaſte.

300 Ihr Mädchen, drinnen im Palaſt vernahm mein Ohr Phönikerlaute,
Und heraus, zitternd vor Alter, wankt mein matter Schritt.
Ach, trautes Kind,
Nach langer Zeit, viel tauſend Tagen ſeh' ich nun
Dein Auge wieder; mit dem Arm umſchlinge deiner Mutter Bruſt;
305 Laß deine Wange küſſen, laß die ſchwarzen
Locken des Hauptes hinwallen um meinen Hals,
Und ihn rings beſchatten!
So kamſt du denn, o Wonne!
Liegſt unerwartet, ungehofft, im Mutterarm!
310 Was ſag' ich dir? Wie drück' ich
Mit Händen, wie mit Worten
Meiner Wonn' Unendlichkeit,
Dich dort und hier umhüpfend, aus?
Und wie koſt' ich, Kind, wiederum alter Luſt Seligkeit?
315 Mein Kind, trautes Kind,
Wie ſtill ward das Vaterhaus, ſeit du flohſt,
Seit in die Fremde dich frevelnd der Bruder ſtieß,
Wohl erſehnt deinem Haus,
Wohl erſehnt unſ'rer Stadt!
320 Daher ſchor ich ab mein ſchneeweißes Haar,
Das ich, von Thränen feucht, trauernd hinflattern ließ;
Kein weißes Gewand mehr ſchmückt mich, o Kind;
In dies nächtlich düſtre Kleid hüll' ich Jammernde die Glieder mir.
Und hier im Hauſe ſitzt der augenloſe Greis,
325 Weint um das Brüderpaar, welches von ſeinem Stamm
Haſſend ſich losgetrennt,

Und härmt in unendlichem Sehnen sich ab;
Schon hat er gegen sich
Das Schwert gezückt, am Zimmerdach die Todesschlinge
festgeknüpft,
330 Verflucht seufzend sein Geschlecht;
Mit endlosem Jammerruf birgt er hier
Sich in der Finsterniß.
Doch du, mein Sohn, hör' ich, hast ein Weib sogar
Gefreit, und Vaterfreuden dir gesucht
335 In fremdem Hause, Fremde dir als Anverwandte zugesellt:
Für deine Mutter welche Schmach und deinen Urahn Laïos.
Der Ehe frembes Unheil!
Und Ich habe nicht die Brautfackel dir
Nach dem Gebrauch entflammt,
340 Wie's der glückseligen Mutter ziemt.
Kein hochzeitlich Wonnebad spendete
Dir des Ismenos Flut, und in der Theber Stadt
Blieb rings Alles still vom Einzug der Braut.
Verderbe denn, wer es verschuldet,
345 Ob dein Vater, ob Krieg, ob Zwietracht,
Ob sich verheerend entlud auf Oedipus'
Haus der Unsterblichen Fluch:
Auf mich wälzt sich all dies Unglück heran!

### Der Chor.

Werth ist den Frau'n der Liebe schmerzerkämpfte Frucht,
350 Und liebend hängen alle Frau'n an Kindern wohl.

### Polyneikes.

Zu Feinden kam ich, Mutter, ob ich wohl gethan,
Ob schlimm, ich weiß nicht; aber unauslöschlich bleibt
Der Trieb zum Vaterlande; wer ein Andres sagt,
Der spielt mit Worten, und sein Sinn steht nur nach ihm.

355 Doch solche Furcht ergriff mich, solche Bangigkeit,
Durch meines Bruders Hinterlist zu fallen, daß
Ich mit gezücktem Schwerte durch die Straßen schritt,
Ringsum die Blicke werfend. Eins nur tröstet mich,
Der Friedenseidschwur und dein Wort, das mich geführt
360 Zur Stadt der Väter. Weinend sah ich wiederum
Nach langer Zeit die Schulen, die mich bildeten,
Die Tempel und Altäre, sah der Dirke Born;
Von hier mit Schmach vertrieben, muß ich fremdes Land
Bewohnen, wo mein Auge stets in Thränen schwimmt.
365 Doch Leiden zeuget Leiden, und so muß ich auch
Im schwarzen Trauerkleide, mit geschornem Haupt
Dich sehn: o Schicksal, das so hart mich Armen schlug!
Wie schrecklich, wenn die nächsten Freunde sich entzwein,
Wie schwer, o Mutter, einigen die Getrennten sich!
370 Was aber macht mein alter Vater im Palast,
Der dunkle Nacht nur siehet? Was der Schwestern Paar?
Sie weinen wohl, sie trauern um mich Flüchtigen?

### Jokaste.

Ha, schlimm vernichtet Oedipus' Geschlecht ein Gott!
Damit begann's: ich wurde Mutter ohne Recht,
375 Zur bösen Stunde freite mich dein Vater, dann
Wardst du. Jedoch was red' ich? Tragen muß der Mensch,
Was Götter senden! — Gerne fragt' ich Manches, nur
Besorg' ich dich zu kränken; doch verlangt's mich sehr.

### Polyneikes.

So frage mich nur immer und verhalte Nichts:
380 Denn, Mutter, was du wünschest, ist auch mir genehm.

### Jokaste.

Ich frage denn als Erstes was mein Herz verlangt:
Das Vaterland entbehren, ist's ein hartes Loos?

**Polyneikes.**
Das herbste, herber, als das Wort es schildern kann.
**Jokaste.**
Wiefern, o Kind? Was fällt dem Flüchtling denn so schwer?
**Polyneikes.**
385 Eins ist das Schlimmste, daß er nicht frei reden darf —
**Jokaste.**
Nicht sagen dürfen, was man denkt, ist Sklavenloos.
**Polyneikes.**
Den Aberwiz der Großen still ertragen muß.
**Jokaste.**
Mit Thoren Thor sein müssen, Kind, auch dieses schmerzt.
**Polyneikes.**
Er muß um Vortheil fröhnen, wenn unwillig auch.
**Jokaste.**
390 Doch labt die Hoffnung, wie man sagt, den Flüchtigen.
**Polyneikes.**
Sie blickt mit heiterm Aug' ihn an, doch zögert sie.
**Jokaste.**
Und lehrt die Zeit nicht endlich, daß sie eitel war?
**Polyneikes.**
Ihr wohnt ein holder Zauber bei im Ungemach.
**Jokaste.**
Eh' dir die Heirath Mittel schuf, was nährte dich?
**Polyneikes.**
395 Oft hatt' ich, oft auch wieder nicht, für einen Tag.
**Jokaste.**
Des Vaters Freunde nahmen nie sich deiner an?
**Polyneikes.**
Sei glücklich! Freunde gibt es nicht für Leidende.

**Jokaste.**
Dein Adel — hob auch dieser dich nicht hoch empor?
**Polyneikes.**
Hart ist es, darben; mich erhielt der Adel nicht.
**Jokaste.**
400 Der Menschen Liebstes ist ja wohl das Vaterland.
**Polyneikes.**
Und keine Zunge spricht es aus, wie lieb es ist.
**Jokaste.**
Wie kamest du nach Argos? Was bezwecktest du?
**Polyneikes.**
Ich weiß es selbst nicht: mir beschied das Loos ein Gott.
**Jokaste.**
Wohl ist die Gottheit weise; wie fandst du die Braut?
**Polyneikes.**
405 Adrast erhielt von Phöbos einen Götterspruch.
**Jokaste.**
Und welchen? Ich errathe nicht. Was meintest du?
**Polyneikes.**
Ein Löw' und Eber würden frein der Töchter Paar.
**Jokaste.**
Was war mit diesen Thieren dir gemein, o Kind?
**Polyneikes.**
Nacht war es, als ich vor Adrastos' Thore kam.
**Jokaste.**
410 Ein Lager suchend, als ein unstät Flüchtiger?
**Polyneikes.**
So war's; und noch ein andrer Flüchtling kam hernach.
**Jokaste.**
Wer war es? Denn unglücklich war auch dieser wohl.

**Polyneikes.**
Tydeus; des Oeneus Sprößling, also sagen sie.
**Jokaste.**
Warum verglich Adrastos euch mit Thieren denn?
**Polyneikes.**
415 Weil wir in Streit geriethen um die Lagerstatt.
**Jokaste.**
So legt' Adrastos sich den Spruch des Gottes aus?
**Polyneikes.**
Und gab zu Frau'n uns beiden beide Töchter auch.
**Jokaste.**
Und ist er glücklich, oder nicht, dein Ehebund?
**Polyneikes.**
Ganz ohne Tadel war er bis auf diesen Tag.
**Jokaste.**
420 Doch wie bewogst du Argos' Heer, mit dir zu ziehn?
**Polyneikes.**
Adrastos schwor uns beiden, Oeneus' Sohn und mir,
In's Vaterland uns heimzuführen, mich zuerst.
Viel Häupter aus Mykene, viel aus Hellas sind
Im Heere, mir den bittern, doch nothwend'gen Dienst
425 Zu leisten; denn ich kämpfe wider meine Stadt.
Die Götter wissen's, daß ich ungern nur das Schwert
Auf meine Liebsten zückte; sie, sie wollten es!
Doch dir, o Mutter, kommt es zu, dies Ungemach
Zu wenden, auszusöhnen, die das Blut verband,
430 Die Noth zu wehren mir und dir und allem Volk.
Ein altes Wort zwar ist es, dennoch sag' ich's nach:
„Nichts hat den Menschen höhern Werth, als Goldesglanz;
Er übt von allem Menschending die größte Macht."

Nach diesem trachtend, führ' ich her unzählige
435 Von Lanzen: ist ein Edler arm, so gilt er nichts.
### Der Chor.
Zur Friedenshandlung naht sich dort Eteokles auch:
An dir, o Mutter, ist es nun, ein gutes Wort
Zu reden, das zum Frieden stimmt der Söhne Herz.
### Eteokles.
Hier bin ich, Mutter; dir zu Liebe komm' ich her.
440 Was soll ich? Einer fange doch zu reden an!
Die Doppelreihen stellt' ich um die Mauern auf,
Und hielt die Bürger, daß ich dein vermittelndes
Schiedswort vernähme, weßenthalb du diesen hier,
Mich überredend, friedlich in die Stadt beschiedst.
### Jokaste.
445 Halt! Uebereilung thut ja nie, was billig ist:
Gelaßne Reden schaffen meist das Klügere.
Weg mit dem düstern Auge, mit des Zornes Wuth!
Kein abgeschlagnes Gorgohaupt erblickst du ja;
Den Bruder siehst du, der zu dir gekommen ist.
450 Und wende du auch dein Gesicht dem Bruder zu,
Polyneikes; wenn dein klarer Blick den seinen trifft,
So sprichst du besser, und verstehst auch besser ihn.
Wohlmeinend, Kinder, geb' ich euch den weisen Rath:
Sobald der Freund, der seinem Freunde schwer gezürnt,
455 Mit ihm zusammentreffend, Aug' in Auge sieht:
So muß er darauf achten nur, weßhalb er kam,
Und nicht des Bösen denken, das zuvor geschah.
Dein Wort, mein Sohn Polyneikes, sei das erste nun:
Du zogst heran mit einem Danaidenheer,
460 Unbilden rächend, wie du sagst: o möge hier
Ein Gott entscheiden und des Streit's Versöhner sein!

**Polyneikes.**

Das Wort der Wahrheit lautet stets einfach und schlicht,
Und schlauer Wendung Künste braucht das Rechte nie;
Es trägt in sich die Stärke: nur das Böse hat
465 Kunstreicher Schminke nöthig, weil es krankt in sich.
Ich hab' es mit dem Vaterhause wohl gemeint,
Mit mir und diesem; um den Fluch des Oedipus
Zu meiden, den er wider uns gesprochen einst,
Verbannt' ich selbst freiwillig aus dem Reiche mich,
470 Und ließ des Landes Scepter ihm auf Jahresfrist,
Um selbst zu herrschen wieder, traf die Reihe mich,
Und nicht in Feindschaft und in Mord mit ihm verstrickt,
Unrecht zu leiden und zu thun, wie's nun geschieht.
Auch ihm gefiel das, bei den Göttern schwor er mir's;
475 Doch that er Nichts von Allem, was er schwur, und hält
Mir meinen Theil am Erbe samt dem Thron zurück.
Noch jezo, wird das Meine mir, bin ich bereit,
Das Heer hinwegzuführen aus der Väter Land,
In meinem Haus zu walten, trifft die Reihe mich,
480 Und ihm es abzutreten auf die gleiche Zeit:
Und nicht verheeren werd' ich meiner Ahnen Land,
Noch leg' ich Leitern stürmend an die Mauern an.
Doch das zu thun versuch' ich, wenn man mir mein Recht
Versagt: zu Zeugen ruf' ich dann die Götter auf,
485 Daß recht und billig all mein Thun gewesen, daß
Man ohne Recht mich frevelnd aus dem Lande stieß.
So sprach ich schlicht und offen, nicht verschlungene
Trugschlüsse häufend, Mutter; Thor und Weiser wird's
Gerecht und billig finden, wie es mir bedünkt.

Die Phönikerinnen.

**Der Chor.**

490 Zwar nicht in Hellas' Lande ward ich großgenährt;
Doch scheinen deine Reden mir verständig, Herr.

**Eteokles.**

Wenn Allen Eines edel dünkt' und klug zugleich,
Nicht Streit noch Hader würde dann die Welt entzwein.
So aber ist nichts Gleiches dort, nichts Aehnliches,
495 Als nur die Namen; über Sachen hadert man.
Ich sage denn, o Mutter, und verberge Nichts:
Zum Sternenaufgang dräng' ich durch des Aethers Raum,
Vermöcht' ich das, und in der Erde tiefsten Grund,
Erräng' ich so die größte Göttin mir, die Macht.
500 Dies Gut, o Mutter, will ich einem Anderen
Nicht überlassen, ich bewahr' es lieber mir:
Feigheit verräth ja, wer am Kleinern sich begnügt,
Das Größre preisgibt. Und erröthen müßt' ich auch,
Wenn er, das Land verheerend, durch der Waffen Macht
505 Das, was er wünscht, erlangte; denn erniedrigend
Für Thebe wär' es, wenn ich ihm den Herrscherstab
Aus Furcht vor Argos' Speeren überlieferte.
Den Frieden, Mutter, hätt' er mit den Waffen nicht
Erstreben sollen: denn das Wort erobert ja
510 Das Alles, was der Feinde Schwert ausrichten mag.
Doch wenn er sonst in diesem Lande wohnen will,
Er kann's; die Herrschaft geb' ich nie freiwillig ab,
Und ihm zu dienen, während ich gebieten darf.
Mit Feuer denn, mit Schwertern stürmt auf mich heran,
515 Schirrt an die Rosse, deckt das Feld mit Wagen rings:
Doch meine Herrschaft überlaß' ich diesem nie.
Denn muß man einmal freveln, ist's am schönsten doch
Um einen Thron: im Andern sei man tugendhaft!

**Der Chor.**

Nicht ziemt es, gut zu reden bei nicht schöner That;
520 Das nenn' ich unschön, so verhöhnt man Pflicht und Recht.

**Jokaste.**

Dem Alter ist nicht lauter Uebles zugesellt,
Mein lieber Sohn Eteokles; nein, viel weisern Rath
Gibt ihm Erfahrung an die Hand, als Jüngeren.
Was gibst du doch der schlimmsten aller Göttinnen
525 Dich hin, der Ehrsucht? Meide, Sohn, die Frevlerin:
In manches Haus, in hochbeglückte Städte zog
Sie ein und schied, verderbend, die ihr huldigten;
Und ihr erglühst du. Schöner ist's, Gleichheit, o Kind,
In Ehren halten, die den Freund dem Freunde stets,
530 Die Städte Städten, Bundsgenoß mit Bundsgenoß,
Verbindet; Gleichheit ist der Menschheit Urgesetz.
Dem machtbegabten Manne lebt im Schwachen stets
Ein Widersacher, der des Haders Tag beginnt.
Gleichheit ja war es, die Gewicht den Sterblichen
535 Und Maß geordnet, die geschieden Zahl von Zahl.
Der Nacht erlosch'nes Augenlid, der Sonne Licht,
Durchwandeln ihren Jahreskreis in gleichem Schritt,
Und ihrer keins ist neidisch auf des andern Sieg.
So dient die Sonne, dient die Nacht den Sterblichen:
540 Und dir genügt am Reiche nicht der gleiche Theil,
Ihm gönnst du nicht den seinen? Wo bleibt hier das Recht?
Was liebst du sonder alles Maß dies glückliche
Unrecht, die Herrschaft, was bedünkt es dich so groß,
Wenn Alles ehrend dich bestaunt? Welch eitler Wahn!
545 Viel Angst empfinden, da du Viel im Hause hast,
Das willst du? Was ist Ueberfluß? Ein Name nur!
Denn was genug ist, das genügt dem Mäßigen.

Der Mensch besitzt ja keinen Schatz als Eigenthum;
Was gute Götter uns gegönnt, verwalten wir,
550 Und wann sie wollen, nehmen sie's uns wiederum.
Wenn ich die Wahl dir lasse, was du lieber willst,
Der Herrscher oder dieser Stadt Erretter sein:
Du wählst die Herrschaft? Aber wenn dein Bruder siegt,
Wenn Argos' Speere zwingen dein Kadmeierheer:
555 Dann siehst du diese Theberstadt in Grund gestürzt,
Siehst, ach! gewaltsam viele kriegsgefangene
Jungfrau'n in Knechtschaft fortgeschleppt von Feindesmacht.
So wird der Reichthum, den du suchst, der Theberstadt
Unheil bereiten und für dich kein Segen sein.
560 Dir sag' ich Dies; du, Polyneikes, höre nun:
Unkluge Liebesdienste that Adrastos dir,
Und thöricht zogst du wider deine Stadt zu Feld.
Sprich: wenn du sie bezwingest, (o verhüten das
Die Götter!) welche Siegstrophä'n errichtest du?
565 Welch Opfer bringst du, wenn du Kadmos' Land gewannst?
Was auf die Beute schreibst du dort am Inachos?
„Polyneikes legt' in Asche Thebe's Stadt und weiht
Den Göttern diese Schilde." Kind, daß solcher Ruhm
Niemals in Hellas' Volke dich verherrliche!
570 Doch wenn der Bruder dich besiegt: wie kehrst du dann
Nach Argos, wenn du Tausende hingeopfert hast?
Da wird man sagen: „O verwünschter Ehebund,
Den du geknüpft, Adrastos! Um Ein Mädchen ging
Dein Volk zu Grunde!" So bedroh'n zwei Uebel dich:
575 Du fällst im Kampf' hier, und verlierst die Freunde dort.
O laßt, o laßt dies Wüthen! Nichts ist gräßlicher,
Als wenn die Thorheit Zweier um Dasselbe kämpft.

### Der Chor.
Ihr Götter, wendet dieses Unheil ab von uns,
Und stiftet Frieden im Geschlecht des Oedipus!

### Eteokles.
580 Mutter, keinen Kampf mit Worten gilt es mehr, und unterdeß
Ward die Zeit umsonst verschwendet; dein Bemühen fruchtet Nichts.
Einigung ist keine möglich, außer daß, wie schon gesagt,
Ich den Herrscherstab behauptend, König bleib' in diesem Land.
Drum entlaß mich und erspare dir die langen Mahnungen!
585 Du, entweich' aus diesen Mauern, oder stirb sogleich!

### Polyneikes.
Durch wen?
Wer denn ist so unverwundbar, daß er wider mich den Stahl
Mordend zück' und nicht das gleiche Loos empfing' aus meiner Hand?

### Eteokles.
Nahe dir, nicht ferne, steht er: siehst du meine Hände?

### Polyneikes.
Ja!
Doch der Reichthum ist ein Unhold, welcher feig das Leben liebt.

### Eteokles.
590 Dennoch zogst du mit so Vielen wider mich, der Nichts vermag?

### Polyneikes.
Kluge Vorsicht ziemt dem Feldherrn besser, als verwegner Muth!

#### Eteokles.
Stolzer Prahler, auf den Stillstand baust du, der dein Leben schüzt!
#### Polyneikes.
Und noch Einmal fordr' ich meinen Scepter, meinen Theil am Land!
#### Eteokles.
Nichts zurückzufordern hast du; denn ich walt' in meinem Haus.
#### Polyneikes.
595 Willst du mehr als deinen Antheil?
#### Eteokles.
Ja! Hinweg denn aus dem Land!
#### Polyneikes.
Götterherde meiner Heimat —
#### Eteokles.
Sie zu stürzen kamest du.
#### Polyneikes.
Höret mich!
#### Eteokles.
Wer mag dich hören, der sein Ahnenland bekriegt?
#### Polyneikes.
Götter ihr, auf weißen Rossen thronend, hört! —
#### Eteokles.
Sie hassen dich.
#### Polyneikes.
Er verstößt mich aus der Heimat —
#### Eteokles.
Mich verstoßen wolltest du.
#### Polyneikes.
600 Welch ein Frevel, Götter!

### Eteokles.
Hier nicht, ruf' in Argos Götter an.

### Polyneikes.
Du Verruchter —

### Eteokles.
Aber nicht des Vaterlandes Feind, wie du!

### Polyneikes.
Der du mich erblos hinaustreibst!

### Eteokles.
Morden auch noch werd' ich dich.

### Polyneikes.
Vater, hörst du, was ich leide?

### Eteokles.
Was du thust, er hört es auch.

### Polyneikes.
Hörst du, Mutter?

### Eteokles.
Dir geziemt nicht, daß du deine Mutter nennst.

### Polyneikes.
605 Vaterstadt!

### Eteokles.
O geh nach Argos, rufe Lerna's Fluten an!

### Polyneikes.
Sorge nicht, ich gehe: Mutter, habe Dank!

### Eteokles.
Hinaus von hier!

### Polyneikes.
Wohl, ich scheide: nur den Vater laß mich sehen!

### Eteokles.
Nimmermehr!

**Polyneikes.**
Doch die Jungfrau'n, meine Schwestern?

**Eteokles.**
Sie auch wirst du nimmer schau'n.

**Polyneikes.**
Schwestern, ach!

**Eteokles.**
Was rufst du diese? Bist du doch ihr schlimmster Feind!

**Polyneikes.**
610 Mutter, lebe glücklich!

**Jokaste.**
Ward denn mir ein glücklich Loos, o Kind?

**Polyneikes.**
Nicht dein Sohn mehr bin ich.

**Jokaste.**
Alle Leiden sind mir aufbewahrt.

**Polyneikes.**
Schwer an uns hat der gefrevelt.

**Eteokles.**
Frevelt' er nicht auch an mir?

**Polyneikes.**
Wo, vor welchem Thurme wirst du stehn?

**Eteokles.**
Wozu die Frage noch?

**Polyneikes.**
Gegenüber, dich zu tödten, steh' ich dort.

**Eteokles.**
Das wünsch' auch ich.

**Jokaste.**
615 Weh, ich Arme! Was beginnt ihr, Kinder?

**Polyneikes.**
Zeigen wird's die That.
**Jokaste.**
Scheut ihr nicht des Vaters Flüche?
**Eteokles.**
Fahre hin das ganze Haus! —
**Polyneikes.**
Nicht so bald mehr soll es feiern, mein von Blut getränktes
Schwert!
Doch das Land, das mich genährt hat, und die Gottheit
zeuge mir,
Daß ich, schnöd' entehrt, in Elend, aus der Heimat weichen
muß,
620 Als ein Knecht, nicht als desselben Vaters Sohn, des
Oedipus!
Trifft dich Leid, Stadt meiner Väter: mich nicht, klage diesen
an,
Denn ich kam nicht gern, und ungern weich' ich aus der
Ahnen Land.
Du, der Wege Hort, o Phöbos, ihr Gespielen, lebet wohl,
Hallen ihr, und Götterbilder, wo das Blut der Opfer dampft!
625 Denn ich weiß nicht, ob ich jemals wieder euch begrüßen
darf.
Doch die Hoffnung schläft ja nimmer: ihr vertrau' ich, noch
mit Gott
Den zu tödten, und als Herrscher einzuziehn in Thebe's Land.
**Eteokles.**
Fort, hinaus! Durch Götterfügung gab mit Recht der Vater
einst
Dir den Namen Polyneikes, hat vom Hader dich benannt.
(Eteokles und Polyneikes nach verschiedenen Seiten ab; Jokaste geht in's Haus.)

### Der Chor.
#### Strophe.

630 Kadmos kam in dieses Land
Her von Tyros, und es warf
Ungeheißen sich die Färse
Nieder, Phöbos' Spruch erfüllend,
Wo sich Thebe soll' erbaun:
635 Phöbos hatt' Aonia's
Waizenfluren ihm gelobt,
Wo der Dirka schöne Wasser durch das Land sich schlängeln,
                 das
Mit grünen Kräutern, mit
Hohen Saaten prangt;
640 Wo, von Zeus umarmt, die Mutter
Ihm gebar den Bromios,
Dem sofort als Kind bereits
Der Epheu, der zum Kranz sich wand, mit blütenreichem,
               dunklem Laub
Den Nacken hochbeglückend überschattete,
645 Das die Jungfrau'n Thebe's bei des Bacchos Tänzen
Und der Frauen Jubelchöre schmückt.

#### Gegenstrophe.

Ares' Drache, blutigroth,
Lag, ein grauser Hüter, dort;
Ueber Born' und grüne Ströme
650 Schweifte weithin seiner Augen
Ewig wacher Blick umher:
Ihn erschlug des Kadmos Arm,
Als er Wasser schöpfen ging;
Nach dem blutigrothen Haupte schleudert' er den Marmor=
                  stein:

655 Zeus' mutterloses Kind,
Pallas, hieß darauf
Ihn des Unthiers Zähne säen
Auf das tiefgefurchte Feld.
Nun entsproß bewehrtes Volk
660 Der Erd', und über des Landes Höh'n ergoß es sich; doch eiserne
Mordwuth vermählt' es wieder mit der Erde Schooß:
Und mit Blute färbt' es rings die Erde, die es
Kaum des Aethers warmem Hauch gezeigt.

### Schlußgesang.

Dir auch, welchen Io, die
665 Urahnin unsers Stamms,
Einst dem Zeus geboren, Epaphos,
Dir rufen, rufen wir mit fremdem Laut,
Erhör' unser fremdes Flehn,
Komm, o komm in dieses Land:
670 Deine Enkel bauten's an,
Wo das Götterpaar sich einst,
Persephassa mit der freund=
lichen Demeter, der
Gebieterin des Alls, die das All ernährt,
675 Angesiedelt. Send' in Fackelglanz
Sie aus zu dieses Landes Schuz!
Alles ist ja Göttern leicht.

### Eteokles.
(zurückkommend, zu einem Diener)

Geh' hin und rufe mir Menökeus' hohen Sohn,
Kreon, Jokaste's Bruder, meinen Ohm, daher:
680 Ich wolle mich berathen im Verein mit ihm,
Was unserm Hause frommen mag und diesem Land,

Bevor ich auszieh' in den Kampf, in's Schlachtgewühl.
Doch selbst erspart er deines Weges Mühe dir:
Er schreitet eben dort heran zu meinem Haus.

**Kreon.**

685 Um dich zu sehen, schweif' ich lange schon umher,
König Eteokles; an den Thoren dieser Stadt,
Bei allen Wachen schweift' ich um und suchte dich.

**Eteokles.**

Auch ich, o Kreon, habe dich zu sehn gewünscht;
Denn wohl erkannt ich, Vieles fehlt zur Einigung,
690 Als ich mit Polyneikes zum Gespräche kam.

**Kreon.**

Ich hörte, höher streb' er, als nach Thebe's Land;
Denn auf Adrastos bau' er, auf des Schwähers Heer.
Doch dieses sei den Göttern heimgestellt von uns:
Was uns zunächst obliege, komm' ich kundzuthun.

**Eteokles.**

695 Und dieses wäre? Was du sagst, versteh' ich nicht.

**Kreon.**

Ein Kriegsgefangner fand sich ein von Argos' Heer.

**Eteokles.**

Und welches Neue meldet er von jenen dort?

**Kreon.**

Sie wollen, sagt er, ungesäumt des Kadmos Stadt
Ringsher umschließen mit gedrängter Heeresmacht.

**Eteokles.**

700 So zieh' ich aus den Thoren mit dem Here denn —

**Kreon.**

Wohin? Du siehst nicht, Jüngling, was du sehen sollst!

**Eteokles.**

Aus diesen Gräben unverweilt in offnen Kampf.

**Kreon.**
Klein ist die Schaar der Unsern, groß der Feinde Zahl.
**Eteokles.**
Ich weiß es wohl, in Worten sind sie tapfer dort.
**Kreon.**
705 Doch angesehn ist Argos unter Hellas' Volk.
**Eteokles.**
Getrost! Mit seinen Todten füll' ich bald die Flur.
**Kreon.**
Das wünsch' ich; aber mühevoll ist solches Werk.
**Eteokles.**
Nicht innerhalb der Mauern halt' ich meine Schaar.
**Kreon.**
Doch schafft den Sieg uns überall Besonnenheit.
**Eteokles.**
710 So willst du, daß ich andern Weg einschlagen soll?
**Kreon.**
Traun, jeden, eh' du Alles wagst auf Einen Wurf.
**Eteokles.**
So stürz' ich Nachts aus einem Hinterhalt auf sie?
**Kreon.**
Wenn, falls es fehlschlägt, dir der Rückzug offen bleibt.
**Eteokles.**
Gleich frommt die Nacht uns beiden, doch dem Kühnen mehr.
**Kreon.**
715 Graus ist ein Unfall, wenn die Nacht ihr Dunkel spinnt.
**Eteokles.**
So fall' ich Abends bei dem Mahl die Stolzen an?
**Kreon.**
Dies mag sie wohl erschrecken; dir thut Siegen noth.

### Eteokles.
Doch deckt den Rückzug Dirke's tiefer Strom mir wohl.
### Kreon.
Von Allem ist das Beste, wohl sich vorzusehn.
### Eteokles.
720 Wie, wenn wir stürmten hoch zu Roß auf Argos' Heer?
### Kreon.
Dort ist das Volk durch Wagen ringsumher geschirmt.
### Eteokles.
Was soll ich also? Räum' ich wohl dem Feind die Stadt?
### Kreon.
Mit nichten! Ueberlege nur; du bist ja klug.
### Eteokles.
Und welcher Anschlag wäre denn der klügere?
### Kreon.
725 Es sollen ihrer Sieben, so ward mir gesagt, —
### Eteokles.
Wozu den Auftrag haben? Schwach ist diese Macht.
### Kreon.
Mit ihrer Schaar vor unsre sieben Thore ziehn.
### Eteokles.
Was thun? Ich will nicht warten, bis die Noth mich drängt.
### Kreon.
Stell' an die Thore wider sie die gleiche Zahl.
### Eteokles.
730 Als Führer? Oder um allein zu kämpfen dort?
### Kreon.
Als Führer; und die Besten wähl' im Heere dir...
### Eteokles.
Dem Feind zu wehren, daß er Thebe's Mauern stürmt.

**Kreon.**

Auch Unterfeldherrn: Einer kann nicht Alles sehn.

**Eteokles.**

Wähl' ich nach Einsicht oder Muth die Männer aus?

**Kreon.**

735 Nach Beidem: Nichts wirkt Eines ohne das Andere.

**Eteokles.**

So sei's. Ich eile nach der Stadt, und wie du mir
Gerathen, stell' ich Führer bei den Thoren auf,
Daß gleiche Zahl dem Feinde gegenübersteht.
Den Namen Jedes nennen, wäre Zeitverlust,
740 Da vor den Mauern schon der Feind gelagert ist:
Drum will ich gehen, daß mein Arm nicht müffig sei.
Und könnt' ich ihm im Kampfe gegenüberstehn,
Dem Bruder, daß ihn dieses Eisen mordete,
Den Frevler, der mein Vaterland zu verheeren kam!
745 Für deines Sohnes Hämon und Antigone's,
Der Schwester, Hochzeit sorge du, wenn mein Geschick
Mir grollt: die Mitgift, die ich euch vormals verhieß,
Verbürg' ich jezo wieder, da ich scheiden muß.
Du bist der Mutter Bruder: drum was red' ich viel?
750 O pflege du sie, würdig dein und mir zu Dank.
Mein Vater büßt es, daß er unbesonnen sich
Der Augen Licht geblendet; nimmer lob' ich das;
Und seine Flüche morden uns vielleicht dereinst.
Noch Eines ist uns übrig, wenn Teiresias,
755 Der Vogelschauer, einen Spruch zu melden weiß,
Von ihm zu hören dieses. Ich will deinen Sohn,
Ihn, der Menökeus', deines Vaters, Namen trägt,
Hersenden, Kreon, daß er dir den Seher bringt:
Denn um mit dir zu reden, kommt er gern hieher.

Die Phönikerinnen.

760 Ich habe neulich gegen ihn die Seherkunst
Gescholten, daß er über mich erbittert ist.
Der Stadt und dir, o Kreon, geb' ich dieses auf:
Bin ich im Kampfe Sieger, dann bestatte man
Des Polyneikes Leiche nicht im Theberland:
765 Wer ihn begräbt, soll sterben, wär' ein Freund es auch.
Dir sagt' ich dieses; Diener, euch gebiet' ich nun:
Holt uns die Rüstung, Schwert und Schild, die ganze Wehr,
Daß wir zum Kampfe stürzen, der entscheiden soll;
Uns steht das Recht zur Seite, das den Sieg verleiht.
770 Fleh'n wir die Vorsicht, unsre Stadt zu retten, an!
Vor allen Göttern segnet sie der Menschen Thun.

(Beide ab.)

Der Chor.

Strophe.

Ares, du Schöpfer des Leids,
Was stürmst du nach Blut, nach Wunden und Tod, stimmst
nicht zu des Bromios Festen?
Nicht mit den lieblichen Kränzen der blühenden Jugend
umwindest
775 Du dein Haupt, noch singest ein Lied zu dem Hauche der
Flöte,
Das die erfreuenden schufen, die Chariten.
Wider des Kadmos Geschlecht die gewaffneten Schaaren
entflammend,
Führst du, gesanglos nahend, die blutigen Reigen von Argos.
Nicht mit dem Thyrsos schwärmst du, gehüllt in die Felle
der Hindin;
780 Sondern an Wagen und Zaum das Gespann einhufiger
Rosse
Schirrend, hinab zu dem Strom des Ismenos

Stürmest du stolz mit den Rennern, und treibst die Ge=
    schwader von Argos
Auf Thebe's Geschlecht,
Und an die steinernen Mauern herauf wogt
785 Tobend der feindliche Chor der Gewappneten.
Fürchterlich, traun, ist Eris, die Göttliche,
Die solch Leiden verhängte den Königen,
Labdakos' vielduldenden Enkeln!

### Gegenstrophe.

Heiliger Wildnisse Nacht,
790 Schneevolles Gebirg, durchschwärmt von Gewild, o der
    Artemis Auge, Kithäron!
Daß du den Oedipus nimmer genährt, den Gebornen Jokaste's,
Welcher, dem Tode geweiht, mit der goldenen Spange
    gezeichnet,
Säugling, vom Hause des Vaters entrückt ward!
Wär' auch nimmer das Graun des Gebirgs, die geflügelte
    Jungfrau,
795 Sphinx, zur Trauer dem Lande genaht mit den Liedern des
    Unheils,
Sie, die einst vierklauig die thebischen Mauern bestürmte,
Und der Kadmeier Geschlecht in der Luft unbewandelten
    Lichtraum
Trug! Aïdoneus unter der Erde
Sandte sie Kadmos' Volk. Nun blüht unselige Zwietracht
800 In der Stadt und im Haus
Wiederum unter den Söhnen des Oedipus.
Niemals wird Unschönes zu Schönem ja,
Nimmer gedeiht das in Sünden Geborene,
Schande dem Vater und Schmach der Erzeugerin,
805 Welche des Sohns Lager bestiegen.

Die Phönikerinnen.

### Schlußgesang.

Du gebarst, Erde, gebarest einst,
(Wie das Gerücht ich von Fremden vernahm, es vernahm
    in der Heimat,)
Jenes Geschlecht aus Zähnen des purpurkammigen, wilden,
Thiereverschlingenden Drachen, die herrlichste Zierde von
    Thebe.
810 Als sich Kadmos vermählt' und Harmonia,
Kamen die Himmlischen all', und Theba's Mauern und
    Thürme
Stiegen empor bei'm Klange der Laut' und der Cither
    Amphions
An dem doppelten Strom, an der Mitte der Flut
Dirka's, die vor dem Ismenos dort
815 Grünwallende Fluren befeuchtet.
Und aus Jo's Schooß, der gehörnten
Ahnfrau, sprossen die Fürsten Aonia's.
Segen um Segen empfing
Zahllos in unendlicher Fülle die Stadt;
820 Sie steht in des Ruhms
Vollglanz mit den Kränzen des Ares.

### Teiresias.
*(von seiner Tochter Manto geführt, kommt mit Menöteus)*

Vorwärts, o Tochter, führe mich; dem blinden Fuß
Bist du das Auge, wie der Stern dem Schiffenden.
Komm, hier zur flachen Ebne leite mir den Schritt,
825 Schwach ist der Vater, daß wir ja nicht straucheln, Kind.
Bewahre mir in deiner jungfräulichen Hand
Des Vogelfluges Loose, die ich sammelte
An heiliger Stätte, wo mir Götterwort ertönt.
Mein Kind, Menöteus, Sohn des Kreon, sage mir,

830 Wie weit die Strecke Weges ist von hier zur Stadt,
Zu deinem Vater; denn die Kniee wanken mir,
Und nach so langem Wege schreit' ich mühsam fort.

#### Kreon.

Sei ruhig, schon gelangtest du, Teiresias,
In deiner Freunde Nähe: faff' ihn an, mein Sohn;
835 Denn wie der Wagen, liebt der Fuß des Greises auch
Nach Stützen einer fremden Hand sich umzusehn.

#### Teiresias.

Da bin ich, Kreon; was so eilig ruffst du mich?

#### Kreon.

Ich hab' es nicht vergessen; aber sammle dir
Von neuem Kraft und Athem nach des Weges Müh'n.

#### Teiresias.

840 Wohl bin ich durch die Reise ganz erschöpft, ich kam
Erst gestern hierher aus der Erechtheiden Land.
Dort war ein Krieg entglommen mit Eumolpos' Heer,
Worin ich Kekrops' Söhnen edlen Sieg verlieh.
Zum Lohne ward mir, den du siehst, der goldne Kranz;
845 Vom Raub erschlagner Feinde sind's die Erstlinge.

#### Kreon.

Ein glücklich Zeichen sei für uns dein Siegeskranz!
Denn heiß umwogt uns, wie du weißt, die Noth vom Speer
Der Danaiden, Thebe ringt in schwerem Kampf.
Eteokles, unser König, zog bereits hinaus
850 Im Waffenschmucke wider Argos' Heeresmacht.
Mir hat er aufgegeben, dich zu fragen, Greis,
Was hier zu thun sei, daß wir retten unsre Stadt.

#### Teiresias.

Eteokles' halber schwieg' ich wohl und thäte nicht
Zum Spruch den Mund auf; aber weil du's wissen willst,

Die Phönikerinnen.

855 So red' ich.   Kreon, lange schon krankt unser Land,
Seit Lajos Vater wurde troz den Göttern, und
Der Mutter einen Gatten zeugt' im Oedipus:
Ein warnend Mal für Hellas stellten die Götter auf
In seiner Augen blutiger Verstümmelung.
860 Das strebten seine Söhne nun in Dunkelheit
Zu hüllen, als entflöh'n sie so der Götter Zorn,
Und fehlten sinnlos; Ehre nicht, noch freien Zug
Vergönnten sie dem Vater, daß der arme Mann
In wildem Unmuth über sie den schweren Fluch
865 Ausgoß, in Krankheit schmachtend und entehrt zugleich.
Was that ich hier nicht, welches Wort versucht' ich nicht?
Doch ward ich dadurch Oedipus' Geschlecht verhaßt.
Nun droht, o Kreon, ihnen Tod von eigner Hand,
Und Leichen, zahllos hingestreckt zu Leichnamen,
870 Von Thebern und Argeiern, die sich mordeten,
Erwecken bittern Jammer im Kadmeierland.
Du Stadt, du arme, wirst zugleich in Grund gestürzt,
Wenn meinen Worten kein Gehör im Volke wird.
Das Beste war wohl dieses, wenn aus Oedipus'
875 Geschlechte Niemand Bürger ward noch Herr im Land,
Da sie, von Wahnsinn trunken, ihm Verderben drohn.
Nun, weil das Böse stärker als das Gute war,
Bleibt, unsre Stadt zu retten, nur Ein Mittel noch.
Doch, nennt' ich dieses, würd' ich selbst nicht sicher sein,
880 Und Trauer brächt' es jenen, die das Schicksal trifft,
Der Rettung Mittel darzuleihn dem Vaterland:
Lebt wohl, ich gehe! Muß es sein, ich Einer will,
Was kommt, mit Vielen tragen: was kann mir gescheh'n?

**Kreon.**
Verziehe, Greis: was eilst du?

#### Teiresias.
Halte mich nicht zurück.

#### Kreon.
885 Was fliehst du? Bleib'!

#### Teiresias.
Ich fliehe nicht; dich flieht das Glück.

#### Kreon.
Sag' uns, ein Bürger, was die Bürger retten kann.

#### Teiresias.
Jezt willst du dieses, wollen wirst du's bald nicht mehr.

#### Kreon.
Wie? Nicht erretten wollt' ich meine Vaterstadt?

#### Teiresias.
Du willst es also hören, sehr verlangt es dich?

#### Kreon.
890 Um welches Andre sollt' ich denn mich mehr bemühn?

#### Teiresias.
Nun denn, vernimm, was uns die Götter offenbart.
Erst aber sage mir genau das Eine noch:
Wo weilt Menökeus, welcher mich hieher geführt?

#### Kreon.
Er ist nicht fern, in deiner Nähe steht er hier.

#### Teiresias.
895 Er fliehe weit vor meinen Göttersprüchen fort!

#### Kreon.
Er ist mein Sohn, wird schweigen, wo er schweigen soll.

#### Teiresias.
In seinem Beisein soll ich's denn verkündigen?

#### Kreon.
Er wird sich freuen, hört er, was uns retten kann.

**Teiresias.**

So höre denn, was meine Götterorakel euch
900 Zu thun gebieten, daß ihr rettet Kadmos' Stadt.
Du sollst Menökeus, deinen Sohn, für's Vaterland
Dem Tode weihen: selber rufft du dein Geschick.

**Kreon.**

Wie meinst du, Alter? Welches Wort entfiel dir da?

**Teiresias.**

Was dir verhängt ward, das zu thun, ist deine Pflicht.

**Kreon.**

905 Ach, vieles Unglück sprachst du aus in kurzer Zeit.

**Teiresias.**

Unglück allein dir, großes Heil dem Vaterland.

**Kreon.**

Nichts hör' ich, Nichts vernehm' ich: fahre hin die Stadt!

**Teiresias.**

Das ist derselbe nimmermehr, er tritt zurück.

**Kreon.**

Leb' wohl und gehe, dein Orakel brauch' ich nicht.

**Teiresias.**

910 Nichts ist die Wahrheit, weil sie dir das Leiden bringt?

**Kreon.**

Bei deinen Knieen fleh' ich, bei dem grauen Haar, —

**Teiresias.**

Laß das! Die Gottheit fordert Unabwendbares.

**Kreon.**

Schweig'; offenbare solches doch dem Volke nicht!

**Teiresias.**

Unrecht befiehlst du mir zu thun? Ich schweige nicht.

**Kreon.**

915 Was also willst du? Meinen Sohn ermorden mir?

### Teiresias.
Da werden Andre sorgen; ich verkünd' es nur.
### Kreon.
Woher das Unglück über mich und meinen Sohn?
### Teiresias.
Nun fragst du richtig und berührst den rechten Punkt.
Er muß im Lager, wo der Erdentsprossene,
920 Der Drache, hauste, der bewacht der Dirke Born,
Sein Blut der Erde sterbend weihn zum Opfertrank,
Weil Ares alten Hasses Groll dem Kadmos hegt,
Und nun den Mord des erdgebornen Drachen rächt.
Und thut ihr solches, streitet Ares selbst für euch;
925 Und wann der Boden Frucht um Frucht und Menschenblut
Um Blut empfangen, wird die Erd' euch gnädig sein,
Die euch vordem die goldbehelmte Männersaat
Heraufgesendet: doch ein Sohn aus diesem Stamm
Muß sterben, der den Zähnen jener Schlang' entsproß.
930 Du bist allein uns übrig aus dem Saatgeschlecht,
Vom Vater und der Mutter unvermischt und rein,
Samt deinen Kindern. Aber Hämons Tod verwehrt
Sein Ehebündniß; denn er ist nicht ledig mehr,
Hat eine Gattin, wenn er auch sie nicht berührt.
935 Doch dieser Jüngling ist der Stadt geheiliget,
Und rettet unsrer Väter Land durch seinen Tod.
Adrastos und den Seinen wird er bittere
Heimkehr bereiten, hüllt ihr Aug' in Todesnacht,
Und krönt mit Ruhm die Theber. Wähl' aus diesen zwei'n
940 Ein Loos: errette Theben oder deinen Sohn.
Das Meine sagt' ich Alles nun. Kind, führe mich
Nach Hause! Wer die Zeichenkunst des Sehers übt,
Ist eitel thöricht: muß er Leid verkündigen,

So zürnen Alle, welchen er ihr Loos enthüllt;
945 Und wenn er, Mitleid fühlend, Unwahrheit gesagt,
Beleidigt er die Götter. Phöbos sollt' allein
Den Menschen Zukunft deuten, weil er Keinen scheut.
(ab.)
### Der Chor.
Was schweigst du, Kreon, was verstummt lautlos dein Mund?
Auch mich erschreckt nicht minder, was der Seher sprach.
### Kreon.
950 Was soll ich sagen? Meine Red' erklärt sich selbst.
Ich stürz' in solches Ungemach mich nimmermehr,
Daß ich den Sohn zum Opfer brächte dieser Stadt.
Denn mächtig ist die Kindeslieb' in jeder Brust,
Und Keiner gibt wohl seinen Sohn dem Tode preis.
955 Nicht loben soll mich, wer mein Kind mir tödten will.
Ich selbst, im langen Leben schon zum Sterben reif,
Ich bin zum Tod der Sühne für mein Land bereit.
Doch auf, Geliebter, eh's erfährt die ganze Stadt,
Fleuch ohne Säumen, hebe dich aus diesem Land,
960 Nicht achtend auf des Sehers unheilvollen Spruch.
Denn unsern Obern und den Feldherrn thut er's kund,
Wird an die sieben Thore nach den Führern gehn.
Du bist gerettet, kommen wir ihm schnell zuvor;
Doch säumst du, gehn wir unter, und dich trifft der Tod.
### Menökeus.
965 Wo flieh' ich hin? Zu welchem Freunde, welcher Stadt?
### Kreon.
Hin, wo du diesem Lande, Sohn, am fernsten bist.
### Menökeus.
So ziemt es dir zu reden, und zu folgen mir.

#### Kreon.
Geh' über Delphi.

#### Menökeus.
Vater, wohin muß ich dann?

#### Kreon.
Zum Land Aetolis.

#### Menökeus.
Und von da, wo geh' ich hin?

#### Kreon.
970 In's Land Thesprotis.

#### Menökeus.
Nach Dodona's hehrem Siz?

#### Kreon.
Du sagst es.

#### Menökeus.
Aber welcher Schuz wird mir erstehn?

#### Kreon.
Dich führt die Gottheit.

#### Menökeus.
Was erhält mich Wandernden?

#### Kreon.
Ich werde Gold dir schaffen.

#### Menökeus.
Wohl gesprochen! Nun
Geh, Vater; denn zu deiner Schwester will ich hin,
975 Jokaste mein' ich, deren Brust mich einst genährt,
Als ich, der Mutter früh beraubt, zur Waise ward:
Sie geh' ich noch zu grüßen und entfliehe dann.
Doch auf, und eile; halte du mich nicht zurück.
(Kreon geht ab.)

Dem Vater nahm ich glücklich alle Furcht, ihr Frau'n,
980 Durch falsche Worte, meinen Wunsch erreicht zu seh'n;

Er treibt hinaus mich, opfert auf des Landes Heil,
Und gibt der Feigheit mich dahin: wohl mag man dies
Verzeihn dem Greise; nicht verzeihlich wär' es mir,
Wenn ich das Land verriethe, das mir Leben gab.
985 So wisset also: retten geh' ich meine Stadt,
Und opfre mich dem Tode für der Väter Land.
Wie schändlich! Andre Bürger, die kein Seherspruch
Unlösbar bindet, kein Gebot der Götter zwingt,
Stehn bei den Schilden, zagen vor dem Tode nicht,
990 Vor unsern Burgen schirmend Herd und Vaterland;
Ich aber flöh' als Feiger aus dem Land hinaus,
Den Vater und den Bruder und der Väter Stadt
Verrathend! Wo ich lebte, würd' ich schlecht genannt.
Nein, bei dem Zeus der Sterne, bei dem Schlachtengott,
995 Der einst die Drachensöhne, die der Erde Schooß
Gebar, zu Herrschern dieses Landes aufgestellt!
Ich gehe; dort die hohen Burgbastein hinab
Will ich durchbohrt mich stürzen in die düstre Kluft
Des Drachen, wo der Seher uns die Stätte wies,
1000 Und mein Geburtsland retten. Fest ist mein Entschluß.
Ich geh', in meinem Tode kein gemeines Gut
Dem Land zu bieten: aus der Noth erlös' ich es!
Ja, wollte, was er Gutes hat in seiner Hand,
Ein Jeder geben und dem allgemeinen Wohl
1005 Zum Opfer weihn: dann träfe mindres Ungemach
Die Staaten, glücklich wären sie für alle Zeit!

(ab.)

### Der Chor.
#### Strophe.

Du kamst, du kamst, flügelschnelles Kind der Erde
Und der Schlang' im Hades,

Zu rauben Kadmos' Stamm,
1010 Verderbenschwer, mit Tod bewehrt,
Halb ein Mädchenleib,
Feindlich Grauen, das
Wild die Schwingen hob,
Mit grimmen Klauen wüthend:
1015 Sphinx, die du von Dirke's Flur
Die Jünglinge' einst entrafftest,
Und zu grauser Unthat
Grause Lieder singend,
Blutige Leiden erschufest der heimischen
1020 Erde: blutig war der Gott,
Welcher Das verhängte!
Und Weheruf der Mütter scholl
Und Weheruf der Töchter scholl
Durch der Häuser Räume;
1025 Ein herzzerreißend Wehgeschrei,
Ein herzzerreißend Trauerlied
Stöhnte hier und dort von Einem wechselnd durch die lange
Stadt.
Klageruf und Jammer
Hallte gleich dem Donner,
1030 Wann die beschwingte Jungfrau sich
Einen aus der Männer Zahl entführte.

### Gegenstrophe.

Doch endlich kam, ausgesandt vom Hause Pytho's,
Oedipus, der Arme,
In's Land der Theber hier,
1035 Damals erwünscht, zum Leide bald:
Denn die Mutter, ach,
Freit' er, o der Schmach!

Als er über Sphinx
Den Räthselsieg errungen,
1040 Und schändete diese Stadt;
Er treibt von Mord zu Morde,
Stürzt in grausen Wettkampf
Durch den Fluch die Kinder,
Armer! Bewunderung zoll' ich, Bewunderung,
1045 Jenem, der zum Tode geht
Für das Land der Väter:
Dem Kreon läßt er Gram zurück,
Doch schönen Sieg erringt er auch
Thebe's sieben Thoren.
1050 O daß ich also Mutter einst,
Beglückt mit solchen Kindern sei,
Holde Pallas, die den Drachen mit dem Marmorstein erlegt,
Kadmos' Heldensinn zum
Blutigen Werke treibend,
1055 Daß sich herein auf dieses Land
Sphinx zum Raub durch Götterfügung stürzte!

### Ein Bote.

He! Wer verweilt denn an des Hauses Pforten hier?
Frisch, öffnet! Hollah! Ruft Jokaste mir heraus!
Hollah noch Einmal! Lange währt es; dennoch komm
1060 Heraus, und höre, hohes Weib des Oedipus;
Gebeut des Grames Thränen, laß die Klage ruhn!

### Jokaste.

Wohl eine Trauerkunde bringst du, bester Mann,
Von Eteokles' Tode mir, an dessen Schild
Du, Feindespfeile wehrend, stets im Kampfe stand'st?
1065 Was ist es, das du Neues mir zu melden kommst?
Starb oder lebt er, unser Sohn? Verkünde mir's.

**Der Bote.**

O fürchte Nichts, ich nehme dir die Furcht: er lebt.

**Jokaste.**

Doch wie? Die Mauern mit den sieben Thurmbastein —

**Der Bote.**

Stehn ungebrochen; unversehrt ist unsre Stadt.

**Jokaste.**

1070 Kam Thebe's Heer zum Kampfe mit Mykene's Macht?

**Der Bote.**

Und hizig ward gefochten; doch der thebische
Kriegsgott errang sich über Argos' Heer den Sieg.

**Jokaste.**

Eins sage, bei den Göttern: weißt du etwas mir
Von Polyneikes? Lebt er? Das auch kümmert mich.

**Der Bote.**

1075 Dir lebt bis diese Stunde noch der Söhne Paar.

**Jokaste.**

Sei mir gesegnet! Aber wie vertriebet ihr
Das Heer Mykene's, das die Thor' umlagerte?
Sprich, daß in's Haus ich eile zu dem blinden Greis,
Und ihn erfreue, nun das Land gerettet ist.

**Der Bote.**

1080 Nachdem der Sohn des Kreon, der für Thebe starb,
Auf hohem Thurme stehend, sich den dunkeln Stahl,
Des Theberlandes Retter, durch den Schlund gebohrt:
Da sandte sieben Haufen mit den Obersten
Dein Sohn den sieben Thoren zu, Mykene's Heer
1085 Entgegen; Reiter ordnet' er zu Reitern dann,
Und schweres Fußvolk hinter Schildbewaffnete,
Daß Heereshülfe nahe sei, wenn etwa Noth
Die Mauern litten. Von den Zinnen sah'n wir nun

Mykene's Heer, umblitzt von weißen Schilden, sich
1090 Herziehn vom Berg Teumesos; und dem Walle nah
Erreicht' es Kadmos' edle Stadt in vollem Lauf.
Der Schlachtgesang, Trompetenrufe schmetterten
Zumal von ihnen und herab von unsrer Burg.
Zuerst heran zog eine Kriegerschaar, umstrahlt
1095 Von dichtgedrängter Schilde Glanz, auf Neïs' Thor
Mit Parthenopäos, jenem Sohn der Jägerin,
Der auf des Schildes Mitte sein Stammzeichen führt:
Atalanta, die den Eber mit ferntreffendem
Geschoß bewältigt. Gegen Prötos' Thor sodann,
1100 Mit seinen Opferthieren auf dem Wagen, fuhr
Der Seher Amphiaraos, der kein stolzes Bild,
Nein, ohne Zeichen sein bescheidnes Schild erhob.
Dann auf Ogyges' Pforte drang Hippomedon
Heran; zum Zeichen führt' er auf des Schildes Rund
1105 Den Argos, der aus eingegrabnen Augen rings
Umschaut, die einen öffnend, wann der Sterne Licht
Aufgeht, die andern schließend, wann es niedergeht:
So sahn wir nachher, als der Held verschieden war.
An Homoloeus' Thoren hielt mit seiner Schaar
1110 Tydeus: ein struppig Löwenfell bezeichnete
Sein Schild, und eine Fackel in der Rechten trug
Titan Prometheus, wie bereit zum Brand der Stadt.
Dein Polyneikes führte dann sein Kriegerheer
Zum Quellenthor; auf seinem Schilde bäumten sich
1115 Die raschen Rosse Potniä's in scheuer Furcht,
Und drehten sich nach innen um des Schildes Griff
Kunstvoll in Kreisen, daß es schien, als rasten sie.
Zum Thor Elektra's rückte Kapaneus heran,
Der groß im Kampfe, gleich dem Schlachtengott, sich dünkt;

17\*

1120 Auf seinem Eisenschilde stand ein Erdensohn,
Ein Riese, der auf hoher Schulter trug die Stadt,
Die er mit Hebeln aus dem Grund der Erde riß:
Für uns ein Sinnbild, was die Stadt erdulden soll.
Am lezten Thore stellte sich Adrastos auf;
1125 Im linken Arme trug er Argos' Ruhm, das Bild
Der Hydra, die mit hundert Drachen rings den Schild
Erfüllte: Schlangen trugen Söhn' aus Kadmos' Volk
In ihrem Rachen mitten aus der Stadt hinweg.
Von diesem Allen konnt' ich schaun ein Jegliches,
1130 Als ich die Losung Thebe's Führern meldete.
Und nun begannen wir die Schlacht mit Bogen und
Mit Speeren und der Schleuder fernhintreffendem
Gewicht und Felsentrümmern. Als wir siegten schon,
Rief plözlich Oeneus' Sprößling und dein Sohn mit ihm:
1135 „Ihr Danaïden, eh' die Würf' euch tödteten,
Was säumt ihr, alle mit Einmal auf die Thor' hinein
Zu stürzen, Fußvolk, Wagenführer, Reisige?"
Nachdem sie solchen Ruf gehört, war Keiner träg:
Es sanken Viel mit blutbenezten Häuptern hin,
1140 Und vor den Mauern sah man wohl der Unsrigen
Kopfüber Manche stürzen, die den Geist verhaucht;
Mit Strömen Blutes tränkten sie das dürre Land.
Da stürzt der Sohn Atalante's aus Arkadia,
Gleich einem Sturmwind, auf das Thor heran, und ruft
1145 Nach Glut und Aexten, auszurotten diese Stadt;
Doch Periklymenos hielt zurück den Tobenden,
Der Sohn Poseidons, schleudert eine Wagenlast
Vom Simms der Mauer, einen Stein, nach seinem Haupt,
Zerschmettert ihm den blonden Lockenkopf, zerreißt
1150 Der Knochen Bänder, und benezt sofort mit Blut

Die rothe Wange: nimmer kehrt er lebend heim
Zur bogenstolzen Mutter auf den Mänalos.
Als Eteokles dieses Thor gesichert sah,
So ging er fort zu andern, und ich folgte nach.
1155 Da seh' ich Tydeus, welchen schwerbewaffnet Volk
Umdrängt, Aetolerspeere nach dem hohen Kranz
Der Thürme schleudern, daß die Mauerhöh'n hinab
Sich unf're Streiter flüchten. Doch, dem Jäger gleich,
Versammelt diese wiederum dein Sohn und stellt
1160 Sie wieder auf die Mauern. Alsbald eilten wir
Nach andern Thoren, als wir dieser Noth gewehrt.
Doch wie beschreib' ich Kapaneus' tollkühne Wuth?
Der langen Leiter schwere Wucht in den Händen, kam
Er stolz dahergeschritten, rief großsprecherisch:
1165 Nicht hemmen werd' ihn auch des Zeus erhabne Glut,
In Grund zu stürzen Kadmos' hochgelegne Burg.
Und also rief er prahlerisch und klomm zugleich,
Umsaust von Steinen, unter seinen Schild geschmiegt,
Die glatten Leiterstufen Schritt um Schritt empor.
1170 Hinaufzudringen strebt' er schon zum Mauerkranz;
Da treffen ihn Zeus' Blize: laut erdonnerte
Die Erde, Furcht hielt Alle stumm: die Stufenreihn
Hinabgeschleudert, flog zerrissen Glied um Glied;
Das Haar empor zum Himmel, auf das Land sein Blut;
1175 Und Händ' und Füße wirbeln, gleich Ixions Rad,
Im Kreis; zur Erde fiel verbrannt der todte Rumpf.
Da nun Adrastos solchen Zorn des Zeus erkannt,
Führt' Argos Heer er außerhalb des Walls zurück.
Doch wie das frohe Zeichen sahn die Unseren,
1180 Beflügeln ihre Wagen dort die Reisigen,
Hier stürzt das Fußvolk mitten auf des Feindes Heer

Zum Lanzenkampfe; rings vereint sich alle Noth:
Sie starben; nieder stürzten sie vom Wagensiz,
Die Räder sprangen, Axe sank auf Axe hin,
1185 Und Leichen thürmten über Leichen sich empor.
Bis diesen Tag denn haben wir den Untergang
Von unsern Thürmen abgewandt; ob künftig auch
Das Glück dem Lande lächelt, ruht in Götterhand.
### Der Chor.
Schön ist es, siegen; aber wenn die Himmlischen
1190 Ein Bess'res noch beschließen, sei's zu meinem Heil!
### Jokaste.
Wohl haben Gutes Götter und Geschick verhängt;
Denn meine Kinder leben, frei ward unser Land.
Doch Kreon muß wohl Oedipus' Verirrungen
Und meinen Eh'bund büßen durch des Sohnes Tod,
1195 So scheint es; Heil bringt dieser zwar des Kadmos Stadt,
Doch ist er ihm betrübend. Jezt erkläre mir,
Was meine Kinder nun zu thun entschlossen sind.
### Der Bote.
O laß das Weit're! Glücklich warst du stets bis jezt.
### Jokaste.
Die Rede macht mir bange: nein, ich lass' es nicht.
### Der Bote.
1200 Verlangst du Größ'res, als der Söhne Wohlergehn?
### Jokaste.
Ich möchte hören, ob ich sonst auch glücklich bin.
### Der Bote.
Laß mich: der Waffenträger fehlt bei deinem Sohn.
### Jokaste.
Du birgst ein Unheil, das du scheu in Dunkel hüllst.
### Der Bote.
Nach guter Botschaft meld' ich nicht die böse dir.

### Jokaste.
1205 Du wirst es, wenn du nicht vor mir zum Aether fliehst.
### Der Bote.
Was hast du, wehe! nach der Freudenkunde nicht
Mich ziehen lassen, daß ich Leid verkünden muß?
Zu grauser That bereiten deine Söhne sich,
Den Kampf allein zu kämpfen vor dem ganzen Heer,
1210 Und haben's laut und offen, was sie nie gesollt,
Erklärt vor Argos' Kriegern und vor Kadmos' Volk.
Eteokles hub, auf hohem Thurme stehend, an,
Nachdem er Schweigen allem Volk gebieten ließ,
Und sprach: „O Hellas' Fürsten, Heeranführer ihr
1215 Der Danaïden, die ihr kamt in dieses Land,
Und Volk des Kadmos, opfert euer Leben nicht,
Für Polyneikes weder, noch für uns dahin!
Ich nehme selbst auf meine Schultern die Gefahr,
Und messe mit dem Bruder mich allein im Kampf.
1220 Wird er getödtet, walt' ich hier allein im Haus;
Und unterlieg' ich, übergeb' ich ihm die Stadt.
Doch ihr entsagt dem Streite, kehrt nach Argos heim,
Und lasset euer Leben nicht an diesem Ort."
Er rief's, und aus den Reihen sprang dein andrer Sohn
1225 Polyneikes vor und lobte, was der Bruder sprach.
Und Alle klatschten, Argos' Söhn' und Kadmos' Volk,
Dem Worte Beifall; denn gerecht erkannten sie's.
Nun schloß man Stillstand; ihn zu halten, schwuren sich
Die Führer auf dem Plane, der die Heere schied.
1230 Schon hüllten sich in erzumstarrte Rüstungen
Die beiden Söhne des ergrauten Oedipus,
Und Freunde schmückten, dort das Haupt vom Theberland
Die Besten Thebe's, jenen Argos' Edelste.

Da stehn sie flammend, wechseln nicht die Farbe, glühn
1235 Voll Wuth, mit Speeren auf einander loszugehn.
Die Freunde kamen hier heran und kamen dort,
Mit Worten sie befeuernd; also sprachen sie:
„Nun, Polyneikes, kannst du Zeus ein Siegesbild
Aufrichten und den Danaïden Ruhm verleihn."
1240 Zum Eteokles sagten sie: „Nun gilt dein Kampf
Die Stadt, und siegst du rühmlich, ist die Krone dein.'
So redend, reizten jene sie zum grausen Kampf.
Die Seher schlachten Schafe dann, und nehmen wahr
Der Opferflammen, die sich vielfach winden bald,
1245 Bald auch in Spizen leuchtend glühn, und zweierlei
Den Kämpfern, Sieg und Untergang, verkündigen.
Doch wenn du Abwehr oder auch ein kluges Wort
Weißt oder Zaubertränke; geh und halte fern
Vom grausen Kampf die Söhne: groß ist die Gefahr,
1250 Und Thränen werden nach dem Kampf dein bittrer Lohn.

(ab.)

### Jokaste.

Kind, aus dem Hause komm hervor, Antigone!
Nicht Reigentanz vergönnt dir noch jungfräuliches
Vergnügen, was die Götter über uns verhängt.
Nein, tapfre Männer, die dem Tod entgegengehn,
1255 Sie, deine Brüder, halte mit der Mutter auf,
Daß nicht sie sterben Einer durch des Andern Hand.

### Antigone.

Was ist gescheh'n, o Mutter, daß du wiederum
Aufschreckst die Deinen durch den Ruf am Hause hier?

### Jokaste.

Das Leben deiner Brüder ist dahin, o Kind.

**Antigone.**

1260 Wie so?

**Jokaste.**
Zum Zweikampf schicken sich die Beiden an.

**Antigone.**
Weh, Mutter, weh! Was sagst du?

**Jokaste.**
Schlimmes; folge mir!

**Antigone.**
Wohin, von meinem Frau'ngemach?

**Jokaste.**
In's Heer hinaus.

**Antigone.**
Wir scheun die Menge.

**Jokaste.**
Frommen kann hier keine Scham.

**Antigone.**
Was soll ich aber?

**Jokaste.**
Schlichte du der Brüder Streit.

**Antigone.**
1265 Wodurch, o Mutter?

**Jokaste.**
Ihre Knie' umschlingen wir.

**Antigone.**
Führ' uns hinaus zum Heere; hier gilt keine Rast.

**Jokaste.**
So eile, Tochter, eile: wenn ich vor dem Kampf
Die Söhn' erreiche, leb' ich froh im Lichte fort;
Doch wenn sie starben, sterb' auch ich mit ihnen hin.

(ab mit Antigone.)

### Der Chor.
#### Strophe.

1270 Weh, weh, weh mir!
Ich zittere, mich durchschaudert es kalt,
Und das Herz durchdringt
Um die leidende Mutter mir das Mitleid, der Gram.
Welcher, ach! von den Söhnen wird den Mordstahl mit Blut
1275 (O gramvolles Leid!
O Zeus! Erde, weh uns!)
Röthen in Bruders Brust, sendet des Bruders Geist
Durch Kampf und Mord in Hades' Nacht?
Ach! Ueber wessen Leiche
1280 Werd' ich der Klage Ruf heben? Ich Arme, weh!

#### Gegenstrophe.

Ach, Erd', Erde!
Ein Raubthierpaar, wildlechzend nach Mord,
Wird feindlich alsbald
Sich mit Speeren durchbohrend, hinstürzen in seinem Blut.
1285 Unglückselige, daß ihr Herz zum Zweikampf sie trieb!
Ein fremdtönend Lied
Der Wehklage stimm' ich,
Wie es den Todten ziemt, trauernd in Thränen an.
Ihr Todesschicksal naht, es naht;
1290 Noch dieser Tag entscheidet:
Gräßliches Morden droht von den Erinnyen.
Aber nun verstummt, o Klagen! Denn ich sehe Kreon dort,
Der hieher zum Königshause kummervoll die Schritte lenkt.

### Kreon.
Weh, was beginn' ich? Wein' ich über mein Geschick,
1295 Beklag' ich Theben, das Gewölk der Feinde rings

Umlagert und zum Acheron zu senden droht?
Denn für das Land sich opfernd, ist mein Sohn dahin,
Hat hohen Ruhm errungen, doch zum Leid für mich.
Ihn trug ich eben aus des Drachen Kluft, entseelt
1300 Von eignen Händen, jammervoll im Arme fort.
Das ganze Haus ruft wehe: doch ich komme nun,
Der Greis, zur greisen Schwester, daß sie bade mir
Und auf die Bahre lege meinen todten Sohn.
Denn ehren soll die Todten, wer im Lichte lebt,
1305 Und vor dem Gott sich beugen, der im Hades herrscht.

### Der Chor.

O Kreon, deine Schwester ging vom Hause fort,
Und mit der Mutter eilte weg Antigone.

### Kreon.

Wohin?  Zu welchem Ungemach?  Erkläre mir.

### Der Chor.

Die Söhne wollen, hörte sie, im Doppelkampf
1310 Sich gegenüber, kämpfen um den Königsthron.

### Kreon.

Wie sagst du?  Das zu wissen, war ich nicht bemüht;
An meines Sohnes Leiche, traun, genügte mir.

### Der Chor.

Lang' ist es schon, daß deine Schwester fortgeeilt;
Auch haben ihre Söhne wohl, vermuth' ich recht,
1315 Den Kampf um Tod und Leben schon vollbracht, o Herr.

### Kreon.

Weh mir, das Zeichen seh' ich schon im düstern Blick,
Im Angesicht des Boten, der hier kommt heran,
Und Alles, was geschehen, uns verkünden wird.

#### Der Bote.
Armer ich! Was soll ich sagen, welche Worte sprech' ich aus?
1320 Alles hin!

#### Kreon.
Mit bösem Vorwort hebst du deine Kunden an.

#### Der Bote.
Armer ich! So ruf' ich nochmals; denn ich bring' euch großes Leid.

#### Kreon.
Zu dem andern, das bereits uns ängstet? Doch was meldest du?

#### Der Bote.
Deiner Schwester Söhn', o Kreon, wandeln nicht im Lichte mehr.

#### Kreon.
Weh, weh!
1325 Unserer Stadt und uns kündest du schweres Leid!

#### Der Bote.
Habt ihr's vernommen, Oedipus' Paläste hier,
Wie seine Söhne gleiches Loos vernichtet hat?

#### Der Chor.
Wenn sie Gefühl beseelte, wohl auch weinten sie.

#### Kreon.
Ja, schwer ruht die Hand des Unglücks auf mir!
1330 Ach, welches Elend ängstet mich Unseligen!

#### Der Bote.
O, wenn du wüßtest, was sich außerdem begab!

#### Kreon.
Wie gäb' es Unheilvoll'res, als was schon geschah?

#### Der Bote.
An beider Kinder Seite liegt Jokaste todt.

### Der Chor.

Erhebt, erhebt den Klageruf,
1335 Und mit den weißen Händen schlagt jammernd euch das
Haupt!

### Kreon.

Jokaste, welch ein traurig Ende fandest du
Des Lebens und der Ehe durch den Spruch der Sphinx!
Wie ward der beiden Söhne Mord vollbracht, der Fluch
Des Oedipus vollendet? Das verkünde mir.

### Der Bote.

1340 Wie vor den Thürmen unser Heer den Sieg errang,
Das weißt du; nicht so ferne liegt der Mauerring,
Daß nicht bekannt dir wäre, was geschehen ist.
Als nun die Söhne des ergrauten Oedipus
Mit eh'rner Waffen Hülle sich den Leib geschmückt;
1345 Da traten sie inmitten beider Heere sich
Entgegen, auszufechten so den Einzelkampf.
Gen Argos blickend, flehte Polyneikes so:
O Hera, — denn dein bin ich, seit Adrastos mir
Vermählt die Tochter, seit ich wohn' in deinem Land, —
1350 Laß mich den Bruder tödten, färb' im Kampfe mir
Die sieggekrönte Rechte roth mit seinem Blut!
Eteokles blickte nach der goldbeschildeten
Athene Tempel, flehend: gib, o Kind des Zeus,
Daß diese Lanze kühn geschnellt von meinem Arm
1355 Zu schönem Siege, treff' in meines Bruders Herz,
Ihn tödte, der mein Vaterland zu verheeren kam!
Als, einem Brand gleich, nun der Ruf tyrrhenischer
Trompeten scholl, das Zeichen mörderischer Schlacht,
Da stürmten beide wider sich in wildem Lauf,
1360 Und fielen, gleich Waldebern, die den grimmen Zahn

Gewezt, die Wangen weiß von Schaum, einander an,
Die Speere schwingend; doch sie barg des Schildes Rund,
Daß wirkungslos das Eisen niederschmetterte.
Sah Einer über'm Schildesrand des Andern Blick,
1365 So schwang er eilends wider seine Stirn den Speer.
Doch da sie klüglich an der Schild' erhabnen Rand
Das Auge legten, saust' umsonst der Lanze Schwung.
In dichtern Tropfen rann der Schweiß den Schauenden,
(Für ihre Freunde zagten sie,) denn diesen selbst.
1370 Da stößt Eteokles mit dem Fuß an einen Stein,
Der seinen Gang hemmt, und entblößt vom Schilde wird
Sein Bein: Polyneikes stürmte mit der Lanz' heran,
Als er dem Stahle bloßgestellt den Fuß erblickt,
Und durch das Schienbein bohrt sich sein Argeierspeer.
1375 Laut jubelt auf der Danaïden ganzes Heer.
In dieser Noth sieht jener erst Getroffene
Des Polyneikes Schulter bloß, und schnellt auf ihn
Mit Macht den Wurfspeer, und bereitet hohe Lust
Des Kadmos Bürgern; doch des Schaftes Spize brach.
1380 Wie so der Speer ihm fehlte, wich er hinterwärts
Zurück, ergriff und schleudert' einen Marmorstein,
Und malmt' entzwei die Lanze. Gleich ward so der Kampf;
Denn beider Hände waren nun des Speeres bloß.
Jezt aus der Scheide rafften sie die Schwerter; nah
1385 Sich rückend, Schild an Schild gedrängt, erregten sie
Ein laut Getöse, rasch im Kampf umhergejagt.
Schnell dachte nun Eteokles einer List, von der
Ihm Kunde jüngst geworden im Thessalerland.
Nicht messen wollt' er länger sich in solchem Kampf;
1390 Nach hinten trat er auf den linken Fuß zurück,
Und deckte sich bedächtig vorn den Unterleib.

Den rechten Fuß vorsezend, bohrt er ihm sodann
Tief durch den Nabel seine Wehr in's Wirbelbein.
Polyneikes bog die Seiten und den Leib zugleich,
1395 Und unter blutigen Strömen sank der Arme hin.
Doch Jener, gleich als Sieger, der mit Glück gekämpft,
Wirft seine Wehr zur Erden, und beraubt den Feind,
Sein selbst vergessen, nur den Sinn hierauf gewandt.
Dies bracht' auch ihn zu Falle. Schwach noch athmete
1400 Polyneikes, hielt im grausen Sturze noch das Schwert,
Und senkte mit der lezten Kraft, er, der zuerst
Gestürzt, in Eteokles' Brust das Eisen ein.
Vermählt, dem Staube liegen nun die Beiden dort
Zunächst einander; Keinem ward der Sieg zu Theil.

### Der Chor.
1405 Weh! Wie bejammr' ich, Oedipus, dein Mißgeschick!
Ja, deine Flüche, scheint es, hat ein Gott erfüllt.

### Der Bote.
Nun höre, was sich Böses außerdem begab.
Nachdem die Brüder fallend ihren Geist verhaucht,
Da stürzt herbei die jammervolle Mutter dort,
1410 Erblickt die Beiden, welche traf der Todesstoß,
Und seufzt: „O Kinder, ach, zu spät erschein' ich euch
Zur Hülfe;" — kniet zu diesem, kniet zu jenem hin,
Beklagt der Mutterpflege nun verlor'ne Müh'n,
Und jammert; ihr zur Seite stöhnt Antigone:
1415 „O Schuz der greisen Mutter! Ihr vereiteltet,
O Brüder, meinen Ehebund!" Aus tiefer Brust
Seufzt Eteokles schmerzlich auf, der Heeresfürst,
Vernimmt die Mutter, schlingt um sie den matten Arm;
Kein Laut entfloh ihm, aber stumm verkündeten
1420 Die Thränen seines Auges ihr der Liebe Gruß.

Der Andre, Polyneikes, athmet noch, und spricht,
Zur Schwester und der greisen Mutter hingewandt:
„Verloren sind wir, Mutter; ich beklage dich
Und hier die Schwester und den todten Bruder dort.
1425 Er ward, ein Freund, zum Feinde; dennoch lieb' ich ihn.
Bestatte mich, o Mutter, und, o Schwester, du,
Im Schooß des Heimatlandes, und versöhnt die Stadt,
Die schweren Groll hegt, daß ich so viel Erde nur
Von ihr erlange, wenn ich auch den Thron verlor.
1430 Mit deinen Händen drücke mir die Augen zu,
O Mutter (auf sein Auge legt er ihre Hand),
Und lebet wohl; denn schon umfängt mich Todesnacht!"
So hauchten beid' ihr jammervolles Leben aus.
Die Mutter, als sie dieses Unheilvolle sah,
1435 Riß aus dem Leichnam, außer sich vor Schmerz, den Stahl,
Und that das Grause: mitten durch die Kehle stößt
Sie sich das Eisen, und zu ihren Theuersten,
Die Arm' um beide schlingend, sank sie todt dahin.
Zu Wortgefechten stürmte nun das Volk empor;
1440 Wir meinten, unser König sei der Siegende,
Die Feinde, Jener. Auch die Führer haderten;
Die sagten: Polyneikes' Lanze traf zuerst;
Und Andre: niemals fällt der Sieg den Todten zu.
Zu den Waffen stürzt man: aber wohl vorsichtig war,
1445 Die Schild' am Arme, Kadmos' Volk gelagert schon;
Und eh sich Argos' Kriegerheer mit Rüstungen
Bewehrte, brach es plözlich auf die Schaaren ein.
Und Keiner übte Widerstand, sie floh'n, das Feld
Bedeckend; endlos strömte Blut von Todten, die
1450 Gefällt die Lanze. Da wir so gesiegt im Kampf,
Erhöhten Diese für den Zeus ein Siegesmal,

Wir andern raubten Schilde von erschlagenen
Argeiern, stadtwärts sendend, was erbeutet ward.
Die Todten bringen Andre mit Antigone
1455 Hieher für euch, die Freunde, daß ihr sie beklagt.
So haben unsre Kämpfe dort den glücklichsten
Ausgang erfahren, hier den unglückseligsten.

### Der Chor.

Nicht mehr schallt bloß in die Ohren das Leid
Von Oedipus' Haus; schon sind ja die drei
1460 Leichname bereits hier vor dem Palast
Mit Augen zu sehn, die ewige Nacht
Umfing in gemeinsamem Tode.

### Antigone.
(herbeistürzend)

Nicht mit dem Schleier verhüllend die liebliche Wange, die
blühende,
Noch jungfräulich scheuend das purpurne Roth,
1465 Das über die Wange sich ausgießt,
Stürm' ich in wüthendem Schmerz um die Todten daher,
Und das schimmernde, safranfarb'ne Gewand
Hinwerfend, die Bind' aus dem lockigen Haar
Reißend, geleit' ich mit Seufzen die Leichname.
1470 Ach, ach, o weh mir!
Wohl, Polyneikes, hast du den Namen verdient: (ach,
Thebä!)
Dein Zwist, — nein, Mord war es um Mord, — er
Stürzte des Oedipus Haus, und es endete
Blutig und schreckvoll, blutig und grausig.
1475 Welche Gesänge,
Welche melodischen Laute der Klage,
Die zu den Thränen, den Thränen (o Haus, o Haus!)

Stimmen, erheb' ich,
Hier die verschwisterten Todten geleitend,
1480 Mutter und Söhne, den Raub der Erinnyen,
Welche das Haus umstürzten des Oedipus,
Weil er mit forschendem
Geiste der wütthenden Sphinx unerforschliches
Räthsel gelöst und ermordet die Sängerin?
1485 O weh, Vater, mir!
Welch fremdes, welch griechisches Weib,
Welches vordem edle Geschlecht,
Sterblichem Blut entsprossen, trug
Solche Bedrängnisse, solch
1490 Sichtbares Leiden, als mein Ruf
Jammernd beklagt? Stimmt, in der Tann'
Oder im Eichengezweig
Sizend, ein Singvogel in mein
Klagendes Lied, trauert mit mir, mutterloos
1495 Trauernder Jungfrau?
Die ich hinfort ewig verwaist
Lebe die zukünftige Zeit,
Einsam in wehklagendem Ton
Trauergesang hebend bei stets
1500 Rinnenden Thränen.
Wen beklag' ich?
Wem zuerst soll ich trauernd
Mein Haupthaar zerraufen, zum Opfer weihn?
Bring' ich den Brüsten der Mutter es dar,
1505 Die mich ernährt einst,
Oder den Brüdern,
Welche das Schwert schmählich entseelt hat?
Weh, wehe! Verlaß dein Haus,

Du mit dem blinden Gesicht,
1510 Zeig' uns, o greiser Vater Oedipus,
Dein unselig Dasein, der du dir
Düstere Nacht um die Augen verbreitetest, und im Palaste
Gramvoll dein Leben schleppst!
O Greis, hörst du mich, während du im Hof umher
1515 Irrst, und den müden Fuß
Auf dem Lager ausruhst?

**Oedipus.**
Warum riefest du, Kind, mich, den am Stab
Blindlings umherwankenden, bettlägrigen Greis
Aus des Gemachs Dunkel an's Licht,
1520 Schmerzlichen Grams Thränen vergießend,
Mich, ein ergrautes, unscheinbares Gebild der Luft,
Einen aus Hades' Nacht,
Ein flatterndes Traumbild?

**Antigone.**
Traurige Kunden, o Vater, vernimmst du:
1525 Nicht mehr leben die Söhne, dahin ist
Deine Gemahlin, die dich am Stabe
Stets auf nächtlichem Pfade mit zärtlicher Mühe geleitet:
Vater, o weh mir!

**Oedipus.**
Wehe mir, schreckliches Loos! Hier gilt es zu klagen, zu jammern.
1530 Wie, trautestes Kind, durch welches Geschick
Schieden die drei von dem Leben? Erzähle!

**Antigone.**
Nicht zur Beleidigung oder zum Hohne dir,
Sag' ich das Traurige: deine Verfluchung,
Sie stürzte, mit Glut,

1535 Schwertern und gräßlichem Kampfe bewehrt, auf deine Ge=
liebten;
Vater, o weh mir!

#### Oedipus.
Ach, ach!

#### Antigone.
Warum beklagst du dies?

#### Oedipus.
O Kinder!

#### Antigone.
Gram verzehrte dich,
Wenn du, vermögend zu schauen des Helios
1540 Wagen, die Leichname deiner Ermordeten
Selber mit leuchtenden Augen erblicktest.

#### Oedipus.
Deutlich erkenn' ich der Söhne Geschick hier:
Doch, Kind, welches Verhängniß ermordete mir die Ge=
mahlin?

#### Antigone.
Allen sichtbar, flossen bang die Zähren ihr;
1545 Nach den Kindern ging sie flehend, ging sie zeigend die
fleh'nde Brust.
Und an Elektra's Thore gewahrte sie,
Wie mit den Lanzen bereits den entsezlichen
Kampf in dem Lotosgefild,
Gleich zwei Leu'n in der Höhle, die Kinder
1550 Kämpften, an tödtlichen Wunden verbluteten;
Schon sah sie das kalt hinströmende Naß,
Das Ares spendete, Hades empfing.
Und sie entraffte den klirrenden Stahl von den Todten,
und taucht' ihn

Tief in den Busen und sank zu den Kindern im Schmerz
um die Kinder.
1555 Alle Bedrängnisse, Vater, versammelte
Ueber des Labdakos Haus an dem heutigen
Tage der Gott, der's also vollendet.
### Der Chor.
Viel Jammer häufte dieser Tag auf Oedipus'
Geschlecht: o möge froher nun dein Leben sein!
### Kreon.
1560 Jezt lasset eure Klagen; an Beerdigung
Zu denken, mahnt die Stunde. Hör', o Oedipus,
Mein Wort: des Landes Scepter gab in meine Hand
Dein Sohn Eteokles, als des Hämon Brautgeschenk,
Dem deine Tochter sich vermählt, Antigone.
1565 So wohnst du mir denn fürder nicht im Lande hier:
Denn deutlich sprach Teiresias, so lange du
Dies Land bewohnest, werd' es ihm nie wohlergehn.
Drum ziehe nur von hinnen! Nicht aus Uebermuth
Noch Haß gebiet' ich solches dir; dein Rachegeist
1570 Schreckt uns, von welchem dieser Stadt Verderben droht.
### Oedipus.
Elend, o Schicksal, schufst du mich von Anbeginn,
Elender, als es je zuvor ein Andrer war!
Bevor ich aus der Mutter Schooß zum Lichte kam,
Weissagte Phöbos über mich dem Laïos,
1575 Den Vater würd' ich morden. Ich Unseliger!
Und als ich war geboren, heißt der Vater mich
Ermorden; denn er achtet mich als seinen Feind;
Durch mich ja sollt' er sterben einst. Er warf mich vor
Dem Wilde, riß mich Armen von der Mutterbrust.
1580 Ich ward gerettet. Wäre doch in Tartaros'

Endlosen Schlund Kithäron tief hinabgestürzt,
Der nicht den Tod mir brachte, nein, in traurige
Knechtschaft mich hingab bei dem Herrscher Polybos!
Und meinen Vater tödtet' ich Verlorener,
1585 Bestieg sodann der armen Mutter Ehebett,
Und zeugte Söhn' und Brüder, die ich mordete,
Des Lajos Flüche wälzend auf der Kinder Haupt.
Denn so verstandlos hat Natur mich nicht gezeugt,
Daß an den Augen und an meiner Söhne Glück
1590 Ich so gefrevelt hätte, wollt' ein Gott es nicht.
Genug! Jedoch was thu' ich Unglückseliger?
Wer lenkt des Blinden Schritte, wird ihm Führer sein?
Die Todte? Wenn sie lebte, traun, sie wäre mir's.
Das Paar der edlen Söhne? Sie sind mir dahin!
1595 Doch, jugendfrisch noch, find' ich selbst den Unterhalt?
Woher? — O Kreon, also tödten willst du mich?
Denn dieses thust du, wenn du mich von hier vertreibst.
Doch will ich deine Kniee nicht umschlingen, will
Nicht feig erscheinen; selbst im Unglück möcht' ich nie
1600 Den alten Adel meines Sinns entwürdigen.

**Kreon.**

Gut, daß du meine Kniee nicht berühren willst;
Denn nie gestatt' ich, daß du hier im Lande wohnst.
Von diesen Todten tragt sofort den Einen mir
In's Haus; den Andern aber, der die Vaterstadt
1605 Mit Fremden auszutilgen kam, Polyneikes, ihn
Werft unbestattet aus des Landes Mark hinaus.
Und allen Kadmossöhnen werd' es kundgethan:
Wer diesen Leichnam kränzend angetroffen wird,
Wer ihn bestattet, soll dafür den Tod empfahn.
1610 Du, laß die Klagen um die drei Gestorbenen,

In's Haus verfüge dich zurück, Antigone,
Und harr' im Frauenzimmer bis zu jenem Tag,
Der dich dem Hämon als Gemahl vereiniget.

**Antigone.**

In welche Leiden, Vater, ach, versanken wir!
1615 Denn dich beklag' ich bitterer, als die Todten dort.
Nicht Ein Verhängniß traf dich bloß, das andre nicht;
Nein, alles Unheil, Vater, hat dich heimgesucht.
Doch nun befrag' ich, neuer Herrscher, dich: warum
Schaffst du, zum Hohn dem Todten, uns ein neu Gesetz?

**Kreon.**

1620 So wollt' es Eteokles, nicht mein Wille war's.

**Antigone.**

Er war von Sinnen, und ein Thor gehorchtest du.

**Kreon.**

Wie? Soll man nicht ausrichten, was geboten ward?

**Antigone.**

Nicht, wenn der Auftrag ungerecht und frevelnd ist.

**Kreon.**

Was? Wär' es Unrecht, Hunden vorzuwerfen ihn?

**Antigone.**

1625 Dann übt ihr eine Rache wider Recht an ihm.

**Kreon.**

Er war ein Feind des Landes, dessen Kind er war.

**Antigone.**

Dem Loos der Waffen stellt' er sein Geschick anheim.

**Kreon.**

Er büße nun im Tode, was er frevelte!

**Antigone.**

Und was verbrach er? Heischt' er doch sein Erbe nur!

**Kreon.**

1630 Dem Todten hier wird, wisse das, niemals ein Grab.

**Antigone.**

Ich selbst begrab' ihn, wenn die Stadt es auch verbeut.

**Kreon.**

So gräbst du neben seinem Grab dein eignes Grab.

**Antigone.**

Wie rühmlich, wenn zwei Freunde nah beisammen ruhn!

**Kreon.**

Ergreift das Mädchen, schafft sie gleich in's Haus hinein!

**Antigone.**

1635 Niemals! Von diesem Todten laß' ich nimmermehr.

**Kreon.**

Jungfrau, die Gottheit wollte nicht, was dir gefällt.

**Antigone.**

Auch dieses will sie, daß man Todte nicht verhöhnt.

**Kreon.**

Niemand bedecke sein Gebein mit feuchtem Staub!

**Antigone.**

Bei meiner Mutter, Kreon, bei Jokaste dort —

**Kreon.**

1640 Du flehst vergeblich: nimmermehr erlangst du das!

**Antigone.**

Doch nur zu baden seinen Leib verstatte mir.

**Kreon.**

Auch dieses wird vom Thebervolke dir verwehrt.

**Antigone.**

So laß die grausen Wunden mich verbinden nur.

**Kreon.**

Den Todten ehren sollst du mir in keiner Art.

**Antigone.**

1645 Doch küssen will ich deinen Mund, Geliebtester!

**Kreon.**

Zu deiner Hochzeit frommen dir die Klagen nicht.

**Antigone.**

Nie, weil ich lebe, werd' ich deines Sohnes Weib!

**Kreon.**

Das wirst du müssen. Wie entflöhst du diesem Bund?

**Antigone.**

Zur Danaïde werd' ich in der ersten Nacht.

**Kreon.**

1650 Hört ihr das schmachvoll ausgestoßne freche Wort?

**Antigone.**

Das Schwert, das Eisen zeuge mir, bei dem ich schwor!

**Kreon.**

Warum verlangst du los zu sein von diesem Bund?

**Antigone.**

Mit meinem Vater, mit dem ärmsten, will ich fliehn —

**Kreon.**

Wohl edel bist du, aber Thorheit blendet dich.

**Antigone.**

1655 Und sterben mit ihm: wisse noch dies Weitere!

**Kreon.**

Geh, morde mir nicht meinen Sohn, verlaß das Land!

(geht ab.)

**Oedipus.**

Um deiner Liebe willen preis' ich, Tochter, dich.

**Antigone.**

Doch wenn ich freite, Vater, und du flöhst allein, —

**Oedipus.**

Bleib, lebe glücklich! Mein Geschick ertrag' ich gern.

**Antigone.**

1660 Und wer, o Vater, pflegte dich, den Blinden, dann?

**Oedipus.**

Ich fall' und ende, wo das Schicksal mir's bestimmt.

**Antigone.**

Doch Oedipus, wo ist er, wo der Räthselspruch?

**Oedipus.**

Verloren! Ein Tag hob mich, Ein Tag stürzte mich.

**Antigone.**

So hab' auch ich an deinem Unglück meinen Theil.

**Oedipus.**

1665 Flucht mit dem blinden Vater bringt der Tochter Schmach.

**Antigone.**

Nein, ist sie weise, Vater, dann ist's ehrenvoll.

**Oedipus.**

Nun laß mich deine Mutter noch berühren, Kind.

**Antigone.**

Sieh hier! Berühre mit der Hand den greisen Leib.

**Oedipus.**

O Mutter! O Gemahlin! Unglückseligste!

**Antigone.**

1670 Da liegt sie kläglich; alles Leid bestürmte sie.

**Oedipus.**

Wo ward Eteokles, wo Polyneikes hingelegt?

**Antigone.**

Hier nah' einander ruhn sie vor dir ausgestreckt.

**Oedipus.**

Leg' auf der Armen Angesicht des Blinden Hand.

**Antigone.**

Sieh hier, und fühle deine todten Kinder an.

**Oedipus.**
1675 O theure Leichen, arme Söhne des armen Manns!

**Antigone.**
O Polyneikes, ein so theurer Name mir!

**Oedipus.**
Nun, Kind, erfüllen Loxias' Orakel sich.

**Antigone.**
Wie lauten diese? Fügst du Leid zu Leide noch?

**Oedipus.**
Ich müsse sterben bei Athen als Flüchtiger.

**Antigone.**
1680 Wo, welche Veste nimmt dich auf in Attika?

**Oedipus.**
Der Hain Kolonos und Poseidon's Heiligthum.
Wohlan, geleite deinen blinden Vater nun,
Da meine Flucht zu theilen dich die Liebe drängt.

**Antigone.**
So zieh' in's Elend, Armer;
1685 Reiche die traute Hand,
Mein alter Vater; ich geleite dich,
Wie Windes Hauch die Schiffe führt im Meere.

**Oedipus.**
Sieh her, ich wandle schon, o Kind;
Ja, werde du mir Armen Führerin.

**Antigone.**
1690 Ich ward, o Vater, ja, ich ward
Aller Jungfrau'n Thebe's unglückseligste.

**Oedipus.**
Kind, wo sez' ich meinen Fuß hin?
Reiche, Tochter, mir den Stab.

### Antigone.

Gehe diesen, diesen Pfad,
1695 Vater, setz' hieher den Fuß,
Dessen Kraft dem Traume gleicht.

### Oedipus.

O Graun! O Graun über solche Flucht!
Aus meinem Vaterlande bannt er mich, den Greis!
O Graun! Schweres, Schweres duld' ich.

### Antigone.

1700 Ja wohl, ja wohl! Dike sieht die Bösen nicht,
Noch vergilt sie frevles Thun der Sterblichen.

### Oedipus.

Ich bin es, der mit der Muse Gunst den schönen, himm=
lischen Sieg errang;
Denn das dunkle Räthselwort der Jungfrau löst' ich.

### Antigone.

Mahnst du mich an Sphinx, an deinen
1705 Ruhm? Von frühern Glückes Tagen sprich nicht!
Dieses Leiden harrte deiner,
Daß du fern vom Vaterlande
Sterben solltest, Vater.
Ich lasse Sehnsuchtsthränen meinen Freundinnen,
1710 Und fliehe weit hinweg von meiner Heimat,
Und irr' umher nicht mädchenhaft.

### Oedipus.

Götter, welch ein edler Sinn!

### Antigone.

Bei des Vaters Leiden wird
Er mit Ruhm mir lohnen:

1715 Doch weh mir, weh über meines Bruders Schmach,
Der, seinem Volk entfremdet, unbegraben liegt,
Der Arme, den ich, Vater, muß ich sterben auch,
Berg' in dunkler Erde!

**Oedipus.**

Geh' hin zu deinen Freundinnen.

**Antigone.**

1720 Meines Klagens ist genug.

**Oedipus.**

So flehe denn die Götter an!

**Antigone.**

Müde sind sie meiner Noth.

**Oedipus.**

Zur Höhe, wo Mänaden schwärmen,
Geh, in Bromios' Heiligthum.

**Antigone.**

1725 Dorthin, wo einst,
Umhüllt von dem thebischen Hirschfell, ich
In dem heiligen Chor
Semele's auf Bergeshöhen
Tanzte, sonder Dank den Göttern dienend?

**Oedipus.**

1730 Meiner Heimat edle Bürger, seht mich hier, den Oedipus,
Der entwirrt die hohen Räthsel und der erste war an Macht,
Der die Macht der blutbefleckten Sphinx allein sich unterwarf, —
Selbst entehrt und kläglich muß er nun entfliehn aus seinem Land.

Doch warum bewein' ich fruchtlos, was bejammr' ich mein
Geschick?
1735 Tragen muß ja, was der Götter Schluß verhängt, ein
Sterblicher.

### Der Chor.

Hochheilige Nike, lenke du stets
Mein sterbliches Loos,
Und laß nicht ab, es zu kränzen!

———

# Anmerkungen zu den Phönikerinnen.

Vers 101 f. Ismenos und Dirke, Fluß und Quelle bei Theben.

115. Amphions Werk. Amphion und Zethos (f. V. 144), Zwillingssöhne des Zeus und der Antiope, hatten, der Sage nach, Theben erbaut.

134 ff. Die Gattin des Tydeus, die Tochter des Adrastos, Königs von Argos, hieß Deiphyle; ihre Schwester Argeia wurde die Gemahlin des Polyneikes.

149. Atalante, die Jägerin, die im Kampf um den kalydonischen Eber den Preis gewann, war die Gattin des arkadischen Fürsten Meilanion, und gebar ihm den Parthenopäos, den sie auf dem Gebirge Parthenion in Arkadien aussezte.

174. Selene ist hier, wie bei den späteren Dichtern überhaupt, die Tochter des Sonnengottes, während Hesiodos sie die Schwester des Helios nennt.

185. Mylene war die alte Hauptstadt von Argolis, dem Reiche des Adrastos: daher bezeichnen Mylener und Argeier dasselbe Volk.

186. Triäna soll der Name eines Ortes in Argolis bei dem See Lerna sein.

187. Amymone hieß nach einem alten Erklärer die Quelle, die hervorsprudelte, als Poseidon, die Argeierin Amymone besuchend, bei Triäna seinen Dreizack in die Erde stieß.

**Vers** 196. Die Frauen, die zur Königsburg hinziehen, sind Jungfrauen von Thyros, welche den Chor bilden. Sie selbst erzählen V. 280 die Veranlassung ihrer Reise. Ihre Landsleute hatten sie zu Tempeldienerinnen des Apollon in Delphi bestimmt. Als sie in Thebe ankamen, übereilte sie der Krieg der sieben Fürsten mit Eteokles, und sie waren genöthigt, in dieser verwandten Stadt zu bleiben, bis der Friede sie ruhig ziehen ließ. Jetzt eben sind sie, wie es scheint, neugierig umhergegangen, als die Unruhe der Theber über die Bewegungen der Feinde sie nach dem königlichen Palaste zurückscheucht, wo sie wohnen. Bothe.

207. Jonische Fluten, das Meer, das Jonien bespült.

214. Loxias, Name des orakelgebenden Apollon von den dunkeln, räthselhaften Orakelsprüchen.

216. Agenor's Geschlecht heißen die Theber, weil sie von Kadmos, dem Sohn Agenors, abstammten. Von Kadmos heißt ihr Land V. 215 das Kadmeiergebiet.

221. Kastalia, die Quelle bei dem delphischen Tempel, mit deren Wasser alle Tempeldiener jeden Morgen sich waschen mußten, um für den Dienst des Gottes gereinigt zu sein.

225. Der Parnassos hatte zwei Gipfel, deren einer dem Dionysos, der andere dem Apollon heilig war. Auf einem derselben oder auf beiden war, wie man erzählte, Nachts eine Flamme sichtbar.

228. Auf dem Parnassos, sagte man, stand eine Rebe, die täglich eine Traube hervorbrachte, aus deren Most dem Dionysos gespendet ward.

231. Die Höhle des Drachen Python, den Apollon erlegte, zeigte man im Parnassos.

234. Der ewigen Göttin, der Artemis.

236. Zum Mittel der Erde, zu dem Tempel des Apollon zu Delphi, den man für den Mittelpunkt der Erde hielt.

243. Die siebenthorige Stadt, Thebe.

## Anmerkungen zu den Phönikerinnen.

**Vers 247.** Jo, die Tochter des argeiischen Flußgottes Inachos, die Geliebte des Zeus, ward von der eifersüchtigen Hera, in Gestalt einer Kuh, lange auf der Erde umhergetrieben; endlich wieder umgewandelt, gebar sie in Aegypten den Epaphos, den Vater der Libye, die, von Poseidon umarmt, den Agenor, des Kadmos Vater, gebar.

290. **Agenors**, des Königs von Tyros. Durch seinen Sohn Kadmos waren die Könige der Theber mit ihm verwandt.

293. Die Morgenländer warfen sich vor ihren Königen zur Erde.

427. L. ἑκοῦσιν f. τοκεῦσιν.

441. Die **Doppelreihen**, das rings um die Mauern in zwei Treffen aufgestellte Heer der Theber.

558f. L. ὀλέθριος ἀφ' ὁ πλοῦτος, ὃν ζητεῖς ἔχειν, γενήσεται Θήβαισιν, ἀνόνητος δὲ σοί.

598. Amphion und Zethos, die Gründer Thebe's, sind die heimischen Götter, die Polyneikes hier anruft. Auf weißen Rossen zu reiten, galt für ehrenvoll.

635. **Aonia**, Böotien.

666. Ueber Epaphos vgl. zu V. 247.

672. Persephassa oder Persephone (die römische Proserpina) hatte Theben von Zeus zum Brautgeschenk erhalten, und mit Demeter, ihrer Mutter, sich dort angesiedelt. Beide sind daher, wie Epaphos, heimische Gottheiten der Theber.

699. L. πυκνοῖσι f. πύργοισι.

776. L. χαροποιοί.

798. **Aidoneus**, der Gott der Unterwelt, Pluton.

813. An dem **doppelten Strom**, dem Ismenos und der Dirka, die eigentlich nur ein Bach war. An diesen Gewässern lag Thebe.

816f. Ueber Jo f. zu V. 247.

827. Die **Loose**, die Zeichen des Vogelfluges und anderer Vorbedeutungen, vielleicht kleine Stäbe oder

Steinchen, womit der blinde Seher seine Beobachtungen bezeichnete. Bothe.

Vers 841. **Erechtheiden** (Söhne des Erechtheus) und **Söhne des Kekrops** (V. 843) heißen die Athener nach den alten Königen Erechtheus und Kekrops.

842. Der thrakische König Eumolpos hatte den König der Athener, Erechtheus, mit Krieg überzogen, und fiel in der Schlacht. Indeß war diese Begebenheit viel älter als der thebische Krieg.

860. F. χρόνῳ l. σκότῳ.

886. F. πολίταις l. πολίτης.

912. L. δυςφύλακτ' αἰτεῖ κακά. αἰτεῖ 2 pers. praes. ind. pass. die gewöhnliche Form der Tragiker für αἰτῇ: „man fordert von dir Unabwendbares".

927. Die Theber stammten nach der Sage von den Kriegern, die aus den von Kadmos gesäten Schlangenzähnen entsprossen waren.

1105. Argos, der von Hera bestellte hundertäugige Wächter der Jo, der Geliebten des Zeus.

1218. L. τῷδε κινδύνῳ με θείς.

1250. L. κάπαθλα δ. δ. σ. γ.

1263. L. ἐκ ἐν αἰσχύνῃ τάδε.

1471. **Polyneikes** bedeutet Haderreich.

1723. Der Berg Kithäron ist gemeint, auf dem ein Tempel des Dionysos stand. In der Nähe war das Grab der Semele, der Mutter des Gottes, und ihr wurden Todtenfeste gefeiert. Vgl. V. 1725 ff.

1736. Nike, die Göttin des Sieges.

# V.

# Medeia.

## Personen.

Jason.
Medeia, Gemahlin Jasons.
Zwei Söhne derselben.
Kreon, König von Korinthos.
Aegeus, König von Athen.
Die Amme der Medeia.
Der Hofmeister von Medeia's Kindern.
Ein Bote.
Der Chor, bestehend aus korinthischen Frauen.

Der Schauplaz ist im Vorhofe vor Medeia's Palast in Korinthos.

### Die Amme.

Daß Argo doch durch düst're Symplegaden nie
Geflogen wäre, steuernd nach dem Kolcherland,
Daß auf den Waldhöhn Pelions die Fichte nie
Gefallen wäre, noch der Helden Arme sie
5 Gerudert hätten, welche Pelias ausgesandt,
Das gold'ne Bließ zu holen! Niemals schiffte dann
Medeia, meine Herrscherin, zu Jolkos' Stadt,
Für Jason heiß in wilder Liebesglut entbrannt,
Und hätte Pelias' Töchter nie zum Vatermord
10 Beredet, wohnte mit Gemahl und Kindern nicht
Im Land Korinthos, von den Bürgern zwar geliebt,
Zu deren Lande sie gelangt als Flüchtige,
Und treu dem Jason überall zur Seite stets;
Denn dieses ist des Erdenlebens höchstes Glück,
15 Wenn mit dem Manne sich verträgt des Weibes Sinn.
Doch nun ist Alles feindlich, auch das Theuerste:
Denn meine Herrin und die eignen Kinder hat
Verrathen Jason und die königliche Braut
Erwählt, die Tochter Kreons, der im Land gebeut.
20 Und sie, das unglückvolle, stolzverschmähte Weib,
Medeia, ruft die Eide, ruft das höchste Pfand
Der Treu, den Bund der Hände, ruft die Götter laut
Zu Zeugen, wie von Jason ihr vergolten sei.
Dem Schmerze hingegeben, sonder Speise, liegt

25 Sie da, verzehrt in Thränen sich den ganzen Tag,
Seit sie von ihrem Gatten sich verstoßen fühlt,
Das Auge nicht erhebend und vom Boden nie
Den Blick verwendend: wie der Fels, wie wogende
Meerflut, vernimmt sie Freundestrost und Mahnungen.
30 Wohl Einmal auch den blendendweißen Hals gewandt,
Beklagt sie still und heimlich ihren Vater, klagt
Um Herd und Heimat, welche sie verrieth und floh,
Dem Manne folgend, der sie jezt schmachvoll verstößt.
Erkannt an ihrem Leide hat die Arme nun,
35 Wie glücklich ist, wer seine Heimat nicht verläßt.
Die Kinder haßt sie, und ihr Anblick freut sie nicht.
Sie brütet, fürcht' ich, über etwas Gräßlichem;
Denn ihr Gemüth ist heftig, Unrecht wird es nicht
Ertragen; ja, ich kenne sie, und fürchte sehr:
40 Sie stößt die scharfe Klinge durch das Herz der Braut,
Zum Hause still einschleichend, wo ihr Lager steht;
Vielleicht auch daß sie Kreon und den Bräutigam
Ermordet und in größ'res Leid sich dann verstrickt:
Denn grausam ist sie wahrlich und nicht leicht erringt
45 Den Sieg ein Gegner, der mit ihr den Kampf beginnt.
Doch sieh, vom Rennplaz kommen nach vollbrachtem Spiel
Zurück die Kinder, ahnen Nichts vom Ungemach
Der Mutter; jugendlicher Sinn betrübt sich nicht.

### Der Hofmeister.
(mit den Kindern)

Du graues Gut im Hause meiner Königin,
50 Warum so einsam stehst du vor den Thoren hier,
Und klagst in Selbstgesprächen über unsre Noth?
Wie will allein denn, ohne dich, Medeia sein?

**Die Amme.**
Du greises Haupt, den Kindern Jasons zugesellt,
Dem wohlgesinnten Diener ist das Leid des Herrn
55 Wie eignes Leiden, und ergreift ihm tief das Herz.
So hat auch mich der schwere Kummer übermannt,
Daß mich's heraus ins Freie trieb, der Königin
Unglück dem Himmel und der Erde kundzuthun.

**Der Hofmeister.**
So läßt sie noch von ihrem bittern Jammer nicht?

**Die Amme.**
60 Wie sagst du? Noch nicht mitten ist, was kaum begann!

**Der Hofmeister.**
Die Thörin! — wenn man über Herrn so reden darf. —
So wäre dieses neue Leid ihr unbekannt?

**Die Amme.**
Was ist es, Alter? Sage mir's, verhehle Nichts.

**Der Hofmeister.**
Nichts ist es: ich bereue, was ich eben sprach.

**Die Amme.**
65 Bei deinem Bart, verbirg's der Dienstgenossin nicht!
Denn, wenn es sein muß, werd' ich treu verschwiegen sein.

**Der Hofmeister.**
Ich kam zum Würfelspiele, wo die Greise sich
Hinlagern, an Peirene's hochberühmten Born;
Da hört' ich Einen sagen, unbemerkt von ihm:
70 „Es wolle Kreon, welcher herrscht in diesem Land,
Die Kinder hier samt ihrer Mutter aus der Stadt
Vertreiben." Ob die Rede wahr, ich weiß es nicht,
Und wollte lieber, daß es dem nicht also sei.

### Die Amme.

Und wird es Jason dulden, daß den Kindern so
75 Begegnet werde, wenn er auch die Mutter haßt?

### Der Hofmeister.

Die alte Liebe wird verdrängt vom neuen Bund,
Und nimmer ist er diesem Hause wohlgesinnt.

### Die Amme.

So wären wir verloren, wenn sich neues Leid
Gesellt dem alten, ehe dies erduldet ist.

### Der Hofmeister.

80 Noch ist die Zeit nicht, das der Herrin kundzuthun:
Sei ruhig, und verschweige, was ich dir vertraut.

### Die Amme.

Hört ihr's, o Kinder, wie gesinnt der Vater ist?
Wohl will ich ihm nicht fluchen; denn er ist mein Herr:
Doch an den Liebsten zeigt er hier unedel sich.

### Der Hofmeister.

85 Wer thäte denn nicht also? Nun erkennst du doch,
Daß Jeder mehr sich liebe, denn er And're liebt,
Der sonder Unrecht, um Gewinn auch Mancher wohl,
Wenn Jason um die neue Braut die Kinder haßt.

### Die Amme.

Nun wird es gut sein, Kinder, geht in's Haus hinein.
90 Doch Du verbirg sie ferne vor der Menschen Blick,
Und nicht der Mutter laß sie nahn, der trauernden.
Schon sah ich's, unmuthglühend traf ihr Auge sie,
Als sänn' es Unheil; und ihr Zorn, ich weiß gewiß,
Ruht nicht, bevor er Einen niederschmetterte.
95 Doch nur die Feinde treff' er, nicht der Freunde Haupt!

**Medeia.**
(im Palaste)

Ich leidendes, unglückseliges Weib!
Weh, wehe mir! Wär' ich des Todes!

**Die Amme.**

Das ist's, wie ich sagte: der Mutter Gemüth
Ist, o Kinder, empört, und empört ihr Zorn.
100 Geht eilig in's Haus, ihr Lieben, hinein,
Und naht euch unter das Aug' ihr nicht,
Ja nahet ihr nicht; nein, haltet euch fern
Von der grausamen Art, von der wilden Natur
Des vermessenen Sinns!
105 Geht, eilet hinein, so schleunig ihr könnt!
Wohl seh' ich es klar: das Gewölke des Grams,
Das kaum sich erhob, bald stürmt es empor
Mit größerer Wuth. Was wird ein Gemüth,
Das, grimmig erboßt, unversöhnbar grollt,
110 Von Leiden gefoltert, beginnen?

**Medeia.**
(innen)

Ach, ach, ach, ach!
Ich erlitt, ich erlitt unsägliches Leid,
Der Bejammerung werth! Im Fluch fahr' hin,
Des verstoßenen Weib's unselige Brut,
115 Und das Haus und der Vater verderbe!

**Die Amme.**

Weh, wehe mir Unglückseligen, weh!
Was haben die Söhn' an des Vaters Vergehn
Dir verschuldet? Warum denn hassest du sie?
Ach, ach! Wie bangt mir, o Kinder, für euch!
120 Wild bläht sich der Könige Stolz, es versühnt

Sich schwer ihr Zorn, die, selten beherrscht,
Selbstherrisch walten nach eignem Gesez.
Viel glücklicher lebt sich's in Gleichheit fort:
Mir gönne das Schicksal, wenn auch nicht
125 Im Glanz, doch sicher zu altern in Ruh.
Dem Genügsamen ja wird schon sein Preis
In dem Namen allein, und das seligste Loos
Ist bescheidner Genuß: nichts Gutes verschafft
In der Menschen Geschlecht unmäßiges Glück;
130 Nein, größere Noth, wann über dem Haus
Ein Gott zürnt, bringt es dem Hause.

### Der Chor.
(eilt herbei)

Ich hörte die Stimm', ich vernahm das Geschrei
Der verlassenen Kolchierin.
Sie hat noch nicht sich beruhigt? — O sprich,
135 Greisin! Am Thore vernahm ich ja jezt
In des Hauses Tiefe Geschrei;
Nimmer, o Alte, freu' ich mich
Ueber des Hauses Noth,
Dem feindliche Loose verhängt sind.

### Die Amme.

140 Nicht mehr ist das Haus, hin all sein Glück!
Er freite die fürstliche Jungfrau sich,
Und die Herrin verzehrt in dem stillen Gemach
Ihr Leben, mit freundlichem Zuspruch kann
Der Gespielinnen keine sie trösten.

### Medeia.
(innen)

145 Weh, führe durch's Haupt mir der himmlische Strahl!
Was brächte mir noch mein Leben Gewinn?

Weh, weh mir! Endigen möcht' ich im Tod,
Mein trauriges Leben verlassen!

### Der Chor.
#### S t r o p h e.

(Zeus, Licht und o Erde!) Vernahmst du den Ruf,
150 Mit welchem die Unglückselige laut
Ihr Leiden beklagt?
Welch heftiges Sehnen ziehet
Dich hin zu dem Gatten, Thörin,
Beschleunigt des Lebens Ende?
155 Erflehe du das nicht!
Wenn sich dein Gemahl
Anderer Lieb' ergeben;
Nicht grolle du ihm darüber:
Zeus wird dich an ihm noch rächen.
160 Traure, jammre nicht
Um den Geliebten allzusehr.

### Medeia.
(innen)

Themis und Artemis, schaut, ihr Erhabenen, was ich erdulde!
Mit gewaltigem Eidschwur band ich ihn einst,
Den verfluchten Gemahl.
165 Ha, säh' ich einmal mit dem Hause zugleich
Ihn selbst und die Jungfrau schmählich vertilgt,
Die Vermessenen, die mir Solches gethan!
O Vater, o Heimat, denen ich schnöd
Absagte, nachdem ich den Bruder erschlug!

### Die Amme.
170 Frau'n, hört ihr das Wort? Laut ruft sie empor
Zu der rächenden Themis, sie ruft zu Zeus,
Der über dem Eidschwur rächend wacht.

Nein, nie läßt meiner Gebieterin Groll
Durch mäßige Rache sich sühnen.

### Der Chor.
#### Gegenstrophe.

175 O käme sie, uns in das Auge zu sehn,
O daß sie vernähm' aus unserem Mund
Ein erheiterndes Wort!
Es dämpfte den schweren Unmuth
Vielleicht und die stolze Seele.
180 Stets will ich den Freunden eifrig
Zu dienen bereit sein.
Gehe denn, und her
Führe sie aus dem Hause,
Mit freundlichem Wort zur Eile
185 Mahnend, eh sie den Ihren
Leides thut; denn, ach!
Schrecklich bestürmt der Gram ihr Herz.

### Die Amme.
Ich gehe nach ihr; wohl fürcht' ich, mir folgt
Die Gebieterin nicht;
190 Doch nehm' ich es dir zu Gefallen auf mich.
Zwar stiert sie so wild mit der Löwin Blick,
Die Junge gebar, auf die Sklavinnen hin,
Wenn Eine sich naht und ein Wort vorbringt.
Wohl nennst du mit Recht unklug und verkehrt
195 Das Geschlecht, das sonst auf Erden gelebt:
Sie haben Gesang bei fröhlichem Mahl,
Bei Tänzen und Hochzeitfesten erdacht
Und das Leben erfreut mit den Tönen der Lust;
Doch Niemand hat noch den schrecklichen Gram
200 Mit der Saiten, des Lieds vielstimmigem Klang

Zu verbannen gelehrt: drum rafft das Geschick
In verheerendem Tod die Geschlechter dahin.
Wohl wär' es Gewinn, wenn jegliches Leid
Uns heilte das Lied: doch wozu frommt
205 Bei fröhlichem Festmahl uns der Gesang?
Denn mit Wonne berauscht es die Sterblichen schon,
Winkt ihnen die Fülle des Mahles.
(eilt in's Haus.)

### Der Chor.
#### Schlußgesang.

Ich vernahm ein Geschrei, vielfachen Seufzerlaut:
Helljammernd klagt sie an, verflucht
210 Des Ehebundes Verräther, den schnöden;
Die Schwergekränkte ruft zu Themis,
Zeus' Tochter, die des Eides wahrt,
Die sie zu Hellas'
Ufern herübergeführt,
215 Des unendlichen Meeres Thor hindurch,
Ueber nächtliche Wogen.

### Medeia.
(tritt auf)

Ihr Frauen aus Korinthos, ich verließ das Haus,
Damit ihr mich nicht scheltet. Viele heißen stolz,
Die Einen, die des Volkes Blicken sich entziehn,
220 Die Andern, die stets außen sind; noch Andere
Erwarben Schmach durch thatenlose Ruhe sich.
In Menschenaugen wohnt ja nicht Gerechtigkeit,
Wenn Einer, eh' er wohl erforscht des Mannes Sinn,
Beim ersten Blick haßt, ohne daß ihm Leid geschah.
225 Der Fremdling muß sich fügen nach des Landes Art:
Auch nicht den Bürger lob' ich, der in blindem Troz

Aus blödem Dünkel bitter auf die Bürger ist.
Mich traf ein unerwartet Leid, das mein Gemüth
Zum Tod verwundet: hin bin ich, mein Sehnen todt,
230 Geliebte Frauen, mir erlosch des Lebens Reiz.
Auf den ich all mein Hoffen warf, mein ganzes Glück,
Mein Gatte, hat sich als den schlimmsten Mann bewährt.
Von Allem, was auf Erden Geist und Leben hat,
Sind doch wir Frau'n das Allerunglückseligste.
235 Mit Gaben sonder Ende müssen wir zuerst
Den Gatten uns erkaufen, ihn als unsern Herrn
Annehmen; dies ist schlimmer noch, als jenes Leid:
Dann ist das größte Wagniß, ob er bieder ist,
Ob böse: denn unrühmlich ist's dem Weibe, sich
240 Vom Gatten scheiden, und sie darf ihn nicht verschmähn.
Und freit in neue Sitten und Geseze sie,
Muß Eine, weiß sie's nicht von Haus, Prophetin sein,
Zu wissen, welchem Loose sie entgegengeht.
Doch wenn wir dieses glücklich uns vollendeten,
245 Der uns Verbundne froh mit uns am Joche trägt;
Ist unser Loos zu beneiden: anders sei es Tod!
Auch kann der Gatte, wenn daheim ihn Aerger quält,
Auswärts des Herzens Ueberdruß beschwichtigen,
Bei Freunden oder Einem, der mit ihm erwuchs:
250 Uns ist in Eine Seele nur der Blick vergönnt.
Sie sagen wohl, wir lebten sicher vor Gefahr
Zu Hause, während sie bestehn der Speere Kampf,
Die Thoren: lieber wollt' ich ja dreimal in's Graun
Der Schlacht mich werfen, als gebären Einmal nur.
255 Doch nur von mir gilt solche Rede, nicht von dir:
Denn eine Heimat hast du hier, ein Vaterhaus,
Genuß des Lebens, einen Kreis von Freundinnen;

Ich bin verlassen, ohne Heimat, bin verhöhnt
Vom Manne, der aus fremdem Lande mich geraubt;
260 Nicht Mutter hab' ich, Brüder, Anverwandte nicht,
Zu denen fliehend ich entrönn' aus dieser Noth.
Drum nur das Eine werde mir von euch gewährt:
Ersinn' ich Hülfe, find' ich mir ein Mittel aus,
Für dieses Leid den Gatten und den Vater, der
265 Ihm gab die Tochter, und die Braut zu züchtigen;
Dann schweigt! In Anderm ist das Weib voll zager Furcht,
Zum Kampfe muthlos, und zu feig, ein Schwert zu schaun;
Doch ward der Ehe heilig Recht in ihr gekränkt,
Giert keine Seel' auf Erden mehr nach Blut und Mord.

**Der Chor.**

270 Ich schweige: billig rächst du wohl am Gatten dich,
Medeia; daß du jammerst, ist kein Wunder mir.
Doch seh' ich dort auch Kreon, dieses Landes Herrn,
Herkommen, neue Schlüsse wohl dir kundzuthun.

**Kreon tritt auf.**

Dir, die du grollst dem Gatten und so finster blickst,
275 Medeia, sag' ich: ziehe fort als Flüchtige
Aus diesem Lande, nimm die beiden Kinder mit,
Und säume nicht: ich bin es, der dir das gebeut,
Und werde nicht nach Hause wiederkehren mehr,
Bevor ich dich aus meines Landes Gränzen trieb.

**Medeia.**

280 Weh, weh! So werd' ich hoffnungslos verloren sein!
Die Feinde haben alle Segel aufgespannt,
Kein leichter Ausweg beut sich uns aus dieser Noth.
Doch muß ich fragen, drückt mich auch ein schweres Leid:
Weßhalb, o Kreon, treibst du mich aus diesem Land?

**Kreon.**

285 Ich fürchte, (was verhüllt' ich meine Worte noch?)
Du schaffest meiner Tochter unheilbares Leid.
Viel trifft zusammen, was mich stimmt zu dieser Furcht.
Du bist in mancher Tücke wohlgewandt und schlau;
Dann grollst du, daß dir dein Gemahl verloren ist:
290 Auch sagten meine Boten mir, du drohest uns,
Dem Vater und der Tochter und dem Bräutigam,
Unheil. Ich will mich hüten, eh' uns dieses trifft;
Denn besser ist mir's, jezt von dir gehaßt zu sein,
Als schwer zu seufzen, wenn ich mich erweichen ließ.

**Medeia.**

Weh!
295 Nicht heut zuerst, o Kreon, öfters hat mich schon
Berückt die Meinung und gestürzt in große Noth.
Nie streb' ein Vater, dem Verstand im Busen wohnt,
Zu hoher Weisheit aufzuziehn der Kinder Geist;
Denn außer daß ein Weiser, weil er Muße liebt,
300 Träg wird gescholten, trifft ihn auch der Bürger Haß.
Und wenn du Kluges vorgebracht, was neu erscheint,
Die Thoren nennen albern und nicht weise dich:
Doch, giltst du mehr als Andre, die sich Tüchtiges
Zu wissen dünken, folgt der Neid des Volkes dir.
305 Ich selber trage meinen Theil an diesem Loos.
Denn weil ich klug bin, feinden mich die Einen an,
Den Andern bin ich lästig und nur wenig klug.
Auch du besorgst, ich sinne Frevel wider dich.
Uns fürchte nicht, o Kreon, ich bin also nicht
310 Geartet, daß ich gegen Herrscher sündigte.
Was thatest du mir Böses? Du vermähltest ihm,
Zu dem's dich zog, die Tochter: meinen Gatten, ja!

Ihn haß' ich; doch du, mein' ich, hast hier klug gethan
Und keinen Neid empfind' ich, wenn dir's wohlergeht.
315 Vermählet euch, lebt glücklich; doch mich lasset hier
Im Lande wohnen: wenn mir auch Unrecht geschah,
Ich werde schweigen, unterthan dem Stärkeren.

### Kreon.

Du sprichst in sanften Worten; doch bang ahnt es mir,
Du sinnst in deinem Herzen uns Verderben aus.
320 Deßwegen trau' ich minder jezt als früher dir.
Denn Frau'n und Männern, welche rasch zum Zorne sind,
Ist leichter auszuweichen, als stillsinnenden.
So fliehe schleunig, rede mir nicht weiter sonst;
Es ist beschlossen, keine List erwirkt es dir,
325 Dir, meiner Feindin, daß du bleibst in dieser Stadt!

### Medeia.

Bei deinen Knieen, bei der neuvermählten Braut —

### Kreon.

Du sprichst vergebens: nimmermehr bewegst du mich!

### Medeia.

Du treibst mich fort, und achtest meine Bitten nicht?

### Kreon.

Dich kann ich mehr nicht lieben, als mein eignes Haus.

### Medeia.

330 Wie sehr gedenk' ich deiner jezt, o Vaterland!

### Kreon.

Auch mir nach meinen Kindern weit das Theuerste!

### Medeia.

Weh, weh! Den Menschen ist die Lieb' ein großer Fluch.

### Kreon.

Fluch oder Segen, wie's das Schicksal wenden mag.

**Medeia.**
Erfahre, Zeus, wer dieses Leides schuldig ist!
**Kreon.**
335 Entweiche, Thörin, und erlöse mich der Qual!
**Medeia.**
Ich dulde Qualen und bedarf nicht andrer noch.
**Kreon.**
Bald treiben dich die Diener mit Gewalt hinaus!
**Medeia.**
Nur dieses nicht, o Kreon! Ich beschwöre dich —
**Kreon.**
Du willst, o Weib, mir lästig werden, wie es scheint.
**Medeia.**
340 Ich werde fliehen: nicht um dieses bat ich dich.
**Kreon.**
Wozu das Sträuben also, was verziehst du hier?
**Medeia.**
Den Einen Tag nur gönne mir zu bleiben noch,
Um auszusinnen, welchen Weg ich fliehen soll,
Wo meinen Kindern eine Bahn sich öffne, weil
345 Der Vater unbekümmert ist um ihr Geschick.
Erbarm dich ihrer: denn du bist auch Vater, hast
Auch Kinder; billig zeigst du mitleidvollen Sinn.
Nicht meinetwegen sorg' ich, wenn ich fliehen muß;
Nur sie bewein' ich, daß der Unfall sie betraf.
**Kreon.**
350 Mir ward mitnichten ein tyrannisch harter Sinn;
Aus zarter Scheu nur hab' ich Vieles schlimm gemacht.
Auch nun gewahr' ich wieder, daß ich fehle, Weib;
Gleichwohl erlangst du dieses; doch ich sage dir:
Wenn morgen Helios' Fackel deine Söhn' und dich

355 Noch innerhalb der Gränzen dieses Landes siehst:
Stirbst du! Gesprochen ist es, und ein wahres Wort.
Jezt, mußt du bleiben, bleibe noch den Einen Tag;
Heut thust du nicht das Arge, das ich fürchtete.
(ab.)

### Der Chor.
Unglückliches Weib!
360 Weh, daß dich das grause Verhängniß traf!
Wo fliehest du hin? Welch gastlicher Port,
Welch Haus, welch Land wird, Leidende, dir
Rettend sich aufthun?
Wohl hat dich ein Gott, o Medeia, gestürzt
365 Hülflos in die Wogen des Unheils.

### Medeia.
Mir folgt das Unglück überall: wer läugnet es?
Doch wird es so nicht enden; glaubt das nimmermehr!
Viel Kämpfe harren dieser Neuvermählten noch,
Und ihrer Anverwandten kein geringer Schmerz.
370 Du meinst, geschmeichelt hätt' ich dem jemals umsonst,
Und nicht an Vortheil oder Trug dabei gedacht?
Nicht angeredet hätt' ich ihn, nicht angerührt!
Ihm hat die Thorheit aber ganz den Sinn berückt:
Er konnte, wenn er mich hinaus zum Lande trieb,
375 Mir meinen Plan vereiteln, und nun gönnt er mir
Noch diesen Tag hier, wo ich meiner Feinde drei
In Leichen wandle, Vater, Braut und Ehgemahl.
Der Wege, sie zu tödten, hab' ich viele; doch,
Ihr Frau'n, ich weiß nicht, welchen ich betreten soll.
380 Leg' ich von unten Feuer an der Braut Palast?
Wie? Oder bohr' ich ihr in's Herz den scharfen Stahl,
Zum Hause still einschleichend, wo ihr Lager steht?

Nur Eines ist mir schrecklich: wenn man mich ergreift,
Nachdem ich, sinnend auf den Mord, eintrat in's Haus,
385 So werd' ich sterbend ein Gespött der Feinde sein.
Der grade Weg der beste, dessen bin ich auch
Am meisten kundig: ich ermorde sie mit Gift.
Wohl!
Sie seien todt denn: welche Stadt empfängt mich dann?
Wo beut ein Gastfreund sein Gebiet, sein Haus mir an
390 Als sichre Zufluchtsstätte, schirmt mich Flüchtige?
Ich habe Niemand! Harr' ich denn noch kurze Zeit,
Ob sichre Rettung irgend uns erscheinen wird,
Und schreite dann zum Morde schlau und heimlich fort.
Doch treibt mich hülflos hier zurück mein Ungemach,
395 So greif' ich nach dem Schwerte, muß ich sterben auch,
Ich will sie tödten, wage kühn die kühnste That.
Denn wahrlich bei der Göttin, die vor allen ich
Verehre, die zur Helferin ich mir erkor,
Die wohnt in meines Herdes Grund, der Hekate,
400 Sie sollen sich nicht freuen, die mein Herz betrübt!
In bitt're Trauer wandl' ich ihren Ehebund,
Die Anverwandtschaft, meine Flucht aus diesem Land.
Wohlan! Von allen deinen Künsten spare Nichts,
Berathe dich, Medeia, sinne Listen aus!
405 Zum Aergsten schreite! Nun bedarf es hohen Muths.
Dein Leiden, siehst du's? Nicht ein Spott vor Sisyphos'
Geschlechte darfst du werden, vor dem neuen Bund,
Du Kind des edeln Vaters und des Helios!
Du bist so vielerfahren: auch erschuf Natur
410 Uns Frauen wohl in edlen Künsten ungeschickt,
In allem Bösen listig und erfinderisch.

(Sie bleibt während der folgenden Chorlieder im Hintergrunde stehen.)

### Der Chor.
#### Erste Strophe.
Die Quellen der heiligen Ströme fließen rückwärts,
Recht und Alles hat sich auf Erden verkehrt:
Männer verüben Betrug, nicht mehr besteht
415 Unter den Göttern die Treue.
Umgewandelt hat sich der Ruf, und die Ehre kränzt mein Leben;
Hoher Ruhm verherrlicht auch der Frau'n Geschlecht;
Schmähend belastet der Ruf nicht mehr des Weibes Namen.
#### Erste Gegenstrophe.
Nun werden die Musen mit ihren alten Liedern
420 Stille sein von unserem treulosen Sinn.
Phöbos, der König der Lieder, hauchte nicht
Göttliche Lyragesänge
Unserm Geist' ein: anders erschölle mein Lied, ihr Männer, schmachvoll
Euch entgegen; wohl vermag die lange Zeit
425 Vieles von unserem und der Männer Loos zu sagen.
#### Zweite Strophe.
Du kamst, hinwegschiffend vom Vaterhause,
Rasend in Liebe das Herz, und die doppelten Meeresklippen
Durchmessend, und wohnest nun
In Fremdlingesland, des öden
430 Ehbettes Genossen missend,
Unselige, wirst getrieben
In schnöde Verbannung.
#### Zweite Gegenstrophe.
Es schwand des Eid's heilige Scheu; die Scham ist
Aus der erhabenen Hellas entflohn; in den Himmel flog sie.

435 Kein väterlich Haus empfängt,
Unglückliche, dich, von Leiden
Zu rasten; im Hause waltet,
Machtvoller, als deine Liebe,
Ein' andere Herrin.

### Jason.
(tritt auf)

440 Nicht heute hab' ich's erst erkannt, nein, öfter schon:
Ein unbezwingbar Uebel ist der wilde Zorn.
Dir war verstattet, hier zu sein in Land und Haus,
Ertrugst du fügsam, was gebot der Stärkere;
Um eitler Worte willen mußt du ziehen nun.
445 Zwar mich bekümmern diese nicht; sag' immerhin,
Ohn' aufzuhören, Jason sei der schlimmste Mann:
Doch halte dich für glücklich, nur mit Bann und Acht
Zu büßen, was du schmähtest auf die Könige.
Ich strebte stets, der aufgebrachten Herrscher Grimm
450 Von dir zu wehren, wünschte, daß du bliebest hier;
Du aber kommst von deiner Thorheit nicht zurück,
Und redest schlimm vom König; drum verbannt er dich.
Doch weigr' ich jezt auch meinen Dienst den Freunden nicht,
Und komme, Frau, für euer Wohlergehn besorgt,
455 Damit du samt den Kindern nicht vermögenslos
Und hülfsbedürftig fliehen mußt; (Verbannung führt
Viel Böses mit sich;) denn verabscheust du mich auch,
Doch nie vermöcht' ich übel dir gesinnt zu sein.

### Medeia.
Du Memme, — denn mit diesem Namen kann ich nur
460 Hinfort dich nennen, mit der Feigheit schwerstem Schimpf; —
Du kamst zu mir her, kamest, du, mein schlimmster Feind?

Nicht Muth führwahr ist solches, nicht Großherzigkeit,
Dem Freund in's Auge sehen, dem man Böses that;
Nein, Unverschämtheit ist es, aller menschlichen
465 Gebrechen größtes: dennoch hast du wohlgethan,
Zu kommen; ich erleichtre mir durch Schmähungen
Das Herz, und dich verdrießt es, der sie hören muß.
Doch bei dem Ersten will ich auch beginnen erst.
Ich habe dich gerettet, wie ja Jeder weiß,
470 Der dir gesellt aus Hellas, Argo's Schiff bestieg,
Als feuerathmender Stiere Joch zu lenken du
Gesendet warest und zu streun die Todessaat.
Den Drachen, der in vielgewundnen Ringen sich
Um's goldne Bließ wand und es schlaflos hüttete,
475 Erschlug ich: also strahlte dir des Heiles Licht.
Und meinen Vater und mein Haus verließ ich dann,
Und zog nach Jolkos an den Höhn des Pelion
Mit dir, von Liebe mehr beseelt als weisem Sinn,
Und gab den leidenvollsten Tod den Pelias
480 Durch seine Töchter, und entriß dich aller Furcht.
Und das, der Männer schlimmster, das verdankst du mir,
Und mich verriethst du, nahmest dir ein andres Weib,
Nachdem du Kinder zeugtest: wärst du kinderlos,
Ich könnte dir vergeben, daß du diese liebst.
485 Hin ist des Eides Treue: traun, du glaubtest wohl,
Die Götter, die sonst herrschten, herrschen nimmermehr,
Und neue Sazung gelte bei den Menschen izt,
Da dir bewußt ist, daß du mir die Treue brachst.
Ach, diese Rechte, die du oft ergriffen hast,
490 Ach, diese Kniee, wie vergebens hat er euch
Berührt, der Frevler, und getäuscht mein hoffend Herz!
Wohlan! So wie zum Freunde, red' ich nun zu dir.

Zwar etwas Gutes hoff' ich nimmermehr von dir;
Doch frag' ich, weil du schlechter dann erscheinen wirst.
495 Wohin mich wenden soll ich jezt? In des Vaters Haus,
Zum Vaterlande, das ich dir verrieth und floh?
Zu Pelias' armen Töchtern? Schön empfingen die
Mich, ihres Vaters Mörderin, an ihrem Herd!
Wohl ist es also: meines Hauses Freunde sind
500 Mir gram, und Andre, welchen ich verpflichtet war,
Verrieth ich dir zuliebe, daß sie Feinde sind.
Für solche Wohlthat hast du mich vor vielen Frau'n
Beglückt in Hellas: einen wunderwürdigen
Und treuen Gatten hab' ich Unglückselige,
505 Wenn ich vertrieben aus dem Lande fliehen muß,
Freundlos, verlassen mit verlaff'nen Kindern, ha!
Ein feiner Ruhm dem neuvermählten Bräutigam,
Ich, deine Retterin, und die Söhn' im Bettlerkleid!
Warum verliehst du, großer Zeus, uns sichere
510 Merkmale, daß uns falsches Gold nicht täuschen kann,
Und drücktest kein Kennzeichen auf der Menschen Leib,
An dem man unterscheiden mag den schlechten Mann?

### Der Chor.

Ein schwerversühnbar ungestümer Zorn entbrennt,
Sobald mit Freunden Freunde sich verfeindeten.

### Jason.

515 Kein schlechter Redner muß ich sein, bedünkt es mir,
Nein, wie des Schiffes vielgewandter Steuermann,
Mit hochgespanntem Segel wohlbedacht, o Weib,
Entflieh'n vor deiner Zunge wildempörtem Sturm.
Zu prahlend rühmst du deine Gunst, erfahre denn:
520 Ich meine, Kypris war allein von Göttern und
Von Menschen meine Retterin auf meiner Fahrt.

Dir ward ein Geist voll Schärfe; doch gehässig ist
Die Rede, zeig' ich, daß der Liebesgott dich zwang,
Aus unentfliehbar'n Mühen mich herauszuziehn.
525 Doch allzustreng erörtern mag ich dieses nicht:
In welcher Art du halfest, immer war es gut.
Nun aber hast du Größres, als du mir gewährt,
Von mir empfangen, wie ich dir beweisen will.
Vorerst in Hellas wohnst du, statt in traurigen
530 Barbarenländern, lerntest Recht und Sitte hier,
Und dem Gesez gehorchen, nicht der rohen Kraft;
Auch kennt in Hellas Jeder dich als weise Frau,
Und Ruhm gewannst du. Wenn du stets am fernsten Saum
Der Erde wohntest, würdest du niemals genannt.
535 Ich aber wünschte weder Gold im Hause mir,
Noch daß ich schöner sänge selbst als Orpheus sang,
Wenn nicht der Ruhm auch mein Geschick verherrlichte.
So viel erwiedr' ich über meine Thaten dir;
Denn du begannest diesen Kampf der Worte ja.
540 Doch weil du meine Königsbraut mir vorgerückt,
So werd' ich zeigen, erstens, daß ich weise that,
Dann, daß ich züchtig, daß ich dir wohlwollend mich
Erwies und meinen Kindern: hör' in Ruhe denn!
Nachdem ich hierher wandernd kam aus Jolkos' Land,
545 Vielfach in hoffnungsloses Ungemach verstrickt:
Welch größres ungeahntes Glück erlangt' ich wohl,
Als einer Königstochter Hand, ich Flüchtiger?
Nicht dir entfremdet, wie du mich beschuldigest,
Auch nicht von Sehnsucht um die neue Braut entflammt,
550 Noch lüstern auch, zu mehren meiner Kinder Zahl;
Denn die ich habe, sind genug, ich liebe sie:

Nein, was das Größte, daß wir wohl in Ehren hier
Und ohne Mangel lebten; denn ich wußte wohl,
Daß jeder Freund dem Armen aus dem Wege geht:
555 Die Söhne wollt' ich würdig meines Stamms erziehn,
Und Brüder deinen Kindern zugesellen, sie
Gleich stellen beide, und den Stamm vereinigend,
Des Glückes froh sein. Was bedarfst du Kinder noch?
Ich aber möchte durch die Ungeborenen
560 Den schon Gebornen nützen; mein' ich's also schlimm?
Du sagtest das nicht, grolltest du nicht meiner Braut.
Doch also seid ihr Frauen: wenn der Ehe Bund
Durch Nichts getrübt wird, fühlt ihr euch vollkommen wohl;
Wenn dann ein Unfall euer Glück zu stören droht,
565 Gilt euch das Beste, Schönste, für das Feindlichste.
Nachkommen schaffen sollten sich auf anderm Weg
Die Menschen, nicht mehr sollte sein der Frau'n Geschlecht;
So träfe niemals Ungemach die Sterblichen.

**Der Chor.**
Wohl hast du, Jason, deine Reden schön geschmückt;
570 Doch mir (und red' ich deinem Sinn entgegen auch)
Erscheint es unrecht, daß du dein Gemahl verriethst.

**Medeia.**
In Vielem bin ich andern Sinns, als Viele sonst.
So scheint der höchsten Strafe werth ein Frevler mir,
Der sich in schöne Reden fein zu hüllen weiß.
575 Unrecht zu schmücken wähnt er mit der Worte Kunst,
Und wagt zu freveln; wahre Weisheit ist ihm fremd.
So sei auch du nicht gegen mich in Worten glatt,
Kein Redekünstler; schlägt dich doch ein einzig Wort.
Du mußtest, wenn du redlich warst, eingehn den Bund,
580 Nachdem du mich beredet, nicht geheim vor mir.

**Jason.**

Schön hättest du bei dieser Sache mir gedient,
Entdeckt' ich dir die Ehe, du, die nun sogar
Den wilden Groll des Herzens nicht bezwingen kann!

**Medea.**

Nicht das bewog dich; nur mit mir, der Fremden, schien
585 Die Ehe bis zum Alter dir nicht ehrenvoll.

**Jason.**

Dies darfst du glauben: nicht aus Lieb' erkor ich mir
Die Königstochter, die sich nun die Meine nennt;
Nein, wie ich vorhin schon gesagt, ich wollte nur
Dich retten, wünschte königliche Brüder, einst
590 Des Hauses Stütze, meinen Kindern zugesellt.

**Medea.**

Kein glücklich Leben werde mir, das traurig ist,
Noch hoher Reichthum, welcher mir am Herzen nagt!

**Jason.**

Du thätest klüger, nähmst du deinen Wunsch zurück.
Schmerzvoll erscheinen möge nie das Gute dir,
595 Noch achte dich unglücklich, wenn du glücklich bist!

**Medea.**

Ja, höhne nur; denn eine Zuflucht hast du ja:
Doch ich, verlassen muß ich fliehn aus diesem Land.

**Jason.**

Du selbst erkorst dies; klage keinen Andern an.

**Medea.**

Was that ich? Freit' ich etwa, war dir ungetreu?

**Jason.**

600 Ruchlose Flüche fluchtest du dem Königshaus.

**Medea.**

Und deinem Stamm auch hab' ich Unheil angewünscht.

### Jason.

Hierüber habr' ich weiter nun nicht mehr mit dir.
Doch, willst du Hülfe für die Kinder oder dich
Aus meiner Habe dargereicht auf eure Flucht;
605 So rede: willig spend' ich euch mit voller Hand,
An manchen Gastfreund Zeichen auch, dir wohlzuthun.
Verschmähst du dies auch, eine Thörin bist du dann;
Doch mehr gewinnst du, lässest du von deinem Zorn.

### Medeia.

Nicht deiner Gastfreund' Einer darf mir Hülfe leihn,
610 Auch nehm' ich niemals Etwas an: o gib mir Nichts;
Denn bösen Mannes Gabe bringt niemals Gewinn.

### Jason.

So ruf' ich denn die Götter mir zu Zeugen, daß
Ich Alles thun will, was den Kindern frommt und dir;
Doch du verschmähst das Gute, stößest trozigkalt
615 Von dir die Freunde; desto schlimmer büßest du.

(ab.)

### Medeia.

Geh hin! Die Sehnsucht nach der jungen Braut zerreißt
Dein Herz, verziehst du lange vor dem Hause noch:
Geh, freie sie; du feierst (Götter, macht es wahr!)
Wohl so die Hochzeit, daß du sie verwünschen wirst.

### Der Chor.
#### Erste Strophe.

620 Wenn Liebe sich über das Ziel verirrte, hat sie Männern nie
Würde verliehen und Ruhm; doch wenn sie bescheiden genug hat,
Ist der andern Göttinnen keine so reizvoll.
Sende niemals, Königin, wider mich vom goldnen Bogen
Deinen sichern Pfeil, getaucht in Sehnsucht!

### Erste Gegenstrophe.

625 Mich schmücke bescheidener Sinn, der Götter schönste Gabe,
stets!
Möge zu feindlichem Groll, unersättlichem Zwiste doch niemals
Mein Gemüth die mächtige Kypris entflammen
Andrer Frauen wegen; und friedliche Liebe pflegend, schlichte
Sie mit weisem Sinn der Ehen Zwiespalt!

### Zweite Strophe.

630 Heimisches Land, väterlich Haus,
Nie mög' ich von euch verbannt sein,
Um hülfeberaubt und rathlos
Durch die Welt zu irren,
Schmachtend in kläglicher Noth!
635 In den Tod, in den Tod zu gehen wünscht' ich,
Ehe dieses Loos sich an mir erfüllt:
Denn der Heimat beraubt zu sein,
Nenn' ich der Uebel größtes.

### Zweite Gegenstrophe.

Sahn wir es doch, hörten es nicht
640 Aus Anderer Mund erzählen:
Kein Land ja, der Freunde keiner,
Fühlt' um dich Erbarmen,
Die das Unsägliche litt.
Tod treffe den Frevler, der die Freunde
645 Nicht verehrt, des reinen Gemüthes Thor
Willig öffnend dem Leide! Nie
Werd' ich des Mannes Freundin!

### Aegeus.

Medeia, Heil dir! Wohl vermag der Freund dem Freund
Mit einem schönern Gruße nicht zu huldigen.

**Medeia.**

650 Auch dir, Pandions edler Sohn, des Weisen, Heil!
Von wannen, Aegeus, kommst du her in dieses Land?

**Aegeus.**
Von Phöbos' altem, gottbetrautem Sehersiz.

**Medeia.**
Was führte nach der Erde heiligem Nabel dich?

**Aegeus.**
Ich forschte, wie mir mög' erblühn der Kinder Saat.

**Medeia.**
655 O Götter! War dein Leben bisher kinderlos?

**Aegeus.**
Wohl gönnte keine Kinder mir ein herbes Loos.

**Medeia.**
Ward ein Gemahl dir, oder lebst du unvermählt?

**Aegeus.**
Nicht ungebunden bin ich durch der Ehe Joch.

**Medeia.**
Was sagte Phöbos in Betreff der Kinder dir?

**Aegeus.**
660 Ein Räthsel, dunkler, als ein Mensch es fassen kann.

**Medeia.**
Und darf ich wissen, was der Gott dir offenbart?

**Aegeus.**
Gewiß, da nur ein kluger Sinn es deuten mag.

**Medeia.**
Was also sagt' er? Rede, wenn ich's hören darf.

**Aegeus.**
Des Schlauches Ende lösen soll' ich nicht, bevor —

**Medeia.**
665 Du was gethan hast oder kamst in welches Land?

**Aegeus.**
Bevor ich wieder angelangt am Vaterherd.

**Medeia.**
Wonach verlangend schiffst du nun in dieses Land?

**Aegeus.**
Es lebt ein Pittheus, Herrscher im Trözenerland.

**Medeia.**
Ein Sohn des Pelops, sagen sie, der frömmste Mann.

**Aegeus.**
670 Ihm will ich Phöbos' Seherspruch verkündigen.

**Medeia.**
Klug ist er und mit solchen Dingen wohlvertraut.

**Aegeus.**
Von allen Kriegsgenossen mir der theuerste.

**Medeia.**
So lebe glücklich, was du wünschest, werde dir!

**Aegeus.**
Was zehrt an deinen Gliedern, trübt dein Auge so?

**Medeia.**
675 Aegeus, der Gatten schlimmster ward mir angetraut.

**Aegeus.**
Wie sagst du? Deutlich nenne mir, was dich betrübt.

**Medeia.**
Mich kränkt der Gatte, welchem ich kein Leides that.

**Aegeus.**
Durch welche Handlung? Sage mir's noch deutlicher.

**Medeia.**
Daheim gebietet neben uns ein andres Weib.

**Aegeus.**
680 Er hätte wirklich solche Frevelthat gewagt?

**Medeia.**

Gewiß; und mich verschmäht er, die er einst geliebt.

**Aegeus.**

Um andre Frauen brennend? Oder haßt er dich?

**Medeia.**

In wildem Wahnsinn glüht er, weiß von Treue Nichts.

**Aegeus.**

Nun, sprichst du Wahrheit, fahre hin der Bösewicht!

**Medeia.**

685 Nach einer königlichen Braut gelüstet ihn.

**Aegeus.**

Und wer vermählt die Tochter ihm? Sprich Alles aus.

**Medeia.**

Kreon, der König über dies Korintherland.

**Aegeus.**

Dann ist es wohl verzeihlich, daß du trauerst, Weib.

**Medeia.**

Ich bin verloren; und zudem vertreibt man mich.

**Aegeus.**

690 Wer das? Du nennst ein andres neues Ungemach.

**Medeia.**

Kreon vertreibt mich aus dem Land als Flüchtige.

**Aegeus.**

Und duldet Jason dieses? Auch das lob' ich nicht.

**Medeia.**

Dem Scheine nach nicht; doch im Herzen wünscht er es.
Darum beschwör' ich flehend dich bei diesem Kinn,
695 Bei deinen Knieen fleh' ich schuzberaubte dir:
Erbarm', erbarme dich der Unglückseligen,
Und laß mich nicht verlassen ausgestoßen sein;
Nein, nimm in's Land an deines Hauses Herd mich auf!

So werde dir die Liebe durch der Götter Huld
700 Fruchtbar an Kindern, du beglückt im Tode noch!
Noch weißt du gar nicht, welchen Fund du hier gethan:
Ich schaffe, daß dir eine Kindersaat hinfort
Erblühe; solche Zauber sind mir wohlbekannt.

### Aegeus.

Um vieler Gründe willen werd' ich diese Gunst
705 Dir gern erzeigen, erstlich, Weib, aus Götterfurcht,
Sodann der Kinder wegen, die du mir versprichst.
Denn wahrlich hierauf richt' ich all mein Sinnen nur.
Doch also steht es: wenn du kommst in mein Gebiet,
Dann üb' ich redlich treue Gastlichkeit an dir.
710 So viel indessen sag' ich dir vorher, o Frau:
Ich führe dich aus diesem Lande nicht hinweg;
Doch wenn du selbst in meines Hauses Räume trittst,
So bleibst du sicher, Keinem geb' ich euch dahin.
Nur aus dem Land hier ziehe du freiwillig fort;
715 Denn ohne Tadel möcht' ich auch vor Fremden steh'n.

### Medeia.

So sei es! Doch erlangt' ich dafür Sicherheit,
So hätt' ich Alles, wessen ich von dir bedarf.

### Aegeus.

Wie? Hegst du Mißtrau'n? Oder was besorgst du noch?

### Medeia.

Dir trau' ich; doch die Peliaden hassen mich
720 Und Kreon. Bänden Schwüre dich, dann wehrtest du,
Daß diese mich entführten aus Athene's Land;
Und wie du mir gelobtest und den Göttern schwurst,
So bliebst du Freund mir, ließest nicht durch Feindeswort
Dich überreden. Bin doch ich ein schwaches Weib,
725 Und Jene mächtig und von königlichem Stamm.

### Aegeus.

Du zeigst in deiner Rede viel Vorsicht, o Frau;
Doch wenn es also dir gefällt, ich weigr' es nicht.
Denn meine Sachen stehen so gesicherter,
Hab' ich vor deinen Feinden die Ausrede nur,
730 Und auch die deinen: sprich, bei wem ich schwören soll.

### Medeia.

Beim Grund der Erd' und meinem Ahnherrn Helios
Und aller Himmelsgötter Macht beschwöre mir —

### Aegeus.

Was auszurichten, oder was zu lassen? Sprich!

### Medeia.

Nie wollst du selbst mich treiben aus Athene's Land,
735 Noch, wenn ein Widersacher mich entführen will,
Hierin, so lang du lebest, ihm zu Willen sein.

### Aegeus.

Bei Gäa schwör' ich, bei dem Strahl des Helios
Und allen Göttern, nachzuleben deinem Wort.

### Medeia.

Genug: und brichst du diesen Eid, was büßest du?

### Aegeus.

740 Die Strafe, die dem Gottverächter widerfährt.

### Medeia.

Zieh' hin in Freuden! Wohlbestellt ist Alles nun:
Ich eil' in deine Stadt sogleich, vollbracht' ich erst,
Was ich beschlossen, und erreicht' ich, was ich will.

### Der Chor.

So leite dich Maja's herrschender Sohn
745 Nach Haus; froh mögst du vollenden das Werk,
Auf das du bedacht in die Heimat eilst!

Medeia.

Ich hab', Aegeus,
Als wackeren Mann dich erfunden.
(Aegeus ab.)

**Medeia.**

O Zeus, o Dike, Tochter Zeus', und Helios!
750 Ruhmvoll besiegen werd' ich meine Feinde nun,
Ihr theuren Frauen, ich betrat die rechte Bahn;
Nun darf ich hoffen, büßen meine Feinde mir.
Denn dieser Mann erschien für unsern Racheplan
Ein sichrer Hafen, als die Noth am größten war;
755 An dieses Ufer knüpf' ich fest mein Steuertau,
Wenn ich zu Pallas' hoher Stadt und Burg gelangt.
Und nun eröffn' ich alle meine Plane dir;
Doch nicht zu hören hoffe, was dich freuen wird.
Zu Jason send' ich eine meiner Sklavinnen,
760 Und bitte, daß er komme vor mein Angesicht;
Mit sanften Worten körn' ich ihn, erscheint er dann,
Auch mir gefalle dieses wohl; ich rühme laut
Die Königsehe, der er uns zum Opfer gibt,
Und nenn' es heilsam Alles und wohlausgedacht.
765 Dann für die Söhne bitt' ich, daß sie bleiben hier,
Nicht, sie zurückzulassen auf dem feindlichen
Gebiete, daß sie ein Gespött der Feinde sei'n,
Nein, um die Braut zu morden durch Betrug und List.
Denn mit Geschenken send' ich ihr die Kinder zu,
770 Daß hier zu weilen ihnen noch gestattet sei;
Wenn sie den Schmuck nimmt und darein die Glieder hüllt,
So wird sie gräßlich enden und wer sie berührt;
In solche Gifte tauch' ich ein das Brautgeschenk.
Doch dieser Rede werde hier ein Ziel gesezt.
775 Ach aber, welche That ich dann vollbringen muß,

21*

Schaudr' ich zu sagen: meine Kinder muß ich selbst
Ermorden; Niemand rettet sie von Todesnoth.
Und wann ich Jasons ganzes Haus verwüstete,
Entflieh' ich aus Korinthos, fliehe vor dem Blut
780 Der theuren Kinder, wenn ich that das Gräßlichste.
Denn Feindes Hohn ertragen kann ich nimmermehr.
Was frommt das Leben? Fahr' es hin! Kein Vaterland,
Kein Haus mir offen, keine Rettung aus der Noth!
Ich fehlte damals, als ich meiner Ahnen Haus
785 Verließ, beredet durch des falschen Mannes Wort
Aus Hellas, der mit Götterhülf' uns büßen wird.
Denn lebend schaut er nimmermehr die Söhne, die
Ich ihm geboren, auch die Neuvermählte soll
Ihm keine Kinder schenken, da die Schlimme schlimm
790 Hinsterben muß, von meinen Zauberei'n umstrickt.
O wähne Niemand, daß ich schwach und feige sei
Und ruheliebend; immer war ich andrer Art,
Furchtbar den Feinden und den Freunden wohlgestimmt;
Denn solcher Menschen Leben krönt der höchste Ruhm.

### Der Chor.

795 Nachdem du deine Plane mir geoffenbart,
So wünsch' ich dir zu nüzen, und der Sterblichen
Gesez verehrend, mahn' ich ab von dieser That.

### Medeia.

Du stimmst mich niemals anders; doch vergeb' ich dir,
Was du gesprochen; denn du leidest nicht, wie ich.

### Der Chor.

800 Du willst es wagen, dein Geschlecht zu morden, Frau?

### Medeia.

So kränk' ich meinen Gatten auf das bitterste.

**Der Chor.**
Doch wirst du selbst der Frauen unglückseligste.
**Medeia.**
Es sei! Zu viel ist Alles, was ihr weiter sprecht.
(zur Amme)
Wohlauf, und gehe, rufe mir den Jason her;
805 Denn dich gebrauch' ich überall, wo's Treue gilt.
Doch Nichts verrathe, was von mir beschlossen ward,
Wenn du ein Weib bist und der Herrin zugethan.
**Der Chor.**
Erste Strophe.
Erechtheus' Söhne, beglückt von Alters her,
Ihr, die Kinder seliger Götter, im Land,
810 Dem heilig unverwüstbaren, wo ihr am Born
Herrlicher Weisheit trankt, und stets in dem heitersten Licht
Des Aethers sanft hinwandeltet, wo die geweihten
Neun Pieriden, die Musen, wie sie sagen,
Einst Harmonia trug im Schooße:
Erste Gegenstrophe.
815 Wo Kypria von des Kephissos reizender
Welle schöpft', (erzählt man,) und über das Land
Hinwehen ließ mildathmenden, säuselnden Hauch
Leiseverfliegender Lüfte, dann in die Locken sich stets
Einwand die lieblichduftenden Rosengewinde,
820 Und die Gespielen der Weisheit sandt', Eroten,
Mannichfaltiger Tugend Helfer!
Zweite Strophe.
Wie soll dich ein gastliches Land,
Oder der heiligen
Ströme Stadt empfangen,
825 Die Mörderin deiner Kinder,

Unheilige, dich, bei Reinen?
Erwäge der Söhne Mord,
Die schreckliche That erwäge!
Ach, alle — bei deinen Knieen
830 Beschwören wir alle dich:
Nicht morde die Kinder!

### Zweite Gegenstrophe.

Wie wirst du mit trozigem Muth
Gegen die Söhne dir
Hand und Herz bewaffnen,
835 Zum gräßlichen Morde schreitend?
Wie magst du die Kinder ansehn,
Und hemmen die Thrän', und nicht
Ablassen vom Mord? Du kannst nicht,
Wenn flehend vor dir die Knaben
840 Hinsinken, in Blut die Hand
Eintauchen mit Gleichmuth.

### Jason.

Du riefest mich: hier bin ich! Denn obwohl du grollst,
Gewähr' ich dennoch diesen Wunsch. So laß mich denn
Vernehmen, was du Neues, Frau, von mir begehrst.

### Medeia.

845 Ich bitte, Jason: was ich vorhin sprach zu dir,
Vergib mir; billig ist es, daß du meinen Zorn
Erträgst, nachdem wir Liebes uns so viel gethan.
Ich ging in meinem Herzen mit mir selbst zu Rath,
Ich habe mich gescholten: was, Unsinnige,
850 Ergrimm' ich, ras' ich, wo man mir das Gute räth?
Warum befeind' ich dieses Landes Könige
Und meinen Gatten, der an uns das Beste thut?
Die Fürstentochter freit er, meinen Söhnen zeugt

Er Brüder: und ich sollte nicht vom Zorne ruhn?
855 Was groll' ich, da die Götter mir das Glück verleihn?
Und hab' ich keine Kinder, ist mir unbekannt,
Daß wir verbannt und flüchtig, ohne Freunde sind?
So dacht' ich und erkannte, daß unüberlegt
Mein Thun gewesen, daß ich thöricht euch gegrollt.
860 Nun lob' ich's, acht' es kluggethan, daß Solche du
Uns als Verwandte zugesellt: ich Thörichte,
Ich hätte sollen deines Plans Genossin sein,
Ihn fördern helfen und an deinem Lager stehn,
Mich freuen sollen, selbst zu schmücken deine Braut.
865 Wir sind nun einmal, wie wir sind, — ich schelte nicht —
Sind Weiber: also mußt du nicht den Bösen es
Gleichthun; vergilt nicht thöricht Thun mit thörichtem.
Ich gebe nach, bekenne, daß ich's schlimm gemacht
Damals; indessen überlegt' ich's besser nun.
870 O Kinder, Kinder, kommt zu mir, verlaßt das Haus,
O kommt, umarmt ihn, küsset ihn, und redet an
Mit mir den Vater, und vergessen sei zugleich
Die alte Feindschaft; auch die Mutter ist versöhnt,
Und Friede waltet zwischen uns, der Groll verschwand.
875 Ergreift des Vaters rechte Hand! — Weh, wehe mir,
Gedenk' ich dessen, was ich tief verbergen muß! —
O meine Kinder, werdet ihr die liebe Hand
Noch lange so mir reichen? — Ich Unselige,
Mein Auge schmerzt von Weinen, ich bin voller Furcht!
880 Mit eurem Vater ausgesöhnt nach langer Zeit,
Netz' ich die zarte Wange mit der Thränen Flut.

### Der Chor.
Hell brachen mir auch Zähren aus dem Auge vor:
Und komme nur nicht größres Leid, als jetzt, auf euch!

**Jason.**

Dies lob' ich, Weib, und daß du grolltest, tadl' ich nicht.
885 Denn billig zürnt dem Gatten wohl der Frau'n Geschlecht,
Der heimlich einer Andern sich in Lieb' ergab.
Nun hat dein Herz sich umgewandt zum Besseren;
Du hast doch Einmal endlich dir den würdigern
Entschluß erkoren: also thut ein kluges Weib.
890 Doch eures Wohls, o Söhne, war der Vater schon
Durch Götterhuld voll zarter Sorgfalt eingedenk;
Denn ihr, ich hoff' es, werdet im Korintherland
Mit euren Brüdern noch dereinst die Ersten sein.
So wachset fröhlich: alles Andre schafft für euch
895 Der Vater, schaffen Götter, die uns gnädig sind.
O möcht' ich glücklich euch an's Ziel der Männlichkeit
Gelangen, einst als unsrer Feinde Sieger sehn! —

(zu Medeia)

Was nezt die Thräne wiederum das Auge dir?
Die blasse Wange wendest du von mir zurück,
900 Und nimmst die Worte, die ich sprach, nicht freudig auf.

**Medeia.**

Nichts ist es: ich gedachte nur der Kinder hier.

**Jason.**

Um diese trag' ich Sorge schon; sei gutes Muths.

**Medeia.**

Ich bin es und mißtraue deinen Worten nicht.

**Jason.**

Was weinst du dann so schmerzlich um die Kinder?

**Medeia.**

Ich
905 Gebar sie. Als du wünschtest, daß sie wohlgedeihn,
Da dacht' ich jammernd, ob es auch geschehen wird.

Schwach sind die Frauen und zu Thränen stets geneigt.
Doch von den Dingen, derenthalb ich dich beschied,
Vernahmst du Eines: höre nun das Andre noch.
910 Weil mich der König aus dem Lande ziehen heißt,
Und das für mich das Beste, wohl erkenn' ich es,
Damit ich dir nicht oder ihm im Wege sei,
Denn, bleibend, schien' ich immer eures Hauses Feind:
So scheid' ich selbst und fliehe fort aus diesem Land;
915 Doch daß die Kinder deine Hand erziehen mag,
So bitte Kreon, daß er sie im Lande läßt.

### Jason.

Dazu bered' ich schwerlich ihn; doch sei's versucht!

### Medeia.

So sende doch nur deine Braut zum Vater hin,
Ihn anzuflehen, daß er sie im Lande läßt.

### Jason.

920 Es sei: und sie zu überreden glaub' ich wohl,
Wenn sie gesinnt ist, wie die andern Frauen sind.

### Medeia.

Bei dieser Mühe will ich selbst dir Hülfe leih'n,
Will ihr Geschenke senden, die, ich weiß gewiß,
Von allen auf der Erde weit die schönsten sind,
925 Ein feines Festkleid, einen goldgewobnen Kranz
Ihr durch die Kinder senden. Hole denn sofort
Der Dienerinnen eine mir den Schmuck herbei!
Glückselig wird sie, tausendfach, nicht Einmal nur,
Die dich, den besten Helden, zum Gemahl erhält,
930 Die nun den Schmuck errungen, den einst Helios,
Des Vaters Vater, seinen Enkelkindern gab!
Nehmt hier die Hochzeitgaben, Söhn', in eure Hand,

Und bringt der königlichen Braut, der glücklichen,
Sie dar: empfangen wird sie nichts Verächtliches.

**Jason.**

935 Warum, o Thörin, schenkst du das aus deiner Hand?
Du meinst, an Golde mangl' es wohl im Königshaus,
An Festgewändern? Schenke Nichts, behalt' es dir.
Denn wenn die Braut mich ihrer Liebe würdig hält,
So zieht sie mich, das weiß ich, allen Schäzen vor.

**Medeia.**

940 Nicht also! Gaben, heißt es, freun die Götter auch,
Und tausend Reden übertrifft an Macht das Gold.
Ihr lacht des Glückes Fülle, sie erhöht ein Gott,
Die junge Braut herrscht; aber mit dem Leben selbst,
Nicht bloß mit Golde, kauft' ich ab der Söhne Bann.

945 Doch nun, o Kinder, geht hinein in's reiche Haus;
Die neue Frau des Vaters, meine Königin,
Fleht an, erbittet, daß man euch hier bleiben läßt,
Und reicht den Schmuck ihr: denn vor Allem thut es Noth,
Daß sie mit eignen Händen mein Geschenk empfängt.

950 Geht ungesäumt; nach wohlbestelltem Werke bringt
Erwünschte Kunde dessen, was die Mutter hofft.

(Jason ab mit den Kindern.)

**Der Chor.**

Erste Strophe.

Nun hoff' ich die Söhne nicht lebend mehr zu schaun,
Nimmermehr! Sie gehen bereits in den Tod hin.
Einen Kranz, goldfunkelnd, empfängt die Vermählte,
955 Ihren Fluch empfängt die Arme,
Und in das blonde Geflecht
Der Locken heftet sie des Todes
Schmuck mit eignen Händen.

### Erste Gegenstrophe.

Wohl wird sie der göttliche Glanz anlocken, sich
960 Mit dem Festkleid und mit dem Kranze zu schmücken:
Ja, sie schmückt im Hades sich bald zu dem Brautfest.
Fallen wird sie, ach! in solches
Nez, und des Todes Geschick
Entrafft die Arme; diesem Fluche
965 Wird sie nicht entrinnen.

### Zweite Strophe.

Unglücklicher, armer Verlobter,
Unsers Königs Eidam,
Du verhängst Verderben
Unwissentlich über die Söhn' und bringst
970 Der Braut unseligen Tod!
Wie wenig, ach, kennst du deine Leiden!

### Zweite Gegenstrophe.

Dein Trauergeschick, o Medeia,
Klag' ich, arme Mutter,
Die du dich bereitest,
975 Zu ermorden die Söhn' um das bräntliche Bett,
In welchem der frevelnde Mann
Der Andern beiwohnt und dich verstoßen!

**Der Hofmeister.**
(mit den Kindern)

O Herrin, deine Söhne sind vom Bann befreit,
Und froh empfing die königliche Braut von uns
980 Die Gaben: Friede haben nun die Kinder dort.

**Der Chor.**

Ach!

**Der Hofmeister.**

Was stehst du da so traurig, da dir Freude ward?

**Medeia.**

Weh, weh!

**Der Hofmeister.**

Zu meiner Botschaft stimmen solche Laute nicht.

**Medeia.**

Und aber weh mir!

**Der Hofmeister.**

Meldet' ich ein Ungemach?
Ich hoffte, Frohes kundzuthun, und täuschte mich?

**Medeia.**

985 Du meldest, was du melden mußt; dich schelt' ich nicht.

**Der Hofmeister.**

Was senkst du denn die Blicke, brichst in Thränen aus?

**Medeia.**

Nothwendig, Alter, muß ich das; denn Solches hat
Ein Gott und mein verkehrter Sinn mir zugetheilt.

**Der Hofmeister.**

Getrost! Zu deinen Kindern kommst auch du noch heim.

**Medeia.**

990 Und Andre fördr' ich früher heim, ich Elende.

**Der Hofmeister.**

Du wardst von deinen Kindern nicht allein getrennt:
Was ihm verhängt ist, trage leicht der Sterbliche!

**Medeia.**

Das will ich: aber gehe nun in's Haus hinein,
Und sorge für die Knaben, wie du täglich mußt.
995 O Kinder, liebe Kinder, ihr habt Haus und Stadt,
Worin ihr wohnen werdet, mich Unglückliche
Verlassend, eurer Mutter allezeit beraubt:
Ich aber wandr're flüchtig aus in fremdes Land,
Bevor ich froh ward euer und euch glücklich sah,

1000 Bevor ich Hochzeitlager und die junge Braut
Euch schmückte, Hochzeitfakeln trug an eurem Fest.
Weh, daß ich also starrgesinnt und trozig war!
Umsonst, o Kinder, hab' ich denn euch großgenährt,
Umsonst geduldet, mich in Mühen abgehärmt,
1005 Und herbe Qual ertragen, als ich euch gebar!
Wohl trug ich Jammervolle mich mit Hoffnungen
Vielfach, im Alter würdet ihr mich pflegen einst,
Mich wohl bestatten, wenn ich abgeschieden bin:
Beneidenswerthes Menschenloos! Nun ist sie hin,
1010 Die süße Sorgfalt; euer werd' ich nun beraubt,
Und leb' ein qualvoll Leben, mir zur Trauer nur.
Ihr werdet eure Mutter nie mit Augen mehr
Erblicken, in ein andres Leben scheidet ihr.
Ach, ach! Warum, o Kinder, blickt ihr so mich an?
1015 Was lächelt ihr mit eurem lezten Lächeln mir?
Weh, was beginn' ich? Herz und Muth entschwinden mir,
Wenn ich, o Frau'n, der Kinder heitres Auge sah.
Nein, nein, ich kann nicht! Fahre wohl, mein voriger
Entschluß! Die Kinder führ' ich aus dem Lande weg.
1020 Was brauch' ich, daß ihr Vater um ihr trübes Loos
Sich härme, zwiefach bittres Leid mir anzuthun?
Nein, nimmermehr! Fahrt hin, Entschlüsse, fahret hin! —
Was aber thu' ich? Soll man mich verlachen, daß
Ich meine Widersacher ungestraft entließ?
1025 Es muß gewagt sein! Ueber mich Feigherzige,
Den weichen Worten Raum zu leihn in meiner Brust!
Geht, Kinder, geht in's Haus hinein! Wem's nicht geziemt,
Dem Opfer anzuwohnen, der entferne sich:
Nicht durch ein feig Erbarmen schänd' ich meine Hand.
Ach, ach!

1030 Nein, nein, o Seele, denke dies Verwegne nicht!
O laß die Kinder, schone sie, Unselige!
Mit dir im Banne lebend, sind sie Wonne dir. —
Nein, bei den Rachegeistern dort in Hades' Nacht!
Nie soll's geschehen, daß ich meine Kinder selbst
1035 Hingäbe, meiner Widersacher Spott zu sein!
Das ist beschlossen, das besteht unwandelbar.
Schon auf dem Haupte ruht der Kranz, in meinem Kleid
Stirbt schon die königliche Braut, ich weiß gewiß.
So geh' ich nun den jammervollsten Weg dahin,
1040 Und diese send' ich einen jammervollern noch.
Noch einen Gruß den Söhnen! Reicht, o Kinder, reicht
Der Mutter eure Rechte, sie zu küssen, dar.
O liebe Hände, lieber Mund, liebreizende
Gestalt, o meiner Kinder edles Angesicht!
1045 Ja, werdet glücklich, aber dort! Der Erde Glück
Nahm euch der Vater. Lieblich hold Umfangen, ach,
Du süßer Hauch des Athems, weicher Wangen Roth!
Geht, geht, o Kinder: ich vermag nicht länger mehr
Euch anzublicken, ich erliege meinem Leid.
1050 Wohl fühl' ich, welchen Gräuel ich vollbringen will;
Doch über mein Erbarmen siegt des Zornes Wuth,
Die stets die größten Leiden bringt den Sterblichen.

(ab mit den Kindern in den Palast.)

### Der Chor.

In die Tiefen der Weisheit hab' ich mich oft
Schon sinnend vertieft, und kühner gekämpft,
1055 Zu durchforschen die Wahrheit, als es geziemt
Dem Geschlechte der Frau'n: doch Sinn und Geist
Ward uns auch verliehn, und die Muse besucht,

Lehrt Weisheit uns, — nicht jegliche zwar;
Denn wenige der Art fändest du wohl
1060 In der Menge heraus: —
Wir lieben die Künste der Musen.
So sag' ich es denn: ein Sterblicher, der
Unkundig der Eh' hinlebt und nie
Nachkommen gezeugt, ist glücklicher, als,
1065 Der Kinder erzielt.
Wer keine gezeugt, lebt, sicher und frei
Von mancherlei Mühn, sein Leben dahin;
Er erfuhr niemals, ob, Vater zu sein,
Uns Freud', ob Kummer bereite.
1070 Wem aber im Haus ein holdes Geschlecht
Von Kindern erblüht, den seh' ich verzehrt
Von Bekümmerniß all sein Leben hindurch.
Erst muß er sorgen, sie gut zu erziehn,
Und daß er ein Erbgut lasse zurück;
1075 Dann weiß er niemals, ob er sich auch
Für wackere, nicht
Für entartete Kinder geängstigt.
Doch Eins noch nenn' ich von Allem zulezt,
Für die Sterblichen all' ein hartes Geschick.
1080 Zu genügendem Wohlstand kam er empor,
Untadelich blühn, vollkräftig erstarkt,
Ihm die Söhne heran: zeigt nun sich ein Gott
Feindselig, wie hier, dann raffet der Tod
In des Hades Nacht ihm die Kinder hinab.
1085 Was frommt's nun, daß zu dem übrigen Leid
Auch dies noch, diesen entsezlichsten Schmerz
Um der Kinder Verlust,
Uns Sterblichen fügen die Götter?

**Medeia.**

Schon lang des Ausgangs harr' ich hier, geliebte Frau'n,
1090 Und blicke nach dem Hause, wie's dort enden wird.
Doch nun gewahr' ich Einen dort sich nähern uns
Der Diener Jasons; sein erregter Athem zeigt,
Er wird ein neues Uebel uns verkündigen.

**Ein Bote.**

Du, die so schwere, grausenvolle That verübt,
1095 Medeia, fliehe, fliehe, nicht ein schwimmendes
Fahrzeug verschmähend, noch der Räder raschen Flug!

**Medeia.**

Was ist geschehen, daß du mahnst zu solcher Flucht?

**Der Bote.**

Todt ist die königliche Braut, auch Kreon starb,
Ihr Vater; deine Zauberei'n entseelten sie.

**Medeia.**

1100 Die schönste Botschaft bringst du mir, und wirst dafür
Fortan von mir Wohlthäter, wirst mein Freund genannt.

**Der Bote.**

Wie sagst du? Denkst du richtig, Weib, und rasest nicht?
Du hast das königliche Haus mit Schmach bedeckt,
Und hörst es freudig, und dir graut vor Solchem nicht?

**Medeia.**

1105 Ich könnte wohl auf deine Worte Mancherlei,
Mein Freund, erwiedern; aber eile nicht so sehr:
Erzähle, wie sie starben; doppelt wirst du mich
Erfreuen, wenn ihr Lebensende schmerzlich war.

**Der Bote.**

Als mit dem Vater deiner Söhne Paar erschien,
1110 Und in der Braut Gemächern eingetreten war;
Da freuten wir uns alle, die dein Leid betrübt,

Wir Diener: vielfach raunten wir uns gleich in's Ohr,
Den alten Zwist mit Jason hab'st du beigelegt.
Der Eine küßt die Hände, der das blonde Haupt
1115 Der Knaben; und ich folge selbst ihm freudenvoll
Mit deinen Kindern nach der Frau'n Gemächern hin.
Die Herrin, die wir ehren jezt an deiner Statt,
Ließ, eh sie deiner Söhne Paar ansichtig ward,
Auf Jason freudig liebevoll die Blicke ruh'n;
1120 Doch dann mit Einmal drückte sie die Augen zu,
Und wandte scheu ihr blasses Angesicht zurück,
Als deine Söhn' eintraten: aber dein Gemahl,
Bemüht, der Jungfrau Zürnen abzuwehren, sprach
Die Worte: „Feindlich hasse nicht die Freunde mehr,
1125 Laß ab zu grollen, wende mir dein Auge zu,
Und achte die für Freunde, die dein Gatte liebt:
Nimm ihre Gaben, flehe, daß dein Vater, mir
Zuliebe, meinen Kindern hier den Bann erläßt."
Und sie, den Schmuck erblickend, hielt sich nimmermehr,
1130 Versprach dem Gatten Alles, und bevor er noch
Mit deinen Kindern weit entfernt vom Hause war,
Nahm sie das bunte Festgewand und legt' es an,
Und auf die Locken sezte sie den goldnen Kranz,
Trat vor den blanken Spiegel dann, und ordnete
1135 Das Haar, und lächelt' heiter an ihr todtes Bild.
Vom Throne drauf erstand sie und durchwandelte
Die Halle, leicht hinschreitend mit dem weißen Fuß,
Und überfroh der Gaben, oft und manchesmal
Das Auge weidend an der hohen Wohlgestalt.
1140 Nun aber gab's ein kläglich Schauspiel anzusehn.
Denn schnell die Farbe wechselnd, taumelt sie zurück,
An allen Gliedern bebend, und gelangte kaum

Zum Throne wankend, eh sie ganz zu Boden sank.
Und eine graue Dienerin (die glaubte wohl,
1145 Pan's oder andrer Götter Zorn befalle sie,)
Erhob ein lautes Beten, bis sie weißen Schaum
Um ihre Lippen, und den graß verdrehten Blick
Der Augen, und die Wangen sah blutlos und bleich.
Da stöhnt sie bittre Klagen aus statt eifriger
1150 Gebete: gleich lief Eine nach des Vaters Haus,
Die Andre nach dem neuvermählten Bräutigam,
Das Leid der Braut zu melden; und von eilenden
Fußtritten dröhnte ringsumher das ganze Haus.
Nun hätt' ein rascher Läufer wohl das Ziel erreicht,
1155 Der auf der weitgestreckten Bahn die Füße hebt:
Da fuhr die Jammervolle, die lautlos und starr
Mit zugeschloss'nen Augen lag, wildstöhnend auf;
Denn doppelt zog Verderben wider sie heran.
Der goldne Kranz um ihre Schläfe, (wunderbar!)
1160 Er strömte Gluten Feuers allverzehrend aus;
Das feine Kleid, das deine Kinder ihr gebracht,
Schmiegt an der Armen weißes Fleisch sich zehrend an.
Sie flieht, vom Thron aufspringend, durch die Flamm'
erfaßt,
Und schüttelt hierhin, schüttelt dorthin Haupt und Haar,
1165 Den Kranz hinwegzuschleudern; doch fest hafteten
Des Goldes Fesseln, und das Feuer flammt, indeß
Sie so die Locken schüttelt, noch zweimal so stark.
Sie stürzt,' erliegend ihrem Leid, zur Erde hin,
Unkenntlich Allen, nur erkannt vom Vater noch:
1170 Denn weder sah man ihrer Augen Lage, noch
Ihr edles Antliz, und das Blut entsprudelte
Der Scheitel und vermischte mit dem Feuer sich;

Wie Fichtenzähren, troff das Fleisch ihr vom Gebein,
Ergriffen von des Giftes unsichtbarem Zahn.
1175 Ein kläglich Schauspiel! Anzurühren scheun wir uns
Die Todte; denn vorsichtig macht' uns ihr Geschick.
Dem armen Vater ahnte Nichts von solchem Leid;
Zum Hause kommt er eilend, stürzt zur Todten hin,
Und stöhnt in bittern Klagen und umschlingt und küßt
1180 Den Leichnam, also sprechend: „Unglückselig Kind!
Ha, welche Gottheit hat so schmachvoll dich entseelt,
Wer dich dem Greise, der am Rand des Grabes steht,
Geraubt? O Tochter, wehe, stürb' auch ich mit dir!"
Als er zu klagen und zu jammern aufgehört,
1185 Emporzurichten strebt er da den greisen Leib;
Doch, wie der Epheu an des Lorbeers Zweigen, hing
Er fest am Kleide: nun begann ein grauser Kampf.
Sein Knie heraufzuziehen müht der Alte sich,
Sie zog es rückwärts; rang er dann gewaltiger,
1190 So riß er vom Gebeine sich das greise Fleisch.
Zulezt erlosch das Leben und der Geist entfloh
Dem Armen; nicht mehr ward er seines Leidens Herr.
Nun liegen sie, die Tochter und der Vater, todt
Beisammen: thränenwürdig ist ein solches Loos.
1195 Zu rathen, was dir frommen mag, enthalt' ich mich;
Denn selbst erkennst du, wie du deiner Straf' entrinnst.
Doch nicht zuerst heut acht' ich alles Menschliche
Für einen Schatten, und erkläre sonder Scheu:
Die klug sich dünken und mit Rednereien viel
1200 Sich wissen, seh' ich als die größten Thoren an.
Denn auf der Welt lebt Keiner, der glückselig ist;
Und strömte Reichthum dir in Fülle zu, du magst
Vor Andern glücklich, aber nie glückselig sein.

22*

**Der Chor.**

Die Götter scheinen vieles Leid an diesem Tag
1205 Auf Jasons Haupt zu häufen, und mit vollem Recht.
O Tochter Kreons, Arme, wie beklagen wir
Dein Jammerschicksal, die hinab zum Thore wallt
Des Schattenlandes, weil sie Jasons Gattin ward!

**Medeia.**

Ihr Theuren, fest ist mein Entschluß, die Kinder schnell
1210 Zu tödten und dann wegzuflieh'n aus diesem Land.
Nicht träge zaudernd geb' ich meine Kinder hin,
Will nicht von eines Feindes Hand sie morden sehn.
Es gilt, sie müssen sterben; und, muß dieses sein,
Will ich sie selbst ermorden, ich, die sie gebar!
1215 Wohlauf, o Seele, waffne dich! Was säumen wir,
Die That zu thun, die grause, die nothwendige?
Ergreif' ein Schwert, du meine jammervolle Hand,
Ergreif' es, eile nach des Lebens düsterm Ziel,
Sei nicht verzagt, und denke nicht, wie theuer dir
1220 Die Kinder waren, daß du sie gebarst. Vergiß
Nur dieses kurzen Tages Frist der Kinder, und
Dann weine! Tödtest du sie gleich, doch waren sie
Dir theuer: — ich bin, ach, ein unglückselig Weib!

(ab in den Palast.)

**Der Chor.**

Strophe.

O weh, Erd' und allleuchtender
1225 Strahl des Helios, du! O seht, seht sie an,
Das unselig grause Weib, ehe sie
Die blutvolle Hand hebt zu der Söhne Mord!
Sie sprossen ja von deinem goldnen Stamm;
Ein Gräul wär' es, wenn göttliches Geschlecht

1230 Fiele von Menschenhand.
Darum, o heilig Licht, hemme sie, wehre sie,
Treibe vom Haus die blutige Erinnys fort,
Das Graun, das von Rachgeistern getrieben wird!

Gegenstrophe.

Umsonst littst du um die Kinder Schmerz,
1235 Umsonst also gebarst du den geliebten Stamm,
Die du der Symplegaden ungastlichem,
Bläulichem Felsenpaar über das Meer entschifft!
Warum, Arme, hat so schwerer Zorn
Dein Herz übermannt, was tauschest du
1240 Feindlichen Mord um Mord?
Denn das verwandte Blut, welches zur Erde floß,
Drückt auf die Menschen schwer, sucht mit entsprechenden
Qualen den Mörder heim, die ihm ein Gott verhängt.

Der eine Sohn.
(innen)

Weh, was beginn' ich? Wie entfliehn der Mutter Hand?

Der andere Sohn.
(innen)

1245 Ich weiß es nicht, mein Bruder; sterben müssen wir.

**Der Chor.**

Hörst du der Kinder Weheruf, hörst du ihn?
O unholde Mutter, unselig Weib!
Eil' ich in's Haus hinein? Den Mord wehren muß
Ich von den Kindern dort.

Die beiden Söhne.
(innen)

1250 Ja, bei den Göttern, helfet! Wohl bedürfen wir's;
Denn nah' umstricken uns des Schwertes Neze schon.

### Der Chor.

O Unholdin, wohl bist du von Stein, von Erz,
Daß du der Kinder Saat, die du gebarst,
Also mit eignen Händen hinmorden kannst!
1255 Nur Ein Weib der alten Welt, Eines nur,
Hat an geliebte Kinder selbst Hand gelegt,
Ino, von Götterwuth entflammt, als Hera sie
Aus ihrer Heimat fern' hinaus in die Irre trieb.
In's Meer stürzt die Arme, die frevelhaft
1260 Die Söhn' hingewürgt,
Den Fuß hinüberstreckend über Meeresstrand,
Und geht zu Grunde sterbend mit der Söhne Paar.
Was könnte Grauenvolleres noch gescheh'n?
Du qualvolle Frau'nliebe, du,
1265 Wie viel hast du schon der Welt Leid gebracht!

### Jason.
(eilt herbei)

Ihr Frauen, die ihr nahe diesem Hause steht,
Verweilt in seinen Hallen noch die Frevlerin,
Medeia, oder wandte sie zur Flucht sich schon?
Sie muß im Erdenschooße tief sich bergen, muß
1270 Mit Flügeln sich erheben, traun, in Aethershöhn,
Wenn sie dem königlichen Haus nicht büßen will.
Sie, die des Landes Herrscherstamm ermordete,
Hofft ungestraft aus diesem Hause fortzufliehn?
Doch nicht um sie ja sorg' ich, um die Kinder nur;
1275 Ihr wird es schon vergelten, wem sie Böses that.
Die Söhne nur zu retten, bin ich hergeeilt,
Daß nicht der Anverwandten Groll sie zürnend trifft,
Und ihrer Mutter grausen Mord an ihnen rächt.

##### Der Chor.
In welches Unglück du versankst, du weißt es nicht;
1280 Sonst, armer Jason, sprächst du diese Worte nie.
##### Jason.
Was ist's? Beschlossen hat sie wohl auch meinen Tod?
##### Der Chor.
Todt sind die Söhne, durch der Mutter Hand entseelt.
##### Jason.
Was sagst du? Wehe! Du vernichtest mich, o Frau.
##### Der Chor.
Ja, wisse, deine Kinder sind nicht mehr, o Fürst.
##### Jason.
1285 Wo ward der Mord vollendet, innen oder hier?
##### Der Chor.
Thu' auf die Pforten, und du siehst der Söhne Blut!
##### Jason.
Löst ungesäumt die Riegel, reißt die Fugen los,
Ihr Diener, daß ich sehen mag mein Doppelleid,
Die Todten, und sie strafe, die den Mord verübt!
##### Medeia.
(erscheint mit den Leichen auf einem Drachenwagen in der Luft)
1290 Was rührst du, stürmst mit Hebeln diese Pforten auf,
Nach Leichen spürend und nach mir, der Mörderin?
Laß ab von dieser Mühe; doch, bedarfst du mein,
Sprich: was begehrst du? Deine Hand berührt mich nie.
Mir gibt der Vater meines Vaters, Helios,
1295 Solch einen Wagen, der mich schirmt vor Feindeshand.
##### Jason.
Ruchloses Scheusal, du, verhaßt den Himmlischen
Und mir und allen Menschen, die das Todeserz,
Die Mutter, frevelnd bohrt' in eigner Söhne Brust,

Der Kinder mich beraubte, mich vernichtete,
1300 Und noch, nachdem sie Das verübt, der gräßlichsten
Unthat sich unterfangen, Sonn' und Erde schaut:
Stirb! Jezo werd' ich weise, damals war ich's nicht,
Als aus der Heimat, aus Barbarenländern ich
Dich Fluch nach Hellas führte, dich Verrätherin
1305 Des Vaters und des Landes, das dich auferzog.
Dich bösen Dämon warfen mir die Götter zu,
Dich, die den Bruder erst erschlug am Vaterherd,
Und dann der Argo schöngebautes Schiff bestieg.
In solcher Art begannst du, dann vermähltest du
1310 Dich mir, gebarst mir Kinder, und ermordetest
Die Kinder, grollend um den neuen Ehebund.
Kein Weib in Hellas hätte dies jemals vermocht:
Und doch vor ihnen allen hab' ich dich erseh'n,
Mein Weib zu werden, die du mein Verderben wardst,
1315 Du, eine Löwin, nicht ein Weib, von wild'rer Art,
Als Skylla tief im Meeresfels Tyrrhenia's.
Doch nicht mit tausendfachem Hohn vermöcht' ich dich
Zu kränken: solcher starre Troz erfüllt dein Herz!
Fahr' hin, du Scheusal, das die eignen Söhn' erschlug!
1320 Ich aber kann nur jammern über mein Geschick;
Ich werde mich der neuen Ehe nicht erfreun,
Ich kann die Söhne, die ich zeugt' und auferzog,
Nicht lebend mehr begrüßen; denn sie sind dahin.

**Medeia.**
Entgegen deinen Worten könnt' ich lange wohl
1325 Die Rede dehnen, zeugte mir nicht Vater Zeus,
Was du von mir empfangen, was du mir gethan.
Du durftest nicht, nachdem du meinen Bund entehrt,
Ein wonnig Leben führen und hohnlachen mir;

Nicht ungestraft aus diesem Lande durfte mich
1330 Die Fürstin treiben oder der sie dir vermählt.
So nenne mich denn Löwin, wenn es dir beliebt,
Und Skylla, wohnend im Geklüft Tyrrhenia's;
Getroffen hab' ich nach Gebühr dein falsches Herz.

**Jason.**

Und trauerst selbst auch, hast an meinem Leide Theil.

**Medeia.**

1335 Wohl; doch es löst den Kummer, lachst du meiner nicht.

**Jason.**

O Kinder, daß euch Mutter ward die Frevlerin!

**Medeia.**

O Söhne, daß ihr untergingt durch Vatersschuld!

**Jason.**

Doch meine Hand nicht war es, die sie mordete.

**Medeia.**

Dein neuer Eh'bund aber und dein Uebermuth.

**Jason.**

1340 Und war es, sie zu tödten, auch die Ehe werth?

**Medeia.**

Dem Weibe, meinst du, dünke das geringe Schmach?

**Jason.**

Der weisen Frau wohl; aber dir ist Alles schlimm.

**Medeia.**

Sie leben nicht mehr; dieses macht dir bittern Schmerz.

**Jason.**

Sie leben, weh! sind rächend über deinem Haupt.

**Medeia.**

1345 Die Götter wissen, wer des Leids Urheber war.

**Jason.**

Sie wissen's, ja, sie kennen dein ruchloses Herz.

**Medeia.**
Verhaßter, widrig lautet mir dein bitteres Wort.
**Jason.**
Und mir das deine; leichter wird das Scheiden sein.
**Medeia.**
Wie? Was beginn' ich? Scheiden ist auch mir erwünscht.
**Jason.**
1350 Die Todten laß mich klagen und beerdigen.
**Medeia.**
Mit nichten: ich bestatte sie mit dieser Hand
Im Hain der Hera, welche hier die Burg bewohnt,
Daß nicht ein Widersacher sie beschimpfe, nicht
Ihr Grab verwüste: hier im Land des Sisyphos
1355 Gedenk' ich Opferweihen und ein hohes Fest
Fortan zu stiften, Sühne für den grausen Mord.
Nun aber eil' ich nach Erechtheus' Lande hin,
Und wohne bei Pandions edlem Sohne dort.
Du stirbst, ein Böser, bösen Tod, wie du's verdient,
1360 Nachdem du meiner Ehe bittres Ziel geschaut.
**Jason.**
Dich tödte der Kinder Erinnys, dich,
Und das blutige Recht!
**Medeia.**
Wo hört dich ein Dämon oder ein Gott,
Meineidiger, der Gastfreunde berückt?
**Jason.**
1365 Weh', Frevlerin, weh, Kindsmörderin, dir!
**Medeia.**
Geh' hin in das Haus und bestatte dein Weib.
**Jason.**
Ich gehe, der beiden, der Kinder beraubt.

#### Medeia.

Noch jammerst du nicht; harre des Alters!

#### Jason.

O theuerste Söhne!

#### Medeia.

Der Mutter, nicht dir.

#### Jason.

1370 Und erschlugest sie doch?

#### Medeia.

Dich kränkt' ich damit.

#### Jason.

Ich Unglückseliger sehne mich, ach!
An den Mund der Geliebten zu fügen den Mund

#### Medeia.

Nun sprichst du sie an, nun kosest du sie,
Und verstießest sie einst!

#### Jason.

O vergönne mir, ach!
1375 Zu berühren die Wang' und den lieblichen Mund.

#### Medeia.

Niemals! In die Lüfte verscholl dein Wort.

#### Jason.

Zeus, hörtest du, wie man mich ausstößt, ha!
Was dulden ich muß von der Löwin hier,
Die frevelnd die eigenen Kinder erschlug?
1380 Doch was ich noch kann und so laut ich vermag,
So jammer' ich laut zu den Göttern empor,
Und rufe sie auf als Zeugen, wie Du
Mir gemordet die Söhn' und die Todten sodann
Zu berühren verwehrst und zu bergen im Grab!

1385 Ach, zeugt' ich sie niemals! Säh' ich sie nie
Von der eigenen Mutter erschlagen!

### Der Chor.

Viel ordnet und schafft im Olympos Zeus,
Viel wirkt unverhofft der Unsterblichen Rath,
Und was du gewähnt, vollendet sich nicht:
1390 Zum Unmöglichen findet die Bahn ein Gott.
So endete dieses Begegniß.

# Anmerkungen zu Medeia.

**Vers 1.** Den ersten Anlaß zu dem Zuge der Argonauten gab ein Orakelspruch, welcher den König Pelias von Jolkos (am Fuße des Berges Pelion in Thessalien) vor demjenigen warnte, der nur mit Einem Schuh bekleidet vor ihn treten würde. Dies geschah bald hernach durch seinen Neffen Jason, dessen Vater Aeson von seinem Stiefbruder Pelias des Thrones beraubt und ermordet worden war. Pelias, um sich vor der Rache seines Neffen zu sichern, befahl demselben, die höchst gefahrvolle Seefahrt nach Kolchis (einer Landschaft an der Ostküste des schwarzen Meeres) zu machen und das dort befindliche, von einem Drachen bewachte, goldene Vließ zu holen. Jason unterzog sich dem schweren Unternehmen, ließ durch Argos das Schiff Argo bauen, und fuhr dann, von einer Schaar der erlesensten Helden begleitet, unter fortwährenden gefahrvollen Abenteuern durch die Symplegaden (zwei felsige Inseln des schwarzen Meeres an der Mündung des thrakischen Bosporos), und kam endlich nach Kolchis, wo der Vater Medeia's, König Aeetes, herrschte. Dieser wollte dem kühnen Fremdlinge das goldene Vließ nur unter der Bedingung überlassen, daß derselbe zuerst den bewachenden Drachen erlegen, dann mit feuerspeienden Stieren ein großes Feld bepflügen, die Zähne des Drachen in das Feld säen und die daraus hervorwachsenden wilden Männer bekämpfen solle. Alle diese Gefahren überwand Jason nur durch Medeia's Hülfe, indem diese, von den Göttinnen Here und Aphrodite mit glühender Leidenschaft für Jason erfüllt, ihn durch ihre Zauberkünste gegen jeden Unfall sicherte. So rettete sie ihm nicht nur das Leben und half ihm das goldene Vließ gewinnen, sondern entfloh auch mit ihm, als er mit seinen Gefährten, den Argonauten, nach Jolkos zurückkehrte. Aber ihr Vater Aeetes sezte ihr nach und holte sie ein; doch sie ermordete schnell ihren Bruder Apsyrtos, zerstückelte ihn, und warf die Glieder dem bestürzten Vater in den Weg, wodurch sie mit Jason Zeit gewann, den Verfolgern zu entrinnen. Nach Jolkos zurückgekehrt, sann Jason auf Rache gegen den König Pelias, der ihm die Eltern getödtet hatte und nun den Thron vorenthielt; die listige Medeia führte diese Rache aus, indem sie die Töchter des Pelias überredete, ihren Vater zu ermorden. Der Rache der Verwandten des ermordeten Königs zu entgehen, flohen Jason und Medeia nach Korinthos. Hier brach zwischen den beiden Gatten ein unheilbarer Zwiespalt aus; Jason, um sich und seinen Kindern eine bleibende Stätte zu gewinnen, wollte sich mit der Tochter des korinthischen Königs vermählen und verstieß Medeia, die Alles für ihn geopfert, die aus Liebe zu ihm so viele Verbrechen begangen hatte und aller Orten nur rachsüchtigen Feinden zu begegnen fürchten mußte. In wilder Verzweiflung über ihr Geschick und von glühender Rachsucht gegen den treulosen Jason erfüllt, finden wir die Unglückliche im Beginne der Tragödie.

Vers 69. **Peirene**, ein Quell auf der Burg von Korinthos.

106. $\mathit{\dot{\alpha}\varrho\chi\tilde{\eta}\varsigma\ \dot{\varepsilon}\xi\alpha\iota\varrho\acute{o}\mu\varepsilon\nu o\nu} = \mathit{\dot{\alpha}\varrho\chi\acute{o}\mu\varepsilon\nu o\nu}$.

107. F. $\mathit{\dot{\alpha}\nu\acute{\alpha}\psi\varepsilon\iota}$ l. $\mathit{\dot{\alpha}\nu\acute{\alpha}\xi\varepsilon\iota}$ (von $\mathit{\dot{\alpha}\nu\acute{\alpha}\sigma\sigma\omega}$, $\mathit{\dot{\alpha}\nu\alpha\tau\acute{\alpha}\sigma\sigma\omega}$).

128. L. $\mathit{\chi\varrho\tilde{\eta}\sigma\vartheta\alpha\iota\ \tau\varepsilon\ \mu\iota\varkappa\varrho\tilde{\omega}}$.

131. Ich tilge das Komma nach $\mathit{\delta\alpha\acute{\iota}\mu\omega\nu}$, und ziehe $\mathit{o\~\iota\varkappa o\iota\varsigma}$ zu beiden Zeitwörtern ($\mathit{\dot{o}\varrho\gamma}$. und $\mathit{\dot{\alpha}\pi\acute{\varepsilon}\delta\omega\varkappa}$.).

139. $\mathit{\mu\grave{\eta}\ \varphi\acute{\iota}\lambda\iota\alpha}$.

# Anmerkungen zu Medeia.

Vers 149. Die Worte: „Zeus, Licht und o Erde!" sind bloßer Ausruf, und die folgenden Worte nicht als Anrede an Zeus u. s. f. zu fassen.

184. φιλα nehme ich als neutr. plur. statt des adverb. φίλως, und lese σπεῦσαι (infin. aor.). Dieser Infinitiv ist von τάδ' αὔδα abhängig, und nach dem lezteren Worte ein Komma zu sezen.

215. Des Meeres Thor — der thrakische Bosporos, die Meerenge, die aus dem Marmorameer in das schwarze Meer führt.

216. Medeia schiffte mit Jason von Kolchis aus Tag und Nacht, während die Seefahrer sonst in der Nacht zu ruhen pflegten.

307. L. τοῖς δ' αὖ προσάντης εἰμὶ κοὐκ ἄγαν σοφή. Mit Beziehung auf V. 302.

318. ἴσω φρενῶν verbinde mit βουλεύῃς.

399. Hekate, als Hausgöttin Medeia's, stand in einem Schrein am Herde.

406. Kreon war ein Sohn des Sisyphos, der einst in Korinthos gebot.

408. Helios, der Sonnengott, war der Vater des Aeetes.

427. Die doppelten Meeresklippen sind die Symplegaden. S. zu V. 1.

524. L. πόνων ἀφίκωυ.

606. Freunde zerbrachen Thierknöchel, und Jeder behielt ein Stück, welches sie selbst, oder von ihnen Gesendete, auf Reisen zeigten, und so als Freunde erkannt wurden. Bothe.

653. Nach dem Nabel der Erde, dem geheimnißvollen Abgrunde im Tempel zu Delphi, das, wie die Alten glaubten, im Mittel der Erde lag.

693. L. καρδίᾳ δὲ βούλεται.

707. Nach der Erklärung des Scholiasten: εἰς τὸ παῖδας ποιῆσαι πάνυ ἐσπέδακα καὶ πρόθυμός εἰμι.

## 352 Anmerkungen zu Medeia.

**Vers** 719. Die Peliaden, die Töchter des Pelias.

744. Hermes, der die Reisenden geleitete, war ein Sohn des Zeus und der Maja, einer Tochter des Atlas.

808. Erechtheus war ein alter König Athens.

823. Der heiligen Ströme Stadt ist Athen, am Kephissos und Jlissos gelegen.

832. Ich lese hier: $πόθεν\ δὲ\ θράσος\ φρενὸς\ ἢ\ χειρὶ\ τέκνων\ κάτα\ καρδίᾳ\ θ'\ ὁπλίζει;$

1145. Plözliche Anwandlungen von Schrecken, deren Ursache man nicht ergründen konnte, schrieb man dem Pan zu.

1173. Fichtenzähren, das Harz, das den Fichten entquillt.

1191. L. $ἀπέσβη$.

1257. Ino, auf Veranlassung der zürnenden Here von ihrem rasenden Gemahl Athamas verfolgt, stürzte sich mit ihrem Sohne Melikertes in's Meer. Nach Euripides tödtete sie ihre beiden Söhne, darauf sich selbst.

1288. das Doppelleid: den Mord der beiden Söhne.

1332. L. $σπέος$ f. $πέδον$.

1355. In Korinth, dem Lande des Sisyphos, feierte man ein jährliches Sühnfest wegen Ermordung der Söhne Medeia's.

1357 f. Das Land des Erechtheus: Athen. — Pandions Sohn: Aegeus.

# VI.

# Orestes.

## Personen.

Apollon.
Orestes, Sohn Agamemnons und der Klytämnestra.
Elektra, seine Schwester.
Pylades, Sohn des Königs Strophios in Phokis, sein Freund.
Menelaos, König von Sparta, Bruder Agamemnons.
Helena, Gemahlin des Menelaos.
Tyndareos, ihr Vater.
Hermione, ihre Tochter.
Ein Bote.
Ein phrygischer Sklave.
Chor edler Frauen von Argos.

Der Schauplaz ist im Vorhofe von Agamemnons Palast in Argos.

**Elektra.** Orestes liegt zur Seite in unruhigem Schlafe.

**Elektra.**

Kein Schicksal ist so gräßlich, das die Sprache nennt,
Kein Leiden und kein gottverhängtes Ungemach,
Daß nicht ertrüge seine Last ein Menschenherz.
Denn auch der Hochbeglückte, (nicht verhöhn' ich ihn!)
5 Der Sohn Kronions, wie sie sagen, — Tantalos,
Schwebt hoch in Lüften, vor dem Fels in steter Furcht,
Der über seinem Haupte ragt, und büßet so,
Weil, wie sie sagen, er, ein Mensch, gewürdiget,
Der Götter Mahl zu theilen, mit der Zunge sich
10 Vermaß, von allen Schwächen, traun, die schmählichste.
Er ward des Pelops Vater, Atreus' Ahn darauf,
Dem Klotho Zwist in seinen Lebensfaden spann,
So daß er mit Thyestes, seinem Bruder, Krieg
Anhob. Warum verweil' ich bei'm Unsäglichen?
15 Atreus, die Söhne schlachtend, lud zum Mahl ihn ein.
Von diesem (denn ich melde nicht, was mitten liegt,)
Sproß Agamemnon, hochberühmt, wofern er's war,
Und Menelaos aus dem Schooß Aërope's.
Der eine, Menelaos, freit um Helena,
20 Die gottverhaßte: mit dem Fluch der Danaër,
Der Klytämnestra, wird vermählt der andre Fürst.
Von ihm und jener stammen wir drei Töchter ab,
Chrysothemis, Iphigeneia, ich Elektra, dann

Ein Sohn, Orestes; uns gebar die Frevlerin,
25 Die ihren Gatten mit dem Wirrgeweb' umstrickt,
Und so gemordet: nicht der Jungfrau ziemt's, den Grund
Zu sagen; dieses Dunkel hell' ein Andrer auf!
Was soll ich Phöbos zeihn der Ungerechtigkeit?
Er trieb zum Mord der Mutter, deren Schooß ihn trug,
30 Oresten, was nicht allen Menschen rühmlich dünkt;
Gleichwohl, dem Gott gehorchend, that er diese That.
Ich hatte Theil am Morde, wie's ein Weib vermag,
Und fördernd bot uns Pylades die Hand dabei.
Seit dieser Zeit, in grimmer Krankheit hingewelkt,
35 Liegt, ach, mein armer Bruder auf dem Lager hier:
Mit wildem Wahnsinn quälend, jagt der Mutter Blut
Ihn auf: ich nenne zitternd nur die Göttinnen, —
Die Eumeniden schrecken ihn mit grauser Angst.
Der sechste Tag ist heute, seit des Feuers Glut
40 Der Mutter Leib gereinigt, die sein Schwert entseelt.
Seit dieser Zeit berührt er keine Speise, gönnt
Kein Bad den Gliedern; tief gehüllt in sein Gewand,
Vergießt er Thränen, wann die Krankheit ihn verläßt,
Bei vollen Sinnen; bald vom Lager springt er auf
45 In schnellem Laufe, wie vom Joch ein Füllen springt.
Doch Argos' Rath gefiel es, nicht das Feuer uns,
Den Muttermördern, noch ein Dach zu gönnen, noch
Ein Wort des Grußes: und bestimmt ist dieser Tag,
Daß Argos' Bürger über uns abstimmen, ob
50 Wir fallen sollen durch den Tod der Steinigung,
Ob uns den Nacken scharfer Stahl durchbohren soll.
Doch Eine Hoffnung haben wir zu leben noch:
Denn Menelaos kam in's Land von Troja heim;
Er füllt den Hafen Nauplia's mit Rudern an,

55 Und steigt an's Ufer, jahrelang umhergeirrt,
Seit Troja stürzte; nächtlich hat er Helena
Voran in unser Haus gesandt, daß Keiner sie
Bei Tage kommen sehe, dem vor Ilion
Die Söhne fielen, und sofort sie steinige.
60 Nun birgt das unheilvolle Weib hier innen sich,
Und weint um ihre Schwester und des Hauses Leid.
Doch blieb in ihrem Jammer ihr ein Trost zurück:
Die Tochter, die von Sparta mit Menelaos kam,
Die dieser hier ließ, als er zog nach Ilion,
65 Und meiner Mutter anbefahl, Hermione;
An ihr sich freuend, denkt sie nicht des Harmes mehr.
Nach allen Wegen späh' ich, ob Menelaos sich
Nicht endlich zeige; denn das Andre bietet uns
Nur schwache Stützen, rettet uns nicht dieser Mann.
70 Wo wäre Rettung, wenn die Noth ein Haus betraf!

### Helena.
(aus dem Palaste tretend)

Du, welche Klytämnestra von Agamemnon einst
Empfing, Elektra, unvermählt so lange schon,
Wie wardst du Muttermörderin, Unselige,
Was übt' Orestes solche That, dein Bruder, aus?
75 Denn nicht verunreint werd' ich durch ein Wort mit dir,
Ich wälze dieser Sünde Schuld auf Phöbos' Haupt.
Doch muß ich Klytämnestra, muß der Schwester Loos
Beweinen, die ich nimmer sah seit jener Zeit,
Daß ich, gewiß durch eines Gottes Zorn berückt,
80 Nach Troja fuhr: verlassen klag' ich mein Geschick.

### Elektra.
Warum dir melden, Helena, was du selbst erblickst,
Das Ungemach, das Agamemnons Sohn betraf?

Ich sitze schlaflos bei dem armen Todten: denn
Todt ist er wahrlich, leise weht sein Athem nur.
85 Wohl klag' ich ihn nicht wegen seiner Leiden an:
Doch du, Beglückte, dein Gemahl, der Glückliche,
Ihr treffet hier uns tief versenkt in schweren Gram.

**Helena.**
Wie lange liegt er auf der Lagerstätte hier?

**Elektra.**
Seitdem er blutig ausgeübt den Muttermord.

**Helena.**
90 Unsel'ger Sohn! Für eine Mutter welch ein Tod!

**Elektra.**
Schwer beugt das Unglück; Kraft und Muth versagte mir.

**Helena.**
Bei Zeus, o Jungfrau, thust du mir wohl einen Dienst?

**Elektra.**
So weit die Sorg' um meinen Bruder mir's vergönnt.

**Helena.**
Du solltest mir zum Grabe meiner Schwester gehn —

**Elektra.**
95 Zu meiner Mutter Grabe soll ich gehn? Warum?

**Helena.**
Von mir die Spenden bringen und der Locken Zoll.

**Elektra.**
Zum Grab der Schwester dürftest du nicht selber gehn?

**Helena.**
Vor Argos' Volke mich zu zeigen, trag' ich Scheu.

**Elektra.**
Spät wirst du weise, die so schmachvoll einst entfloh!

**Helena.**
100 Wahr sprichst du; freundlich aber war die Rede nicht.

**Elektra.**

Und welche Scheu denn hast du vor Mykene's Volk?

**Helena.**

Die Väter fürcht' ich derer, die bei Troja ruhn.

**Elektra.**

Mit Recht: in Argos schilt dich laut ein jeder Mund.

**Helena.**

Gewähre mir's denn, und der Furcht erlöse mich.

**Elektra.**

105 Nicht anzuschaun vermag ich meiner Mutter Grab.

**Helena.**

Doch schmählich ist es, wenn die Magd es bringen soll.

**Elektra.**

Was schickst du deine Tochter nicht, Hermione'n?

**Helena.**

Im Volke sich zu zeigen, ziemt Jungfrauen nicht.

**Elektra.**

Der hingeschiednen Pflegerin vergilt sie so.

**Helena.**

110 Da hast du Recht, mein Mädchen, und ich folge dir.
Kind, aus dem Hause komm hervor, Hermione!

(Hermione tritt aus dem Palaste.)

Dies Todtenopfer nimm zur Hand und dieses Haar,
Und auf der Klytämnestra Grab, gelangst du hin,
Geuß Milch, gemischt mit Honig, geuß des Weines Schaum,
115 Und stehend auf des Hügels Höhn, sprich dieses Wort:
„Dies Opfer weiht dir deine Schwester Helena;
Sie fürchtet deinem Grabe selbst zu nahn, sie scheut
Das Volk von Argos." Heiße sie mit holdem Sinn
Mir, dir, und meinem Ehgemahl gewärtig sein,
120 Und diesen zwei Unseligen, die der Gott verdarb.

Auch alle Gaben, wie man sie den Todten weiht,
Die ich der Schwester schuldig bin, verheiße noch.
Nun gehe, Tochter, eile mir, und brachtest du
Dem Grab das Opfer, denke schnell der Wiederkehr.

(Helena und Hermione ab.)

### Elektra.

125 Schönheit, o welch ein Uebel bist du Sterblichen,
Und welches Heil für jene, die dein würdig sind!
Sie schnitt der Haare Spizen ab, und (sieh!) bewahrt
Doch ihre Schönheit, ist das Weib noch, das sie war.
O haßten dich die Götter, wie du mich verdarbst
130 Und Diesen und ganz Hellas! Ich Unselige!

(Der Chor tritt auf.)

Hier nahn, in meinem Schmerze mitzujammern, sich
Die Lieben wieder: wohl erwecken diese mir
Den Ruh'nden aus dem Schlummer, und in Thränen schwimmt
Mir dann das Auge, seh' ich, wie der Bruder rast.
135 Ihr lieben, guten Frauen, kommt mit leisem Tritt
Heran, mit Schweigen, kein Geräusch erhebe sich!
Denn theuer ist mir euer fühlend Herz; indeß
Geschähe mir ein Leides, würd' er aufgeweckt.

### Erste Strophe.

### Der Chor.

Schweigend, schweigend sezet auf den zarten Tritt
140 Eurer Sohle, kein Geräusch erhebe sich!

### Elektra.

Hieher tretet, fern bleibt von dem Lager mir!

### Der Chor.

Sieh, ich gehorche dir.

### Elektra.

Ach, ach, wie flüsternder Flötenton
Schmächtigem Rohr enthaucht, redet, Geliebte, mir!
### Der Chor.
145 Siehe, mit leisem Laut tret' ich zum Haus heran.
### Elektra.
Ja, so tretet her!
Leise nur tretet an, (hörtet ihr?) leise nur,
Und gebt Rechenschaft, was euch hergeführt!
Denn nach geraumer Zeit schlummert' er endlich ein.

## Erste Gegenstrophe.
### Der Chor.
150 Wie denn ist es ihm? Geliebte, sag' es mir.
### Elektra.
Welch Geschick erwähn' ich, welches Ungemach?
Noch, noch athmet er, noch schwach stöhnt er auf.
### Der Chor.
Wie? Was? — Armer Mann!
### Elektra.
Er stirbt, ach, wenn du vom Schlummer ihn
155 Aufschreckst, nun er des Schlafs süßeste Wonnen schmeckt.
### Der Chor.
Weh um den Frevel dir, welchen der Gott verhängt!
O unselig Loos!
### Elektra.
Frevel, ja, Frevel war's, daß, Gott Phöbos, du,
Sizend auf Themis' Thron, zum Unseligsten,
160 Zum Mord meiner Mutter auffordertest!

## Zweite Strophe.
### Der Chor.
Er regt (siehst du nicht?) in dem Gewand den Leib.

### Elektra.

Unsel'ge, ja, dein Rufen
Hat ihn aus dem Schlaf aufgeschreckt.

### Der Chor.

Ich war im Wahn, er schlummre.

### Elektra.

165 Willst du nicht von uns, vom Hause
Zurückwenden deinen Fuß,
Meidend Geräusch und Lärm?

### Der Chor.

Er schläft: sieh!

### Elektra.

Ich sehe.

## Dritte Strophe.

### Der Chor.

Heilige, heilige Nacht,
170 Die du den Schlummer spendest vielduldenden
Sterblichen, komm beschwingt in Agamemnon's Haus,
Entschwebt Erebos' Abgründen!
Denn in der Leiden Qual, in der Bekümmerniß
Vergehen, vergehen wir, ach!

### Elektra.

175 Ihr machtet Geräusch: o wollt ihr
Nicht von dem Lager entfernt
Des Mundes Laut in tiefem Schweigen hemmend,
Den Schlaf gönnen ihm, die harmlose Lust?

## Zweite Gegenstrophe.

### Der Chor.

O sprich: welch ein Ziel des Leids wartet sein?

**Elektra.**

180 Der Tod: was wär' es anders?
Denn nicht nach Speise verlangt er mehr.

**Der Chor.**

So kommt die Todesstunde?

**Elektra.**

Uns geopfert hat Apollon,
Als er der Mutter Mord gebot,
185 Welche den Vater schlug.

**Der Chor.**

Gerecht war's, doch schön nicht.

### Dritte Gegenstrophe.

**Elektra.**

Mutter, du mordest und stirbst,
Die du mich einst gebarst; Alle vertilgtest du,
Vater und Kinder, die deinem Geblüt' entstammt!
190 Dahin gehen wir, gleich Schatten.
Denn du wohnst im Grab, und mir schwindet nun
Des Lebens größeres Theil
In nächtlichen Thränen, schwindet.
Stöhnend und jammernd dahin.
195 Sieh, ohne Gatten, ohne Kinder, schlepp' ich
Ein gramvolles Leben, ach! ewig fort.

**Der Chor.**

Elektra, Jungfrau, näher komm heran, und sieh,
Daß nicht, bevor du's ahntest, hier der Bruder stirbt;
Denn nicht gefällt mir, daß er ganz entkräftet scheint.

**Orestes.**
(erwachend)

200 O süßes Labsal, Schlummer, Trost dem Leidenden,
Wie kamst du mir so freundlich: wohl bedurft' ich dein!

Du selig süß Vergessen alles Ungemachs,
Den Gramgebeugten welch ein hold erwünschter Gott!
Von wannen aber kam ich, und wie kam ich her?
205 Denn sinnberaubt vergaß ich, was zuvor geschah.

**Elektra.**

Wie freute mich's, mein Lieber, daß du schlummertest!
Ich fasse, richte dich empor, wenn du's verlangst.

**Orestes.**

Ja, thu' es, thu' es, und vom starrgeword'nen Schmuz
Des Schaumes säub're Lippen mir und Angesicht.

**Elektra.**

210 Sieh her: o freundlich süßer Dienst! Ich weigr' es nicht,
Mit Schwesterhänden, Bruder, wohl zu pflegen dein.

**Orestes.**

An meine Seiten stemme dich, das wilde Haar
Streich' aus dem Antliz; denn ich kann nur düster sehn.

**Elektra.**

Unselig Haupt, von wirrer Locken Schmuz entstellt!
215 Wie du verwilderst, ohne Bad so lange Zeit!

**Orestes.**

Leg' auf das Bett mich wieder: wenn von mir die Wuth
Abläßt, erschlaffen, kraftberaubt, die Glieder mir.

**Elektra.**

Wohl ist die Lagerstätte lieb dem Leidenden,
Zwar schmerzlich immer, doch ein unentbehrlich Gut.

**Orestes.**

220 Nun richt' empor mich wieder, und wend' um den Leib:
Schwer ist dem Kranken gnügen, der nicht Hülfe weiß.

**Elektra.**

Verlangst du nicht zur Erde nach so langer Zeit
Den Fuß zu sezen? Stets erfreut·Veränderung.

#### Orestes.

Gewiß; denn also wähnt gesund ein Kranker sich:
225 Süß ist das Wähnen, ist es auch ein irriges.

#### Elektra.

Nun höre mich, mein Bruder, vielgeliebtes Haupt,
So lang die Eumenide dich bei Sinnen läßt.

#### Orestes.

Was willst du sagen? Ist es Glück, so habe Dank;
Doch ist es Unglück, dessen hab' ich schon genug.

#### Elektra.

230 Menelaos, deines Vaters Bruder, kam zurück;
Vor Anker liegen seine Schiff' in Nauplia.

#### Orestes.

Was sagst du? Ging in unsrer Noth ein Stern mir auf?
Ein Blutsverwandter, dem mein Vater wohlgethan?

#### Elektra.

Er kam, und — dies sei meines Worts Bestätigung! —
235 Bringt aus den Mauern Ilions die Helena.

#### Orestes.

Allein gerettet, wär' er mehr des Preises werth;
Folgt ihm die Gattin, kommt der Fluch mit ihm zurück.

#### Elektra.

Zu Schimpf und Schande zeugte sich Tyndareos
Dies Paar der Töchter, schmachbedeckt in Hellas' Volk.

#### Orestes.

240 Sei besser als die Schlechten, du vermagst es ja,
Und rede nicht bloß dieses, sondern denk' es auch.

#### Elektra.

Weh, wehe, Bruder! Wie verwirrt dein Auge rollt!
Kaum noch besonnen, fielst du schnell in Wuth zurück.

**Orestes.**

Ich flehe, Mutter, reize doch nicht wider mich
245 Die Schlangenjungfrau'n mit dem blutroth glüh'nden Blick!
Sie sind es, ha, sie springen, nahe mir, empor.

**Elektra.**

Bleib' auf dem Lager ruhig, Unglückseliger:
Denn Nichts erblickst du, was du klar zu sehen wähnst.

**Orestes.**

O Phöbos, morden wollen mich die Schrecklichen,
250 Des Hades Priesterinnen mit dem Hundeblick!

**Elektra.**

Dich laff' ich nimmer, schlinge meinen Arm um dich,
Und wehre dir, den jammervollen Sprung zu thun.

**Orestes.**

Laß ab; du bist mir eine meiner Erinnyen,
Ergreifst mich mitten, schleuderst mich zum Tartaros.

**Elektra.**

255 Wo soll ich Hülfe suchen, ich Unselige,
Nachdem wir aller Götter Haß verschuldeten?

**Orestes.**

O gib Apollons Gabe mir, das hornene
Geschoß, womit er mir gebot die Göttinnen
Zu wehren, schreckten diese mich in Raserei.

**Elektra.**

260 Kann einen Gott verwunden eine Menschenhand?

**Orestes.**

Wohl, wenn er mir nicht eilig aus den Augen geht. —
Vernehmet ihr sie, sehet ihr des treffenden
Geschosses raschbeschwingte Pfeil' auf euch gesandt?
O, o!
Was zaudert ihr noch länger? Hebt mit Schwingen euch

265 Zum Aether, klagt den Gottesspruch des Phöbos an!
Ha!
Was schwärm' ich, ringt mein Athem sich so schwer empor?
Wohin, wohin verirrt' ich aus dem Lager mich?
Nach Wogendrang erblick' ich wieder stilles Meer.
Was weinst du, Schwester, birgst das Haupt in dein
Gewand?
270 Erröthend zieh' ich dich hinab in meine Noth,
Jungfrau, mit meinem Jammer dich belästigend.
Um meine Leiden schwinde nicht in Gram dahin!
Du hast die That gebilligt, ich vollführte sie,
Erschlug die Mutter; doch den Phöbos klag' ich an,
275 Der, als er mich zum gräßlich Ungeheuren trieb,
Mit Worten mich getröstet, und mit Werken nicht.
Mein Vater, hätt' ich Aug' in Aug' ihn selbst befragt,
Ob ich die Mutter morden soll, er hätte, traun!
Die Hände flehend ausgestreckt nach meinem Kinn,
280 Nicht auf die Mutter meine Wehr zu zücken, weil
Er doch ja nicht zum Lichte wiederkehre mehr,
Und mir, dem Armen, solche Qual beschieden sei.
Und nun, geliebte Schwester, nun enthülle dich,
Und stille deine Thränen, hat der Jammer uns
285 Auch schwer getroffen. Wann du mich unmuthig siehst,
So hemme du den ungestüm verworr'nen Sinn,
Und stärke mich und tröste; wann du Klag' erhebst,
Muß ich mit freundlich holdem Wort dir nahe sein:
Denn diese Wechselhülfe ziemt den Freunden wohl.
290 Nun geh' hinein zum Hause; dort, Unglückliche,
Dich lagernd, laß dein schlummerloses Auge ruhn,
Mit Speisen labe, durch ein Bad erquicke dich.
Denn wenn du mich verlässest, oder, pflegend mein,

Erkrankst, bin ich verloren; du ja bist allein
295 Mein Schuz, die Andern, wie du siehst, entflohen mir.

**Elektra.**

Nicht also! Mit dir leben, mit dir sterben auch,
Das will ich; dies ist Eines ja! Stirbst du dahin,
Was soll ich Weib hier? Wie errett' ich mich, allein,
Ich, ohne Bruder, Vater, Freund? Doch wenn du willst,
300 So geh' ich: aber lege nun zur Ruhe dich,
Und nicht ergib dich allzusehr den Schrecknissen,
Die dich vom Lager scheuchen; bleib' auf deinem Pfühl.
Denn wenn er, auch nicht krankend, nur für krank sich hält,
Quält Angst und Elend überall den Sterblichen.

(Elektra geht ab.)

**Der Chor.**
Strophe.

305 Weh, weh, weh!
Die ihr eilt hochbeschwingt,
Furchtbare Göttinnen,
Denen wir freudenlos Feste begehen, von
Seufzern und Thränen schwer,
310 Ihr Nachtgeister, ihr Erinnyen, die ihr euch
In die Unendlichkeit schwingt, in des Aethers Höhn,
Um Mord Rache, Rach' übend um Menschenblut,
Zu euch fleh' ich, ja, zu euch fleh' ich laut:
Laßt Agamemnon's Sohn, lasset vergessen ihn
315 Des Wahnsinns, der wildtobenden Raserei!
Weh um das Unglück, weh,
Wonach, Armer, dich lüstete, daß du Tod
Aerntetest, als du von Phöbos' Dreifuß
Den Ausspruch empfingst aus dem geweihten Mund,
320 Am Siz, wo der Erd' heiliger Nabel ist!

Orestes.

**Gegenstrophe.**

Wo (Zeus, ach!)
Wohnt das Mitleiden? Welch
Blutiger Kampf umdroht,
Stürmt dich, o Armer, auf, welchem ein Rachegott,
325 Der in das Haus einzog,
Thränen zu Thränen häuft, deiner Gebärerin
Schnöde vergoff'nes Blut, das dich zur Wuth entflammt?
Ja, dein jammert uns, ja, dein jammert uns!
Großer Besitz besteht dauernd im Leben nicht;
330 Sondern erschütternd, wie Segel des flüchtigen
Schiffes, versenkt ein Gott des Reichthumes Füll'
In graunvolles Leid,
Wie in der Meeresflut gierig verschlingend Grab.
Denn welch andres Geschlecht auch soll ich
335 Hinfort ehren, als Tantalos' stolzes Haus,
Den Stamm, der aus göttlicher Vermählung sproß?
Doch sieh, dort kommt ja der König daher,
Menelaos, der Fürst; er kündet sich an
In dem üppigen Glanz
340 Als einen der Söhn' aus Tantalos' Blut.
Du, welcher die tausend Maste geführt
In das asische Land,
Heil dir! Dir lächelt das Glück, da mit Gott
Du vollendetest, was du gelobt hast!

**Menelaos.**

345 O Königshaus, mit Wonne seh' ich bald dich an,
Zurück von Troja kehrend, bald mit tiefem Schmerz
Denn wahrlich, nie noch sah ich einen andern Herd
Von grausenvollem Leide mehr, als dich, umringt.
Von Agamemnon's Loose ward mir Kunde, wie

350 Die Gattin ihn gemordet, als ich Malea
Mit meinem Schiff zulenkte: das verkündete
Der Meerprophet auftauchend aus der Welle mir,
Der Sohn des Nereus, Glaukos, ein wahrhafter Gott,
Der, mir zur Seite, deutlich also sprach zu mir:
355 „Menelaos, eine Leiche, liegt dein Bruder da,
Im lezten Bad von seines Weibes Hand entseelt."
Und mir und meinen Schiffern ward das Auge voll
Von Zähren. Als ich Nauplia's Gestad' erreicht,
Da mir die Gattin schon hieher vorausgeeilt,
360 Und ich Orestes, Agamemnon's Sohn, im Glück
Und seine Mutter wohlgemuth in meinen Arm
Zu schließen hoffte; da erzählt ein Fischer mir
Der Tyndaride grausenhaft verruchten Mord.
Und nun, o Jungfrau'n, saget mir, wo weilt der Sohn
365 Des Agamemnon, der vermocht dies Gräßliche?
Er war ein Kind in Klytämnestra's Armen noch,
Als ich, gen Troja ziehend, aus dem Hause schied,
Und nicht erkennbar wär' er mir, erblickt' ich ihn.

### Orestes.
Hier ist Orestes, den du suchst; gern will ich selbst,
370 Menelaos, meine Leiden dir verkünden,
Doch erst umfaß' ich deine Knie', und flehe dich
Um Schuz in Worten, hebe keinen Zweig empor:
Errette mich! Gelegen kamst du meiner Noth.

### Menelaos.
Was seh' ich, Götter? Welchen abgeschiednen Geist?

### Orestes.
375 Wohl, wohl: vor Elend leb' ich nicht, doch athm' ich noch.

### Menelaos.
Wie hängen deine Locken, wild, von Schmuz entstellt!

**Orestes.**
Ach, nicht das Aussehn, meine That nur ängstet mich.

**Menelaos.**
Du blickst so gräßlich aus der Augen trübem Stern.

**Orestes.**
Der Körper schwand mir; nur der Unglücksname blieb.

**Menelaos.**
380 Nie wähnt' ich also dich zu sehn, so ganz entstellt.

**Orestes.**
Ich bin der Mörder, der die arme Mutter schlug.

**Menelaos.**
Das hört' ich; aber rede nicht von diesem Leid.

**Orestes.**
Ich schweige; doch der Dämon macht mich reich an Noth.

**Menelaos.**
Was ist dir denn? Welch eine Krankheit martert dich?

**Orestes.**
385 Ich bin bewußt mir, daß ich that das Gräßliche.

**Menelaos.**
Wie? — Deutlich, nicht undeutlich klingt des Weisen Wort.

**Orestes.**
Die Trauer ist es, die an meinem Leben zehrt —

**Menelaos.**
Wohl ist die Göttin schrecklich, doch versühnbar auch.

**Orestes.**
Und Raserei, des Muttermordes Rächerin.

**Menelaos.**
390 Doch wann, mit welchem Tage fing dein Rasen an?

**Orestes.**
Als ich der armen Mutter Grab aufrichtete.

24 *

**Menelaos.**
War's bei dem Scheiterhaufen? War's im Hause hier?
**Orestes.**
Nachts, als ich ihren Aschenkrug bewachte, war's.
**Menelaos.**
War Einer nahe, beizustehn dem Rasenden?
**Orestes.**
395 Der mir die Mutter morden half, mein Pylades.
**Menelaos.**
Von welchen Schreckgestalten wirst du so gequält?
**Orestes.**
Ich wähnte drei Jungfrauen, gleich der Nacht, zu sehn.
**Menelaos.**
Ich kenne sie, doch ihre Namen nenn' ich nicht.
**Orestes.**
Die grausen! Sie zu nennen scheust du wohlbedacht.
**Menelaos.**
400 Sie strafen deinen Muttermord mit Raserei?
**Orestes.**
Wie treibt Verfolgung mich umher, mich Armen, weh!
**Menelaos.**
Nicht grausam ist grausamer Thaten Züchtigung.
**Orestes.**
Doch kann ich füglich meine Schuld entschuldigen.
**Menelaos.**
Sprich nicht vom Tod des Vaters: thöricht wäre das.
**Orestes.**
405 Ich meine Phöbos; er gebot den Muttermord.
**Menelaos.**
Des Schönen und des Rechtes wohl vergaß er dann.

#### Orestes.
Wir dienen Göttern, ob sie gut, ob böse sind.
#### Menelaos.
Und doch beschirmt dich Phöbos nicht in deiner Noth?
#### Orestes.
Er zaudert; aber solches ist der Götter Art.
#### Menelaos.
410 Wie lange Zeit ist's, daß der Mutter Geist entfloh?
#### Orestes.
Sechs Tage sind's; noch ist der Holzstoß nicht verglüht.
#### Menelaos.
Schnell ahnden deiner Mutter Blut die Göttinnen.
#### Orestes.
Nicht weise war ich, doch dem Freund ein wahrer Freund.
#### Menelaos.
Und frommt dir denn die Rache für des Vaters Mord?
#### Orestes.
415 Noch nicht; und Zögern acht' ich gleich Unthätigkeit.
#### Menelaos.
Wie sind die Bürger dir gesinnt nach solcher That?
#### Orestes.
Mich hassen Alle, Keiner gönnt ein Wörtchen mir.
#### Menelaos.
Ist nach Gebrauch vom Blute deine Hand gesühnt?
#### Orestes.
Vor mir, wohin ich komme, schließt sich jedes Haus.
#### Menelaos.
420 Und welche Bürger trachten dich verbannt zu sehn?
#### Orestes.
Oeax, des Vaters alter Feind von Troja her.

**Menelaos.**
Ich weiß, er ahndet Palamedes' Mord an dir.

**Orestes.**
Ich bin daran nicht schuldig; Drei verderben mich.

**Menelaos.**
Und wer verfolgt dich sonst? Aegisthos' Freunde wohl?

**Orestes.**
425 Mich höhnen jene, welchen nun gehorcht die Stadt.

**Menelaos.**
Vergönnt die Stadt nicht Agamemnons Scepter dir?

**Orestes.**
Wie soll sie, die zu leben mir nicht mehr vergönnt?

**Menelaos.**
Was thun sie, wenn du's deutlich uns zu sagen weißt?

**Orestes.**
Das Volk beschließt an diesem Tage wider uns....

**Menelaos.**
430 Tod, oder nicht Tod, oder Flucht aus dieser Stadt?

**Orestes.**
Den Tod von Bürgerhänden, Tod durch Steinigung.

**Menelaos.**
Entfliehe, laß des Landes Marken hinter dir!

**Orestes.**
Ein eh'rner Wald von Waffen starrt ringsher um uns.

**Menelaos.**
Von einzlen Feinden oder vom Argeierland?

**Orestes.**
435 Von allem Volke droht mir Tod: hier hast du's kurz.

**Menelaos.**
Mit dir gedieh's zum Lezten, Unglückseliger!

**Orestes.**

Ich hoffe Rettung aus der Noth allein von dir:
Und da du Schwerbedrängten nahst, ein Glücklicher,
So gönne deinen Freunden Theil an deinem Glück;
440 Behalte nicht das Gute, das dir ward, allein,
Und nimm dafür auch einen Theil der Mühen; was
Mein Vater dir that, danke, wem du's danken mußt.
Wer nicht im Ungemache sich als Freund bewährt,
Der ist ein Freund dem Namen, nicht den Werken nach.

**Der Chor.**

445 Sieh dort, mit Greisesschritten ringt er sich heran,
Tyndareos, der Sparter, im geschornen Haar
Und schwarzem Kleide trauernd um der Tochter Tod.

**Orestes.**

Ich bin verloren: hier ja kommt Tyndareos
Herangeschritten, und vor Allen scheu' ich ihm
450 Vor's Angesicht zu kommen, weil ich Solches that.
Er zog mich auf als Knaben, und bedeckte mir
Den Mund mit seinen Küssen oft, Agamemnons Kind
Auf seinen Armen tragend, hat mit Leda mich
Nicht minder, als die Dioskuren selbst, geliebt.
455 Ich hab' — o meine Seele, schwerbedrängtes Herz! —
Nicht schön es ihm vergolten: wo verberg' ich doch
Mein Angesicht in's Dunkel? Welche Wolke soll
Ich vor mich breiten und des Greises Aug' entfliehn?

**Tyndareos.**

Wo, wo erblick' ich meiner Tochter Ehgemahl,
460 Menelaos? Als ich auf der Klytämnestra Grab
Trankopfer ausgoß, hört' ich, daß nach langer Zeit
Er und die Gattin glücklich kam vor Nauplia.

O führt mich hin; zu seiner Rechten will ich stehn,
Begrüßen ihn, den lange nicht geseh'nen Freund!
**Menelaos.**
465 Mein Alter, Heil dir, dessen Lager Zeus getheilt!
**Tyndareos.**
O, Heil auch dir, Menelaos, mein Verwandter, Heil! —
Ha!
Wie Schade, daß uns nicht die Zukunft ward enthüllt!
Mit kranker Augen Blize trifft das Scheusal mich,
Der muttermordende Drache vor dem Hause hier.
470 Menelaos, mit dem Gottvergess'nen redest du?
**Menelaos.**
Gewiß; er ist mir eines theuren Vaters Kind.
**Tyndareos.**
Von diesem Vater stammte denn ein solcher Sohn?
**Menelaos.**
So ist's: man schone seiner, traf ihn Ungemach!
**Tyndareos.**
So lange bei Barbaren, wardst du selbst Barbar.
**Menelaos.**
475 Verwandte lieben, ist doch auch Hellenenbrauch.
**Tyndareos.**
Auch nicht sich höher stellen als Gesez und Recht.
**Menelaos.**
Nichts gilt dem Weisen höher als Naturgebot.
**Tyndareos.**
So hege du denn diesen Wahn, ich heg' ihn nicht.
**Menelaos.**
Nicht weise macht dich Alter; Zorn bethörte dich.
**Tyndareos.**
480 Weßhalb um Weisheit haderst du bei diesem nur?

Wenn Alle wissen, was geziemt, was nicht geziemt;
Wo war der Menschen einer unverständiger,
Als dieser, der nicht achtet' auf Gerechtigkeit,
Noch auf die Sazung, der gehorcht das ganze Volk?
485 Als Agamemnon sterbend seinen Geist verhaucht,
Von meiner Tochter auf das Haupt getroffen; — ha,
Verruchtes Werk! Nie loben werd' ich solche That: —
Da mußt' er klagend über sie ein rechtliches
Gericht um Mord verhängen, aus dem Hause sie
490 Verstoßen, und, nicht frevelnd, übt' er Mäßigung;
Am Rechte haltend, blieb er doch ein frommer Sohn.
Nun hat die Schuld ihn, wie die Mutter, selbst umstrickt:
Indem er nach dem Rechte sie für schuldig hielt,
Ward Er, die Mutter tödtend, selbst noch schuldiger.
495 Nur dieses Eine frag' ich, o Menelaos, dich:
Wenn irgendwen die eigne Gattin mordete,
Und dessen Sohn die Mutter tödtet wiederum,
Und wenn des Mörders Sproße dann den Mord mit Mord
Vergälte; wo erreichte solche Wuth ihr Ziel?
500 Die grauen Väter haben's wohl geordnet so:
Wer einen Mord begangen, durfte nicht im Volk,
Vor keines Menschen Angesicht erscheinen; ihn
Reinigte Verbannung, nicht mit Mord vergalt man ihm.
Denn stets dem Tod verfallen blieb der Eine sonst,
505 Der seine Hand befleckte durch den lezten Mord.
Ruchlose Weiber haff' ich und am ersten sie,
Sie, meine Tochter, die den Ehgemahl erschlug;
Nie loben werd' ich deine Gattin Helena,
Niemals ein Wort ihr gönnen, noch dich preisen, daß
510 Du für das unheilvolle Weib gen Troja zogst:
Doch schirmen werd' ich das Gesez nach bester Kraft,

Und diese thierisch wilde Lust nach Menschenblut
Bezähmen, welche Stadt und Land Verderben bringt.
Denn welcher Geist war's, der dich trieb, Unseliger,
515 Als deine Mutter dir die Brust entgegenbot
Und flehte? Dieses Grause hab' ich nicht gesehn;
Doch schmilzt in Thränen mein betagtes Auge hin.
Eins aber ist, was meinen Worten Kraft verleiht:
Dich haßt die Gottheit, und in Wuth und Schrecknissen
520 Umhergetrieben, büßest du. Was soll ich hier
Noch andre Zeugen hören, wo das Auge sieht?
So merke dir, Menelaos: widerseze dich
Den Göttern nicht, indem du diesem helfen willst;
Laß ihn gesteinigt fallen durch der Bürger Hand;
525 Wo nicht, betritt des Sparterlandes Gränze nie.
Wohl wurde meiner Tochter ihr verdientes Loos;
Doch Ungebühr war's, daß sie starb von seiner Hand.
Ich war in allem Andern ein beglückter Mann;
In meinen Töchtern ist das Glück zuwider mir.

### Der Chor.

530 Glückselig, wer an seinen Kindern Freud' erlebt,
Und nicht in bittres Ungemach durch sie versinkt!

### Orestes.

Zu dir zu reden, Alter, scheu' ich wahrlich, wo
Ich sehe, daß ich dein Gemüth betrüben muß.
So gehe denn, beachte meine Rede nicht;
535 Dein Alter, mich verwirrend, hemmt mein Wort, o Greis;
So gut ich rede, scheu' ich dieses graue Haar.
Als Muttermörder bin ich wohl in Schuld verstrickt;
Als meines Vaters Rächer drückt mich keine Schuld.
Was sollt' ich thun? Zwei Gründe kämpften hier und dort:
540 Es zeugte mich der Vater, mich gebar dein Kind,

Ein Acker, der aus fremder Hand die Saat empfing;
Denn ohne Vater rang sich noch kein Kind an's Licht.
So mußt' ich wohl dem Manne, der mir Leben gab,
Mehr helfen, dacht' ich, als der Frau, die mich ernährt.
545 Und deine Tochter — Mutter sie zu nennen, wehrt
Die Scham — verband in heimlich ungesezlichem
Ehbund sich einem Andern. Ich beschimpfe mich,
Indem ich sie beschimpfe; dennoch sag' ich es.
Aegisthos war ihr ingeheim im Haus vermählt;
550 Ermordet hab' ich diesen, und die Mutter dann
Geopfert; frevelnd, rächt' ich doch des Vaters Tod.
Nun rufst du drohend, Steinigung gebühre mir;
Drum höre, wie ich Hellas' ganzem Volk genüzt.
Vermessen schnöde Weiber sich zu solchem Troz,
555 Die Gatten hinzumorden, und erflehen sie
Der Kinder Mitleid durch die dargebotne Brust;
Dann achten sie der Ehgemahle Mord für Nichts,
Vorwänd' ersinnend, wie's beliebt. Ich steuerte
D e r Sitte durch die grause That, wie du sie nennst.
560 Die Mutter haßt' ich und erwürgte sie mit Recht,
Sie, die den Gatten, welcher fern von Hause war,
In Waffen Hellas' ganzes Volk befehligend,
Verrieth und heil'ger Ehe Bund nicht heilig hielt.
Und als sie ihre Schuld erkannt, verhängte sie
565 Nicht s i c h die Buße; bei'm Gemahl straflos zu sein,
Mußt' ihr der Vater büßen, sie gab ihm den Tod.
Bei Zeus! — Des Gottes denk' ich zwar nicht ziemlich
hier,
Den Mord verfechtend; — aber wie vergölte mir
Der Todte, lobt' ich schweigend, was die Mutter that?
570 Er würde hassend mich den Eumeniden weih'n;

Denn stehen diese rächend nur der Mutter bei,
Nicht ihm, dem ungleich schwerer noch beleidigten?
Du, der die schnöde Tochter sich gezeugt, o Greis,
Du zeugtest mein Verderben; weil ihr Frevel mir
575 Den Vater raubte, mordet' ich die Mutter nach.
Du weißt, Odysseus' Gattin hat Telemachos
Nicht hingemordet; denn sie hat nicht Mann auf Mann
Gefreit, und rein im Hause steht ihr Ehebett.
Du denkst Apollons, welcher thront im Mittelraum
580 Der Welt und unfehlbaren Spruch den Menschen spricht,
Dem wir in Allem folgen, was er sagen mag;
Dem Gotte folgend, mordet' ich, die mich gebar.
Nun, diesen achtet schuldig und ermordet ihn;
Er hat gesündigt, und nicht ich. Was sollt' ich thun?
585 Genügt der Gott nicht, wälz' ich ihm die Sünde zu,
Den Fluch zu tilgen? Welche Zuflucht bliebe noch,
Wenn nicht vom Tode rettet, der die That gebot?
Drum sage nimmer, daß ich hier nicht wohlgethan;
Wohl magst du sagen, daß es mir kein Segen war.
590 Ein selig Leben lebt der Mann, dem schön erblüht
Das Glück der Ehe; wem es da nicht lächelte,
Dem fiel daheim und draussen ein unselig Loos.

### Der Chor.
Dem Glück der Männer stehen doch die Weiber stets
Im Wege, daß in Ungemach es sich verkehrt.

### Tyndareos.
595 Da du so trozig meinem Worte widerstrebst,
So stolz entgegnest, daß es mir die Seele kränkt;
So stimmst du mich nur immer unversöhnlicher,
Entflammst mich mehr noch, auszugehn auf deinen Tod.
Ich kam hieher, zu schmücken meiner Tochter Grab;

600 So möge dies ein schönes Nebenwerk mir sein!
In's Volk von Argos geh' ich, das versammelt harrt,
Es aufzuregen, und berede leicht die Stadt,
Dich und die Schwester auf den Tod zu steinigen.
Denn sie verdient noch eher, als du selbst, den Tod,
605 Die wider deine Mutter dich erbitterte,
Dir stets in's Ohr feindsel'ge Reden flüsterte,
Von Agamemnon Träume dir verkündigend,
Aegisthos' Ehe schmähend, — o bestraften sie
Die Todesgötter! — war sie doch auch hier verhaßt: —
610 Bis unser Haus die flammenlose Glut ergriff.
Menelaos, dir erklär' ich, und ich werd' es thun:
Wenn meine Freundschaft, wenn mein Haß dir Etwas gilt;
Zum Troz den Göttern, wehre nicht von ihm den Tod,
Laß ihn gesteinigt fallen durch der Bürger Hand;
615 Wo nicht, betrittst du nimmermehr das Sparterland!
Bedenke, daß ich's dir gesagt, und wähle nicht,
Verstoßend edle Freunde, dir die schlimmen aus.
Nun, Diener, führt von diesem Hause mich hinweg!
(ab.)

### Orestes.
Ja gehe, daß ich meine Reden ungestört
620 An diesen wende, deinem Unmuth fern', o Greis!
Menelaos, wohin lenkst du sinnend deinen Schritt,
Dem Doppelpfad zwiefacher Sorge zugewandt?

### Menelaos.
Sei ruhig; eben sinn' ich nach, in mich gekehrt,
Und schwanke zweifelnd, welches Loos ich wählen soll.

### Orestes.
625 Der Ueberlegung mache noch kein Ende jezt;
Mein Wort vernimm erst, und sodann entschließe dich.

**Menelaos.**

Du spracheft richtig; rede denn! Das Schweigen ist
Gerathner oft als Reden, oft auch umgekehrt.

**Orestes.**

So will ich reden: besser sind weitläufige
630 Als kurze Worte, klingen nicht so räthselhaft.
Mir schenke du, Menelaos, Nichts vom Deinigen;
Was dir von meinem Vater ward, das gib zurück.
Nicht Schäze mein' ich: rettest du mein Leben mir,
Das höchste meiner Güter, acht' ich's Schäzen gleich.
635 Beging ich Unrecht? Unser Unglück fordert selbst
Von dir ein Unrecht: auch ein Unrecht war es ja,
Daß Agamemnon mit dem Heer nach Troja zog,
Nicht weil er selber fehlte, nein, um fremden Fehl
Zu tilgen, deines Weibes ungerechtes Thun.
640 Dies Eine gib vergeltend um das Andre mir.
Wie's Freunden ziemt für Freunde, gab mein Vater treu
Für dich in heißer Männerschlacht sein Leben bloß,
Daß deine Gattin wiederkehr' in deinem Arm.
Bezahle mir denn, was du dort empfangen haft;
645 Als Retter uns zur Seite, dulde du für uns
Nur Einen Tag, nicht voller zehen Jahre Frist.
In Aulis trank die Erde meiner Schwester Blut;
Nicht Gleiches will ich: tödte nicht Hermionen!
Wohl magst du, während mich verfolgt mein Ungemach,
650 Im Glücke leben; gerne gönn' ich dir das Glück.
Mein Leben nur gib meinem armen Vater hin
Und das der Schwester, die dahinwelkt unvermählt:
Denn wenn ich sterbe, steht verwaist des Vaters Haus.
Du sagst: „es ist unmöglich!" Sei's! Doch Freunden steht
655 Es wohl, den Freunden beizustehn im Ungemach.

Denn wenn die Gottheit Glück verleiht, was soll der Freund?
Der Gott genügt allein ja, wenn er helfen will.
Du liebst die Gattin, wähnen All' in Hellas' Volk;
— Um schmeichelnd dich zu gewinnen, sag' ich dieses nicht: —
660 Um ihretwillen rette mich! — Weh, wehe mir!
Wohin gerath' ich? Wie verfolgt mich mein Geschick!
Denn für des ganzen Hauses Wohl ersleh' ich das.
O Vatersbruder, denke, daß er dieses hört,
Der Todte, der im Grabe wohnt; des Todten Geist
665 Schwebt über dir und redet so wie ich zu dir.
Dies sag' ich unter Seufzern, unter Thränen dir
In meinem Unglück, flehe dich um Rettung an:
Und nicht allein ich, alle wir ersehnen dies.

### Der Chor.
Auch ich, ein Weib nur, flehe dich, o König, an,
670 Den Hülfsbedürftigen beizustehn; du kannst es ja.

### Menelaos.
Vor deinem Haupt, Orestes, trag' ich wahrlich Scheu,
Und dulden will ich deine Noth mit dir vereint.
Denn also muß man blutsverwandter Freunde Leid
Gemeinsam tragen, wenn die Kraft ein Gott verleiht,
675 Ob wir die Feinde tödten, ob uns trifft der Tod.
O daß mir gute Götter nur die Kraft verlieh'n!
Denn ganz entblößt von Streitgenossen komm' ich her,
In tausend Mühen jahrelang umhergeirrt,
Mit kleiner Macht der Freunde, die mir übrig sind.
680 So mag ich doch wohl Argos' Volk in offnem Kampf
Nicht überwinden; aber daß ein mildes Wort
Den Sieg verschaffen könne, das vertrau' ich fest.
Wie möchte Jemand Großes mit geringer Kraft
Besiegen? Unklug wär' es, das zu wollen nur.

685 Denn wenn das Volk aufbrausend schäumt in wildem Zorn,
Nicht leicht zu dämpfen ist es, gleich entflammter Glut;
Doch wenn du ruhig vor dem unmuthschnaubenden
Schmiegsam zurücktrittst und die gute Zeit bewahrst;
Mag wohl die Wuth verhauchen, und, hat's ausgetobt,
690 So wirst du leicht es lenken, wie es dir gefällt.
Ihm wohnt das Mitleid, ihm der Zorn im Busen auch;
Wer wohl die Zeit abwartet, wählt das Beste sich.
Nun geh' ich, Argos' Bürger und Tyndareos
Für dich zu stimmen, ihren Groll zu mäßigen.
695 Ein Schiff, an dem du mit Gewalt die Segel spannst,
Sinkt unter; nimm die Segel bei, so hält es Stand.
Die Götter hassen ungemessnen Uebermuth,
Der Bürger haßt ihn; wisse denn, nicht eitler Troz,
Der Macht geboten, nur die Klugheit rettet dich.
700 Mit Waffen kann ich nimmer, wie du wähnen magst,
Dich retten; nicht leicht ist es ja, mit Einem Speer
Die Leiden überwinden, die dich rings umdrohn.
Wohl möcht' ich Argos' Volke nie mit sanftem Wort
Mich schmeichelnd nahen; aber nun gebeut die Noth,
705 Die weise Männer dem Geschick sich fügen lehrt.

(ab.)

### Orestes.

O du, in Nichts erfahren, als der Frau zulieb
In's Feld zu ziehen, feig, dem Freunde beizustehn, —
Du fliehst mich, kehrst den Rücken? — Was du, Vater, thatst,
Hin ist es; freundlos wurdest du durch deine Noth!
710 Ich bin verrathen, keine Hoffnung, keine mehr!
Wohin vor Argos' Volke, vor dem Tode fliehn'?
Die lezte Zuflucht ruhte mir auf diesem Mann.

Doch hier erblick' ich Pylades, den theuersten
Der Menschen, der in Eile naht von Phokis her:
715 O süßer Anblick! Holder ist, als stilles Meer
Nach Sturm den Schiffern, ein in Noth getreuer Freund.

**Pylades.**
Schneller, als es mir geziemte, komm' ich eilend durch die
Stadt.
Denn ich hörte, sah's mit Augen, wie sich Argos' Volk
berieth
Ueber dich und deine Schwester, euch zu tödten ungesäumt.
720 Was geschah? Wie geht es, meiner Spielgenossen theuerster,
Mein Verwandter, mein Vertrauter? Alles dies ja bist
du mir.

**Orestes.**
Alles hin! In kurzem Worte leg' ich dir mein Leiden dar.

**Pylades.**
Dann bin ich mit dir vernichtet: Freundesloos ja theilt der
Freund.

**Orestes.**
Menelaos hat sich mir und meiner Schwester schlimm gezeigt.

**Pylades.**
725 Ganz natürlich, daß des schlimmen Weibes Mann ein
schlimmer wird.

**Orestes.**
Gleich als wär' er nicht gekommen, hat er kommend mir
genüzt.

**Pylades.**
Also ist der Mann in Wahrheit angelangt in Argos hier?

**Orestes.**
Endlich; aber bald erfand man ihn den Freunden ungetreu.

**Pylades.**
Hat er auch die schnöde Gattin auf den Schiffen mitgebracht?
**Orestes.**
730 Er nicht brachte sie, den Gatten führte sie hierher zurück.
**Pylades.**
Wo verweilt sie, die so Vielen Tod gebracht, das Eine
Weib?
**Orestes.**
Hier in meinem Hause, wenn ich's noch das meine nennen
darf.
**Pylades.**
Und zu deines Vaters Bruder — welche Worte sprachest du?
**Orestes.**
Nicht gelassen soll' er mich und meine Schwester tödten sehn.
**Pylades.**
735 Was (o Götter!) sagt' er hierauf? Das zu wissen wünscht'
ich doch.
**Orestes.**
Scheu entschlüpft' er, wie's den Freunden stets die falschen
Freunde thun.
**Pylades.**
Welchen Vorwand aber nahm er? Weiß ich das, weiß
ich genug.
**Orestes.**
Jener Mann, der jene wackern Töchter zeugte, kam dazu.
**Pylades.**
Tyndareus? Er grollt gewiß auch dir um seiner Tochter
Tod.
**Orestes.**
740 Freilich: höher, als den Vater, hielt er diesen Schwäher
werth.

**Pylades.**
Er erschien und wagte nicht dir beizustehn in deiner Noth?
**Orestes.**
Nicht zum Speereskampf erschaffen, ist er stark bei Frauen nur.
**Pylades.**
Aus dem Leid denn keine Rettung? Unentfliehbar droht dir Tod?
**Orestes.**
Ueber uns des Mordes halber stimmen Argos' Bürger ab.
**Pylades.**
745 Welches Urtheil wird man sprechen? Rede; mich ergreift die Furcht.
**Orestes.**
Leben oder Tod: das Große faßt in sich das kleine Wort.
**Pylades.**
Fliehe denn, das Haus verlassend, fliehe mit der Schwester fort!
**Orestes.**
Siehst du nicht? Von Wachen sind wir überall umschlossen hier.
**Pylades.**
Wohl erblick' ich alle Straßen durch gewaffnet Volk gesperrt.
**Orestes.**
750 Rings umlagert werd' ich, wie von Feindesschaaren eine Stadt.
**Pylades.**
Frage mich nun, was ich leide: denn verloren bin auch ich.
**Orestes.**
Du? Durch wen? Zu meinem Leide wäre dies ein neues Leid.

25*

**Pylades.**
Strophios, mein Vater, trieb mich aus der Heimat zürnend fort.

**Orestes.**
Hatt' er selbst Etwas zu klagen? Klagte wider dich das Volk?

**Pylades.**
755 Daß ich dir beim Mord geholfen, nennt er gottlos, frevelhaft.

**Orestes.**
Armer, meine Leiden, scheint es, bringen Gram auch über dich.

**Pylades.**
Andrer Art, als Menelaos, trag' ich das verhängte Leid.

**Orestes.**
Bangt dir nicht, daß Argos' Bürger dich ermorden, so wie mich?

**Pylades.**
Argos kann uns nicht bestrafen; richten darf uns Phokis nur.

**Orestes.**
760 Schrecklich ist die rohe Menge, wenn sie böse Führer hat.

**Pylades.**
Hat sie gute sich erlesen, dann beschließt sie Gutes stets.

**Orestes.**
Gut: so müssen wir berathen.

**Pylades.**
Was bedarf des Rathes hier?

**Orestes.**
Wenn ich Argos' Bürgern sage —

**Pylades.**
Daß gerecht sei deine That?

**Orestes.**

Weil ich meinen Vater rächte —

**Pylades.**

Wird man unsanft dich empfahn.

**Orestes.**

765 Soll ich denn, lautlos mich duckend, sterben?

**Pylades.**

Traun, das wäre feig.

**Orestes.**

Was beginn' ich?

**Pylades.**

Hast du Hoffnung dich zu retten, wenn du bleibst?

**Orestes.**

Keine.

**Pylades.**

Darfst du deiner Leiden Ende hoffen, wenn du gehst?

**Orestes.**

Wenn es sein soll, sei es.

**Pylades.**

Also besser gehen als verziehn!

**Orestes.**

Geh' ich denn?

**Pylades.**

Und mußt du sterben: also stirbst du rühmlicher.

**Orestes.**

770 Freilich; und den Hohn der Feigheit meid' ich —

**Pylades.**

Mehr, als wenn du bleibst.

**Orestes.**

Und gerecht ist meine Sache.

**Pylades.**

    Daß man's glaube, flehe nur!

**Orestes.**

Mancher wird sich mein erbarmen —

**Pylades.**

    Großes wirkt dein edler Stamm.

**Orestes.**

Der des Vaters Tod betrauert.

**Pylades.**

    Welchem Aug' entginge das?

**Orestes.**

Geh' ich denn! Feig ist es, sterben ohne Ruhm.

**Pylades.**

    Ein schönes Wort!

**Orestes.**

775 Sollen wir es nicht der Schwester sagen?

**Pylades.**

    Bei den Göttern, nein!

**Orestes.**

Thränen würde sie vergießen.

**Pylades.**

    Uns ein schlimmes Zeichen nur.

**Orestes.**

Besser ist es denn, zu schweigen.

**Pylades.**

    Und an Zeit gewinnst du so.

**Orestes.**

Kummer macht mir nur das Eine —

**Pylades.**

    Was? Ein andres, neues Leid?

**Orestes.**
Daß mich Götterwuth ergreife.

**Pylades.**
Gern bin ich dein Pfleger dann.

**Orestes.**
780 Lästig ist es, Kranke pflegen.

**Pylades.**
Nimmer bist du lästig mir.

**Orestes.**
Siehe zu, daß meine Wuth dich nicht erfaßt!

**Pylades.**
Ich fürchte nicht!

**Orestes.**
Und du willst dich nicht bedenken?

**Pylades.**
Traurig, wollten Freunde das.

**Orestes.**
Geh denn, Stab auf meinem Wege....

**Pylades.**
Wonnevoller, süßer Dienst!

**Orestes.**
Und zu meines Vaters Grabmal führe mich.

**Pylades.**
Was willst du hier?

**Orestes.**
785 Seinen Geist anflehn um Rettung.

**Pylades.**
Wohl geziemt dir's, das zu thun.

**Orestes.**
Daß ich nur der Mutter Grab nicht sehe!

**Pylades.**

         Feindlich war sie dir.
Aber eile, daß der Bürger Spruch dich nicht vorher ver=
  dammt!
Deine Seiten, matt von Krankheit, lehn' an meine Seiten
  an:
Denn ich werde sonder Scheu dich, unbekümmert um das
  Volk,
790 Mitten durch die Stadt geleiten. Wie bewährt' ich Freun=
  dessinn,
Wär' ich bei so schwerem Leide nicht bereit dir beizustehn?

**Orestes.**

Wohl erkenn' ich's: Freunde werben muß man, nicht Ver=
  wandte nur;
Denn der Mann, obwohl ein Fremder, dessen Herz mit
  unserm stimmt,
Mehr, wie tausend Anverwandte, gilt dem Freunde sein
  Besitz.
           (Beide ab.)

**Der Chor.**
  S t r o p h e.

795 Hohes Glück und männlicher Muth,
  Die so stolz in Hellas' Gebiet
  Prangten und an Simoïs' Flut,
  Wandten Atreus' Söhnen sich um in Unheil,
  (So wollt' ein uraltes Geschick des Hauses einst!)
800 Seit um den goldnen Widder in Tantalos'
  Stamme der Streit sich erhob,
  Seit dem graunvoll blutigen Mahl,
  Edler Söhne gräßlichem Mord:
  Und jezo rastet die Schuld im Hause

805 Der beiden Atriden nimmer,
Blut tauschend mit Blute.

### Gegenstrophe.

Schön ja, schön war's nicht, in das Herz
Treuer Aeltern mordend das Schwert
Einzutauchen, und es, von Blut
810 Schwarzgefärbt, zu zeigen dem Strahl der Sonne.
Zwiefache Gottlosigkeit ist die böse That,
Thörichter Männer grause Verirrung.
Zitternd in tödtlicher Angst,
Rief die Tyndaride: du wagst
815 Schnöden Frevel, daß du, o Kind,
Die Mutter mordest: o daß du, Sohn, nicht,
Werth achtend die Huld des Vaters,
Schmach ärntest auf ewig!

### Schlußgesang.

Welches Weh' ist schmerzlicher, was
820 Mehr der Thränen der Reue werth,
Als die Hand, getränkt mit dem Blut der Mutter?
Solche That hat er geübt,
Und stürmt nun rasend umher,
Der Erinnyen Raub wegen des Mords,
825 Und ihm rollt sein Auge so wild,
Agamemnons herrlichem Sohn.
Elender, ha! welcher die Mutter,
Die aus golddurchwirktem Gewand
Ihm entgegenstreckte die Brust,
830 Ohn' Erbarmen mordete,
Also zu rächen die Schmach des Vaters

#### Elektra.
(aus dem Palaste kommend)

Ihr Frauen, ist er fortgestürzt vom Hause hier,
Orestes, überwältigt, ach, von Götterwuth?

#### Der Chor.
Mit nichten: eben geht er weg in Argos' Volk,
835 Selbst auszufechten dort den Kampf, der richten wird,
Ob euer Loos sei Leben, ob ihr sterben sollt.

#### Elektra.
Weh, was begann er? Wer beredet' ihn dazu?

#### Der Chor.
Pylades: und bald wohl meldet uns der Bote hier,
Was dort mit deinem Bruder sich begeben hat.

#### Der Bote.
840 Elektra, hehres Mädchen, unglückselige
Tochter Agamemnons, der dem Heer gebot, vernimm
Das Wort des Unglücks, das ich dir zu melden kam.

#### Elektra.
Wir sind verloren, wehe, weh! Dein Wort bezeugt's:
Denn sicher kommst du, Böses anzukündigen.

#### Der Bote.
845 Gefallen hat es Argos' Volk an diesem Tag,
Daß sterben soll dein Bruder und, Unsel'ge, du.

#### Elektra.
So war die Furcht gegründet, die ich hegend, ach!
Mich längst in Klagen um die Zukunft abgehärmt!
Doch welche Sazung, welches Wort in Argos war's,
850 Das uns verurtheilt und gestimmt für unsern Tod?
Sprich, Alter, ist es mir verhängt, durch Steinigung
Den Tod zu leiden oder durch den scharfen Stahl?
Denn gleiches Unglück trag' ich, das der Bruder trägt.

### Der Bote.

Ich kam gerade durch das Thor vom Felde heim,
855 Verlangend, auszukunden, was dein Schicksal sei
Und deines Bruders: denn ich hing mit Liebe stets
An eurem Vater; dieses Haus ernährte mich,
Der dürftig, aber edel, gern den Freunden dient.
Da seh' ich Haufen Volkes nach dem Hügel ziehn,
860 Wo, sagt man, erstmals Danaos, dem zürnenden
Aegyptos büßend, Argos' Heer sich sammeln hieß.
Die Menge schauend, fragt' ich Einen aus der Stadt:
Was gibt's in Argos? Ward die Danaïdenstadt
Durch eine Botschaft aufgeschreckt, daß Feinde nah'n?
865 Doch der versezte: siehst du nicht Orestes hier
Hinwandeln? Eben geht er hin zum Blutgericht.
Da seh' ich unvermuthet — hätt' ich's nie gesehn! —
Vereint Orestes schreiten mit dem Pylades;
Er, matt von Krankheit, senkte trüb den düstern Blick;
870 Der Andre trauert' um den Freund, dem Bruder gleich,
Und führte liebend an der Hand den Leidenden.
Als Argos' Menge vollgedrängt im Kreise war,
Trat auf ein Herold und begann: Wer unter euch
Verlangt zu reden, ob Orestes sterben soll,
875 Der Muttermörder? Drauf erstand Talthybios,
Der deinem Vater Ilion zerstören half.
Er redet doppelsinnig; denn er fröhnte stets
Den Machtbegabten; deinen Vater pries er hoch,
Doch deinen Bruder lobt' er nicht, sein böses Wort
880 In gutes hüllend; denn er hab' in seiner That
Ein schlimmes Vorbild aufgestellt: und immerfort
Warf er Aegisthos' Freunden zu den frohen Blick.
Das ist ja dieser Menschen Art: den Glücklichen

Umschwärmen stets Herolde; wer die Macht besitzt,
885 Wen hohe Würden schmücken, der ist ihnen werth.
Nach ihm erhob sich Diomedes, Argos' Fürst.
Er stimmte wider deinen und des Bruders Tod;
Wenn euch Verbannung strafe, sei das Volk gesühnt.
Beifallend riefen Viele laut, er rede wohl;
890 Die Andern schalten. Und nach ihm erstand ein Mann
Von zügelloser Zunge, stark durch kühnen Troz,
Gezwungen nur Argeier, nicht aus Argos selbst,
Auf lauten Beifall pochend und auf thörichten
Freimuth, beflissen, Schmach zu häufen auf das Volk.
895 Wenn Einer, süß in Worten und im Herzen schlecht,
Beschwazt die Menge, bringt es große Noth der Stadt:
Doch wer mit Einsicht allezeit zum Guten räth,
Wenn nicht sogleich auch, frommt er doch in spät'rer Zeit
Dem Volke. Darauf achte wohl ein Herrschender:
900 In gleichem Falle lebt ja, wer ein hohes Amt
Empfing, und jener, dem die Kraft des Wortes ward.
Der rieth, Orestes auf den Tod zu steinigen
Und dich: er sprach als Einer, der auf euren Mord
Es abgesehen, aufgestellt von Tyndareus.
905 Ein Andrer, nun auftretend, sprach entgegen ihm,
Nicht lieblich zwar im Aeußern, doch ein edler Mann;
Die Stadt besucht er selten und des Marktes Rund,
Sein Feld bestellend, (was allein das Land erhält,)
Doch auch erfahren, wann er will, im Redekampf;
910 Unsträflich lauter wandelt' er sein Lebenlang.
Er rieth, Orestes, Agamemnons Heldensohn,
Zu kränzen, der den Vater rächt' aus eignem Trieb,
Und jenes schnöde, gottvergeß'ne Weib erschlug,
Das jedem Manne sich den Arm zu waffnen wehrt,

915 Und aus der Heimat auszuziehn in fernen Krieg,
Wenn, die zu Hause blieben, ihm des Hauses Hut,
Sein Weib, verführen und des Gatten Bett entweih'n.
Und edle Männer fanden gut, was er gesagt,
Und Keiner sprach mehr. Nun begann dein Bruder selbst
920 Vortretend: „Die ihr Inachos' Gebiet bewohnt,
Ehmals Pelasger, Danaiden drauf genannt,
Nicht minder als den Vater hab' ich euch beschützt,
Als ich erschlug die Mutter; ist der Gatten Mord
Den Frau'n gestattet, möchtet ihr dem Tode nicht
925 Entrinnen, oder Knechte sein von euren Frau'n,
Und dessen, was euch ziemte, thun das Gegentheil.
Jezt ist das Weib, das meines Vaters Bett verrieth,
Gefallen. Wenn ihr aber mich ermorden wollt,
So stürzt das Recht und Keiner mag dem Tod entfliehn,
930 Da nie hinfort an solcher Frechheit Mangel ist."
Wohl schien er wahr zu reden; doch taub war das Volk,
Und jener Schnöde siegte, der zur Menge sprach,
Für deines Bruders stimmend und für deinen Tod.
Kaum mocht' Orestes, daß man ihn nicht steinige,
935 Das Volk bereden; er verhieß, durch eigne Hand
Sein Leben noch an diesem Tag zu endigen
Mit dir. In Thränen schwimmend führt ihn Pylades
Jezt aus dem Rath der Bürger, und die Freundesschaar
Folgt weinend ihm und jammernd; bald erscheint es dir,
940 Das bittre Schauspiel, ein bejammernswerthes Bild.
So leg' ein Schwert denn oder einen Strang zurecht;
Du mußt vom Lichte scheiden: dein erhabner Stamm
Hat nicht gefrommt dir, noch der Gott in Pytho's Haus,
Der auf dem Dreifuß waltet; er gab euch den Tod.

### Der Chor.

945 Wie senkst du, Jungfrau, dein bewölktes Angesicht
Zur Erde, stehest ohne Laut, Unselige,
Bald auszuströmen deinen Gram in wildem Schmerz!

### Elektra.

S t r o p h e.

Weh, laute Klagen heb' ich, mein Pelasgerland,
Die Nägel leg' ich an die blasse Wange mir,
950 Will sie blutig schänden,
Mein Haupt zerschlagen; Königin der Todtenwelt,
Dir gebührt, Schöne, dieser Zoll!
Mit mir stimm' an das Lied, Kyklopenstadt,
Vom Haupt die Locken trennend, und beseufze des
955 Hauses Unglück.
Die Klage tönt den Sterbenden,
Tönt den Sprossen jener, die
Einst Hellas Heer angeführt im Kampfe.

Gegenstrophe.

Geschwunden ist, geschwunden, hin der ganze Stamm
960 Der Kinder Pelops', und der Ruhm, der einst umstrahlt
Dieses Haus des Glückes.
Der Neid der Götter stürzt es und das feindliche
Todesurtheil in Argos' Stadt.
O weh, weh, thränenreich mühvoll Geschlecht
965 Der Tagessöhne, seht, wie unverhofft bestürmt
Uns das Schicksal!
Stets andres Leid um andres schickt
Wechselnd uns die lange Zeit;
Stets ungewiß wankt der Menschen Leben.

### Schlußgesang.

970 O könnt' ich zu dem Felsen hin,
Der zwischen Erd' und Himmel gleichschwebend hängt in der Mitten,
Zur Scholle, die sich von des Olympos Höhn
An goldnen Ketten wirbelnd hinschwingt,
Es ihm wehklagend zuzurufen,
975 Dem grauen Vater Tantalos,
Der sie gezeugt hat, meines Geschlechts Ahnherrn gezeugt,
Die gesehn das Unheil,
Seitdem Pelops den schnellen Wagen
Und seiner Rosse Viergespann
980 Mit des Fluges Eile hinab zum Meergestade
Trieb, und Myrtilos
In der Wogen Brandung schleudert',
An Gerästos' Bucht längs der wilden See weißumschäumtem Strand
Hastig die Bahn durchstürmend.
985 Drum nahte meinem Hause sich
Jener unheilvolle Fluch,
Da bei des rossenährenden Atreus Heerden sich
Das Wunderlamm mit goldnem Vließ
An's Licht rang, das Unheil, vom Sohn
990 Maja's im Zorne gesandt:
Drob entbrannte Zwist, und Phöbos
Lenkte mit dem beschwingten Wagen um; morgenwärts
Wandt' er zurück den Abendlauf am Himmel
Zu der dämmernden Eos,
995 Und auf andere Bahnen entrückte das
Siebengestirn, die Plejaden, Kronion;
Er lässet im Haus Mord wechseln um Mord,

Und das ruchtbare Mahl des Thyestes
Und Aërope's Trug
1000 Wechseln mit anderem Trug in dem ehlichen Bund.
Doch das äußerste Leid in der vielfachen Noth
Des Geschlechtes betraf
Mich und meinen Vater.

### Der Chor.

Sieh da: dort kommt dein Bruder heran,
1005 Zum Tode verdammt durch des Volkes Beschluß;
Auch Pylades naht, der getreueste Freund
Voll Brüderlichkeit,
Der sorglich den Schritt des Ermatteten lenkt,
Ihn liebendes Sinnes geleitet.

### Elektra.

1010 Weh mir! Ich seufze, daß ich hier an Grabes Rand,
So nah dem Holzstoß, Bruder, dich erblicken muß.
Und aber weh mir! Heute sieht mein Auge dich
Zum leztenmale; ganz vergehn die Sinne mir.

### Orestes.

Dem, was verhängt ist, füge dich, die weibliche
1015 Wehklage hemmend! Schmerzlich zwar ist unser Loos;
Doch dies Geschick zu tragen, zwingt uns strenge Noth.

### Elektra.

Wie kann ich still sein? Dieses Licht des Himmels hier
Zu schauen, ist uns Armen nicht vergönnt hinfort.

### Orestes.

Nicht tödte du mich! Schon genug von Volkeshand
1020 Bin ich gemordet: denke nicht an dieses Leid!

### Elektra.

Mich jammert deine Jugend und dein früher Tod,
O Bruder: leben solltest du, und bist dahin!

**Orestes.**

Nicht, bei den Göttern, treibe mich zu feiger That,
Die Thräne weckend durch des Leids Erinnerung.

**Elektra.**

1025 Wir gehn zum Tode: Seufzer weckt das Leiden stets,
'Und jammernd läßt sein Leben nur der Sterbliche.

**Orestes.**

Ja, dieser Tag entscheidet: heute muß der Strang
Dies Leben enden oder scharfgeschliffner Stahl.

**Elektra.**

So tödte du mich, Bruder! Kein Argeier soll
1030 Mich tödten, Keiner Agamemnon's Tochter schmäh'n!

**Orestes.**

Mir ist der Mutter Blut genug; ich werde dich
Nicht tödten; falle; wie du willst, durch eigne Hand.

**Elektra.**

Es sei! Den Dienst versagen wird dein Schwert mir nicht:
Doch schlingen möcht' ich meinen Arm um deinen Hals.

**Orestes.**

1035 Sei froh der eitlen Freude, wenn dir's Freude macht,
Den Arm um die zu schlingen, die zum Tode gehn.

**Elektra.**

Du Liebster, der die Züge seiner Schwester trägt,
Die süßen, heißgeliebten, ganz Ein Sinn mit ihr!

**Orestes.**

Du wirst mein Herz erweichen; laß denn meinen Arm
1040 Auch dich umfah'n: was hätt' ich Armer noch zu scheun?
O Schwesterbrust! O Traute, die mein Arm umschlingt!
Für holde Kinder, für das Glück der Ehe blieb
Uns Armen dieser Sprache Trost allein gegömt.

**Elektra.**

Daß uns doch Ein Stahl träfe, daß uns beide doch
1045 Ein Sarg empfinge, schöngefügt aus Cedernholz!

**Orestes.**

Auch mir das Liebste; doch verlassen sind wir ja
Von allen Freunden: wer vereinigt uns im Grab?

**Elektra.**

Sprach jener Feige, der den Vater uns verrieth,
Menelaos, gar nichts, abzuwehren deinen Tod?

**Orestes.**

1050 Er wandt' auf mich kein Auge; nein, er scheute sich,
Den Freund zu retten, hoffend auf den neuen Thron.
Wohlan, so laß uns sterben, wie's am würdigsten
Des Agamemnon, wie's der Edeln würdig ist!
Bewähren will ich meines Adels Glanz der Stadt,
1055 Ich stoß' in meine Brust den Stahl; du, Schwester, mußt
Dich fertig machen, meiner That es gleich zu thun.
Du, Pylades, sollst unsers Todes Zeuge sein;
Für unsre Leichen sorge wohl, sind wir dahin,
Vereint bestatte bei dem Grab des Vaters uns,
1060 Und lebe wohl! Ich schreite, wie du siehst, zur That.

**Pylades.**

Halt ein! Vor Allem muß ich Eins dir tadeln, wenn
Du wähntest, daß ich leben will, wenn du mir stirbst.

**Orestes.**

Warum mit mir zu sterben, Freund, gebührte dir?

**Pylades.**

Du fragst? O Freund, wie kann ich leben ohne dich?

**Orestes.**

1065 Du schlugest deine Mutter nicht, wie ich gethan.

**Pylades.**
Mit dir vereinigt: theil' ich denn dein Leiden auch!
**Orestes.**
Gib deinem Vater dich zurück, stirb nicht mit mir!
Du hast noch eine Vaterstadt, ich keine mehr,
Ein Vaterhaus noch, und des Reichthums weiten Port.
1070 Zwar dieser Unglückſel'gen Hand erhältst du nicht,
Die, deine Freundschaft ehrend, ich dir angelobt:
Zum Ehesegen suche dir ein andres Weib;
Nicht mein Verwandter wirst du mehr, noch deiner ich.
So lebe wohl, sei glücklich, trautes Bruderherz:
1075 Ich kann es niemals werden, doch du kannst es noch;
Denn uns, den Todten, lächelt nicht die Freude mehr.
**Pylades.**
Was meine Worte wollten, hast du nicht erkannt.
Fruchtbares Erdreich möge nie, noch helle Luft,
Mein Blut empfangen, wenn ich je dich lasse, dich
1080 Verrathe, Freund, auf meine Rettung nur bedacht!
Ich habe mitgemordet, ja, ich läugn' es nicht,
Und Alles mitberathen, was du büßen mußt:
So muß ich auch mitsterben, wenn du stirbst und sie.
Denn diese Jungfrau, deren Hand du mir gelobt,
1085 Ist meine Gattin. Welchen Vorwand sänn' ich aus,
Nach Delphis kommend auf die Burg von Phokis, wenn
Ich euer Freund war, eh die Noth euch heimgesucht,
Und jezt in deinem Leide dich verläugnete?
Ha, nimmer! Euer Schicksal ist das meinige.
1090 Doch, nun wir sterben sollen, laßt uns noch vereint
Berathen, wie Menelaos mit verderben mag.
**Orestes.**
Ha, könnt' ich das erleben, eh ich sterbe, Freund!

**Pylades.**
So folg' und halte noch zurück den Todesstoß!
**Orestes.**
Ich warte, wenn ich an dem Feind mich rächen kann.
**Pylades.**
1095 Sei stille: denn den Weibern trau' ich wenig nur.
**Orestes.**
Nicht fürchte diese; denn sie sind uns wohlgesinnt.
**Pylades.**
Laß Helenen uns tödten: bitt'res Leid für ihn!
**Orestes.**
Wie? Wenn es angeht, bin ich wohl bereit dazu.
**Pylades.**
Wir morden sie! Sie birgt in deinem Hause sich.
**Orestes.**
1100 Ich weiß, und Allem drückt sie schon ihr Siegel auf.
**Pylades.**
Doch fürder nicht mehr, wenn sich Hades ihr vermählt.
**Orestes.**
Und wie? Barbaren hält sie ja für ihren Dienst.
**Pylades.**
Wen? Phryger? Keinen fürcht' ich aus dem Phrygervolk.
**Orestes.**
Mit Salbenduft und Spiegeln sind sie wohl vertraut.
**Pylades.**
1105 So bringt sie Troja's Ueppigkeit mit sich hieher?
**Orestes.**
Ja, nur ein armes Hüttchen dünkt ihr unser Land.
**Pylades.**
Nichts ist ein Sklave gegen Freigeborene.

**Orestes.**
Zweimal zu sterben weigr' ich nicht, gelingt mir das!

**Pylades.**
Ich wahrlich auch nicht, wenn ich nur dich rächen kann.

**Orestes.**
1110 Sprich, wie's geschehn soll, und vollend' es, wie du sagst.

**Pylades.**
Als um zu sterben, gehen wir in's Haus hinein.

**Orestes.**
So weit versteh' ich Alles; doch was weiter dann?

**Pylades.**
Wir kommen jammernd, sagen ihr von unserm Leid.

**Orestes.**
Daß ihre Thränen fließen und ihr Herz sich freut!

**Pylades.**
1115 Das wird auch uns noch werden; sie frohlocke nur!

**Orestes.**
Dann aber, wie vollenden wir den blut'gen Kampf?

**Pylades.**
Wir tragen Schwerter im Gewand verborgen hier.

**Orestes.**
Wie wird vor ihrer Diener Schaar der Mord vollbracht?

**Pylades.**
Wir sperren alle, diesen dort, hier jenen ein.

**Orestes.**
1120 Und fallen muß ein Jeder, der nicht ruhig bleibt.

**Pylades.**
Die Sache selbst wird lehren, was wir ferner thun.

**Orestes.**
Wir morden Helena: was du meinst, errath' ich schon.

**Pylades.**

Gut; aber höre: rühmlich auch ist unser Plan.
Denn Schande wär' es, zückten wir den scharfen Stahl,
1125 Ein Weib zu morden, welches frei von Tadel ist;
Nun aber soll sie büßen für das ganze Volk
Von Hellas, dem sie Väter, dem sie Söhn' erschlug,
Für Bräute, Frauen, denen sie den Mann geraubt.
Da wird man jubeln und den Göttern Opferglut
1130 Anzünden, Heil in Fülle dir erflehn und mir,
Weil unsre Hand des schnöden Weibes Blut vergoß.
Nicht Muttermörder nennt man dich, erschlägst du sie;
Statt dieses Namens würde dir ein schönerer,
Du hießest Mörder Helena's, der Mörderin.
1135 Menelaos darf nicht, nimmer darf er glücklich sein,
Und deine Schwester sterben und dein Vater und
Du und die Mutter; — still von ihr! was nenn' ich sie? —
Noch darf er dein Haus haben, nun Agamemnon ihm
Sein Weib erkämpfte. Leben mög' ich nimmermehr,
1140 Entblöß' ich wider diese nicht mein dunkles Schwert!
Doch, können wir nicht Helena dem Tode weihn,
Laß uns entflammen dieses Haus und sterben dann!
Gelingt von Beiden Eines nur, wird uns der Ruhm,
Wir sterben oder retten uns mit Ehren doch.

**Der Chor.**

1145 Des Hasses aller Frauen ist sie wahrlich werth,
Die Tyndaride, die geschändet ihr Geschlecht!

**Orestes.**

Nichts auf der Welt ist edler, als ein treuer Freund,
Nicht Reichthum oder Herrschermacht, und thöricht ist's,
Die Gunst der Menge vorzuziehn dem edlen Freund.

#### Orestes.

1150 Du bist es, der Aegisthos' Strafe mir ersann,
Du standest bei Gefahren treu zur Seite mir;
Nun hilfst du wieder mir den Feind demüthigen,
Trittst nicht zurück! Doch dich zu loben lass' ich ab,
Weil auch das allzugroße Lob belästiget.
1155 Nun aber, weil ich meinen Geist verhauchen muß,
So will ich sterbend meine Feinde züchtigen,
Daß auch verderben, die dem Tode mich geweiht,
Und jammern, die mir solches Loos bereiteten.
Ich bin der Sohn Agamemnons, der erkoren ward
1160 Zu Hellas' Herrscher, kein Gewaltherr war er, doch
Besaß er eines Gottes Kraft. Ihn will ich nicht
Durch feigen Tod entehren, nein, ich lasse frei
Mein Leben, wann Menelaos mir zuvor gebüßt.
Ach, wenn wir Eins erreichten, welches Glück für uns:
1165 Wenn uns die Rettung unverhofft erschiene, daß
Wir Tod mit Tod nicht zahlten! Dieses wünsch' ich noch.
Und herzerfreuend ist es, wenn, was unsre Brust
Erfüllt, in flücht'gem Worte leicht vom Munde flieht.

#### Elektra.

Mich dünkt, o Bruder, diese That, sie werde dir
1170 Und diesem Rettung bringen und zum dritten mir.

#### Orestes.

Ein Götterschicksal wäre das: doch sage, wie?
Ich weiß, die Weisheit, Schwester, wohnt in deiner Brust.

#### Elektra.

So höre: du auch merke hierauf, Pylades.

#### Orestes.

Sprich: denn das Gute, nur gehofft, ist Wonne schon.

#### Elektra.

1175 Du kennst die Tochter Helena's? Du kennst sie, ja.

**Orestes.**
Die meine Mutter einst erzog, Hermione?

**Elektra.**
Zum Grabe Klytämnestra's ging sie eben fort.

**Orestes.**
In welcher Absicht? Welche Hoffnung zeigst du mir?

**Elektra.**
Trankopfer auszugießen auf der Mutter Grab.

**Orestes.**
1180 Wie meinst du das? Wie soll es Rettung mir verleihn?

**Elektra.**
Sie nehmt zum Unterpfande, wann sie wiederkommt.

**Orestes.**
Was hülfe denn uns dreien dieses Unterpfand?

**Elektra.**
Wenn nach dem Falle Helena's Menelaos dich,
Mich oder diesen (denn wir drei sind Eins) bedroht;
1185 So sage: tödten werdest du Hermionen;
Halt' auf der Jungfrau Nacken dann dein Schwert gezückt.
Verheißt er dich zu retten, um der Tochter Tod
Zu wehren, wann er Helenen im Blute sieht;
So gib die Jungfrau wiederum in seine Hand.
1190 Doch wenn er, seiner Zorneswuth nicht Meister mehr,
Dich droht zu tödten, morde du das Mädchen auch.
Er wird, vermuth' ich, zürnt er anfangs noch so sehr,
Bald seinen Sinn erweichen: denn nicht unverzagt,
Noch kühnen Muthes ist er. Nur dies Mittel, uns
1195 Zu retten, weiß ich. Alles habt ihr nun gehört.

**Orestes.**
Du, die erhabnen Mannessinn im Busen trägt,

Und mit der Schönheit Glanze strahlt vor allen Frau'n,
Wohl bist du mehr zu leben, als zu sterben, werth!
Und solche Gattin sollst du nun verlieren, Freund,
1200 Die dir das Leben schmücken sollt' in schönem Bund!

### Pylades.

O, würde das mir, käme sie zu Phokis' Stadt,
Mit Brautgesangesfeier froh verherrlichet!

### Orestes.

Wann aber kommt Hermione nach Haus zurück?
Denn alles Andre stünde wohl, wenn's uns gelingt,
1205 Wenn uns des argen Vaters Kind zu fahen glückt.

### Elektra.

Dem Hause muß sie, dünkt es mir, schon nahe sein;
Denn wohl damit zusammen trifft die lange Zeit.

### Orestes.

Gut! Harre du denn vor des Hauses Schwelle hier,
Elektra, Schwester, bis die Jungfrau wiederkehrt,
1210 Und achte wohl, ob Einer, eh der Mord geschehn,
Sei's unsers Vaters Bruder, sei's ein Freund von ihm,
Zum Haus dahereilt: gib sofort ein Zeichen uns,
Schlag' an die Pforten, oder ruf' in's Haus hinein.
Uns laß hineingehn, und, gefaßt zum lezten Kampf,
1215 Die Arme waffnen mit dem Schwert, mein Pylades;
Denn mir vereinigt streitest du ja diesen Streit.
O Vater, wohnend in dem Haus der düstern Nacht,
Dein Sohn Orestes fordert dich, hülfreich zu nahn
Den Hülfsbedürftigen: denn ich leide deinethalb
1220 Unschuldig; weil ich recht gethan, verrieth er mich,
Dein Bruder, und ich gehe nun, sein schnödes Weib
Zu morden: sei du Helfer uns bei dieser That!

**Elektra.**

Ja, komm, o Vater, wenn du deiner Kinder Ruf,
Die deinetwegen sterben, hörst im Erdenschooß!

**Pylades.**

1225 Verwandter meines Vaters, Agamemnon, mein
Gebet vernimm auch, und errette dein Geschlecht!

**Orestes.**

Die Mutter schlug ich —

**Pylades.**

Und das Schwert ergriff auch ich.

**Elektra.**

Ich nahm die Furcht euch, hauchte Muth in euer Herz.

**Orestes.**

Dich, Vater, rächend!

**Elektra.**

Und auch ich gedachte dein!

**Pylades.**

1230 Vernimm das Flehen, und beschirme dein Geschlecht!

**Orestes.**

Zum Opfer spend' ich Thränen dir.

**Elektra.**

Und Klagen ich.

**Pylades.**

O haltet ein, zum Werke schreiten wir hinaus!
Denn wenn Gebete dringen in der Erde Grund,
So hört er. Du Zeus, hoher Ahn, und Dike du,
1235 Schafft unsrer That Gelingen, mir und ihm und ihr!
Der Freunde Kampf ist Einer, Eins ist unser Recht:
Entweder Leben oder Tod ist Aller Loos.

(Orestes und Pylades ab.)

### Erste Strophe.

#### Elektra.

Mykenische Freundinnen,
Ihr Edelsten im Pelasgersiz, Argos' Land!

#### Der Chor.

1240 Herrscherin, welches Wort riefest du? Noch gebührt,
Herrin genannt zu sein, dir in der Ahnen Stadt.

#### Elektra.

Ihr Einen hier, stellt euch an diese Wagenbahn,
An jenen Weg ihr Andern: so bewacht das Haus!

### Zweite Strophe.

#### Der Chor.

Warum gebeutst du mir dies Geschäft?
1245 Sag', o Geliebte, mir.

#### Elektra.

Bangen ergriff mich, daß Einer an's Haus heran
Zum Morde, dem blutigen, schleiche, neues Leid
Häufe zum alten Leid.

#### Erster Halbchor.

Wir wollen eilen, kommt heran! Hier diesen Pfad,
1250 Dem Sonnenaufgang zugewandt, bewachen wir.

#### Zweiter Halbchor.

Und wir den andern, welcher schaut zum Niedergang.

### Dritte Strophe.

#### Elektra.

Wendet die Augen nun spähend umher, von hier
Dorthin, und dann späht wieder nach jenem Bezirk.

#### Der Chor.

Wie du gebotst, thun wir.

### Erste Gegenstrophe.

**Elektra.**

1255 Nun sendet den Blick hinaus,
Nach allen Seiten frei das Haupt umgewandt!

**Erster Halbchor.**
Seh' ich am Wege nicht Einen? Es ist ein Mann,
Dünkt mich, vom Lande, der deinem Palaste naht.

**Elektra.**
Wir sind verloren: der verräth die dunkle Spur
1260 Der stahlbewehrten Würger unverweilt dem Feind.

### Zweite Gegenstrophe.

**Zweiter Halbchor.**
Sei ruhig, Liebe; der Pfad ist leer,
Welcher dich fürchten ließ.

**Elektra.**
Haltet ihr Andern mir immer noch treue Wacht?
Gebt fröhliche, sichere Kunden, ob es dort
1265 Still an dem Vorhof ist.

**Erster Halbchor.**
Hier ist es ruhig: aber schaue du dich um;
Uns naht sich Niemand aus der Danaïdenstadt.

**Zweiter Halbchor.**
So steht es hier auch: keine Spur von Menschen rings!

### Dritte Gegenstrophe.

**Elektra.**
Auf, an die Pforte nun leg' ich, zu lauschen, das Ohr!
1270 Was zögert ihr das Opfer zu schlachten in Ruh,
Ihr im Palast? Hört ihr? —
Sie hören nicht. Weh, weh mir Unglückseligen!

Hat wohl die Schönheit ihre Schwerter abgestumpft?
Vielleicht eilt ein Mann aus der Argeier Stadt
1275 Helfend in voller Wehr zu dem Palaste her.
Nun gilt es nicht zu feiern: seht euch besser um,
Ihr schauend hierher, ihr den Blick dorthin gewandt!

### Der Chor.

Wir geh'n hier= und dorthin,
Und spähen ringsum.

### Helena.
(innen)

1280 Weh mir! Pelasgisches Argos, schnöde komm' ich um!

### Elektra.

Hört ihr's? Die Männer heben schon zum Mord die Hand:
Es war die Stimme Helena's, vermuth' ich recht.

### Der Chor.

Ewig erhabene Macht des Olympiers,
Eile zu Hülfe, du Starker, meinen Lieben!

### Helena.
(innen)

1285 Gemahl, ich sterbe; du erscheinst und rettest nicht!

### Elektra.

Schwingt in den Händen die doppelten, schneidigen
Schwerter, erschlaget, erwürget, vernichtet sie,
Welche den Vater verließ,
Und den Gemahl verließ, und der Hellenen so
1290 Viele gemordet, die
Am Stromgestade verbluteten,
Wo Thränen um Thränen, erregt von den eisernen Ge=
schossen,
Fielen, an des Skamandros wilden Strudeln!

### Der Chor.
Seid stille, stille! Denn Geräusch vernahmen wir:
1295 Fußtritte sind's von Einem, der am Hause geht.

### Elektra.
Geliebte Frauen, hier erscheint Hermione
Im Augenblick des Mordes: nun schweigt alle still!
So fällt sie wohl in ausgespannter Netze Garn;
Traun, eine schöne Beute, wenn der Fang gelingt!
1300 Steht heitres Auges, wie zuvor, verrathet nicht
Durch eurer Wangen Röthe, was sich hier begab;
In Trauer hüllen will ich selbst den düstern Blick,
Als ob ich gar nicht wüßte, was geschehen ist. —
Nun, kommst du, Jungfrau, hast du Klytämnestre's Grab
1305 Bekränzt, den Todten ihre Spenden dargebracht?

### Hermione.
Versöhnung bringend, kehr' ich heim: doch bange Furcht
Ist über mich gekommen: welch Geschrei vernahm
Ich schon in weiter Ferne vom Palaste her?

### Elektra.
Nun, wohl geschieht, was unsrer Seufzer würdig ist.

### Hermione.
1310 Sprich gute Worte: was begab sich Neues hier?

### Elektra.
Mir und Orestes hat die Stadt den Tod verhängt.

### Hermione.
Nicht sterben dürft ihr, meine Blutsverwandten, nein!

### Elektra.
Fest steht es, und wir schmiegen uns in's Joch der Noth.

### Hermione.
Das ist es, deßhalb scholl im Haus der Weheruf?

**Elektra.**

1315 Der Helena zu Füßen, fleht und jammert er —

**Hermione.**

Wer? Denn ich weiß nicht, wen du meinst, erklärst du's nicht.

**Elektra.**

Mein armer Bruder, daß man ihn nicht tödt' und mich.

**Hermione.**

Dann ist es billig, daß das Haus Wehklag' erhebt.

**Elektra.**

Worüber sonst auch ziemte mehr des Jammers Ruf?
1320 So komm, vereine dich mit uns, mit unserm Fleh'n,
An's Knie der Mutter stürze dich, der Glücklichen;
Dann wehrt vielleicht Menelaos noch den Tod von uns!
O du, in meiner Mutter Armen großgenährt,
Schenk' uns Erbarmen, und erleicht're diese Noth!
1325 Hieher, zum Kampfe, folge mir: ich führe dich!
In dir allein ruht unser einzig leztes Heil.

**Hermione.**

Sieh, eilend heb' ich meinen Schritt zum Hause: seid
Gerettet, liegt's an mir allein!

(ab in's Haus.)

**Elektra.**
(hineinrufend)

Auf, ihr im Haus,
Ihr stahlbewehrten Freunde, faßt die Beute schnell!

**Hermione.**
(innen)

1330 Weh, welche Männer seh' ich da?

**Orestes.**
(innen)

Still, sag' ich dir:
Denn uns erscheinst du, nicht dir selbst, als Retterin.

### Elektra.

Fest haltet sie, fest haltet! Zückt auf ihren Hals
Das Schwert und bleibt dann ruhig, daß Menelaos sieht:
Auf Männer, nicht auf feige Phryger, traf er hier,
1335 Und was der Feige dulden muß, erduldet er.
Auf, auf, geliebte Frau'n! Hebet Geräusch, Geräusch,
Erhebt lauten Lärm
Vor den Gemächern, daß nicht der vollbrachte Mord
Mit grausen Schrecken Argos' Volk erfülle, daß
1340 Es helfend eile zum Palast der Könige,
Eh' ich gewiß und wahrhaftig im Hause hier
Helene's Leiche sah, liegend in ihrem Blut,
Oder von der Diener einem uns die Kunde ward:
Denn Eines weiß ich, was geschehn, und Andres nicht.

(ab in den Palast.)

### Der Chor.

1345 Gerecht hat der Götter Rach' Helena heimgesucht,
Sie, die ganz Hellas in Thränen versenkte
Um den Verderblichen, den Hirten vom Ida, den
Paris, der Hellas' Heer lockte nach Ilion.
Doch horch! Die Riegel dröhnen laut am Königshaus;
1350 Drum stille; denn der Phryger einer stürzt heraus,
Von dem wir hören wollen, wie's im Hause steht.

### Der Phryger.

Argos' Schwertern entrann ich, entrann dem Tode;
Leichtes Flugs eilt' ich in Phrygerschuh'n,
Hindurch die Hallen mit den Cederzinnen,
1355 Mit der Dorersäulen Schmuck,
Flüchtig fort, (o Erde!)
Fort in blindem Laufe.
Wohin soll ich fliehn, wohin, Frauen? Weh!

Flieg' ich zum Aether auf, oder zu dem Meere, das
1360 Rings der Gott Okeanos,
Gleich Armen, um die Erde schlingt?

### Der Chor.
Was gibt es, Mann vom Ida, Diener Helena's?

### Der Phryger.
Ilion, Ilion, weh mir, weh!
Phrygerstadt mit fettem Boden, du!
1365 Heiliger Idaberg, wie, Unseliger!
Wie beklagt in Trauerweisen,
Mit Barbarenton mein Lied
Dich, dem Helena's Auge Verderben schuf,
Der Unholdin, die der Schwan Leda's Schooß
1370 Entlockt! Ilions göttlichen Mauern ward
Sie zur Erinnys, ach!
O Jammerloos, o Jammerloos!
Arme Dardania, wo Ganymedes die
Rosse getummelt, der Liebling des Zeus!

### Der Chor.
1375 Meld' uns ein Jedes deutlich, was im Haus geschah:
Denn nicht enträthseln kann ich mir das Frühere.

### Der Phryger.
Kläglichen, kläglichen Ruf über dem Mord
Stimmen wir Barbaren an (weh!)
In fremden Lauten Asia's,
1380 Wann Königesblut sich der Erde vermählt,
Verspritzt vom eisernen Todesschwert.
In dem Palast' erschien (um dir es Alles kundzuthun)
Das Löwenpaar von Hellas, jene Zwei.
Und des Einen Vater hieß vordem der Heeresfürst,
1385 Und der Andere, der, wie Odysseus, still

Auf Trug nur sann, war Strophios' Sohn,
Treueigen dem Freund, und zu Wagnissen kühn,
Ein blutiger Drach', und kundig des Kriegs.
Er fahr' hin, dieser still bedächtig
1390 Verruchte Mann!
Diese traten ein zum Siz des Weibes,
Das der Bogenschüze Paris einst entführte,
Sezten sich, des Auges Glanz in Thränen schwimmend,
Demüthig ihr zur Seite, hier der Eine, dort
1395 Der Andre, Jeder wohlbewehrt.
Und beide schlangen, schlangen nun
Schuzflehend die Händ' um der Helena Knie.
Und es rannten, es rannten in eilendem Lauf
Phrygische Diener fort;
1400 Der Eine sprach zum Anderen, von Furcht aufgeschreckt:
„Ha, Verrath. lauert hier!" Manche wohl glaubten's nicht;
Andern schien's, wie die Brut mordete das Mutterherz,
Lege sie des Tyndareus Tochter Fallstricke nun.

### Der Chor.
Wo warest du da? Lange wohl aus Furcht entfloh'n?

### Der Phryger.
1405 Ich ließ nach phrygischem, phrygischem Brauch
An der Helena, Helena Locken,
An die Wang' ihr kühlende Luft hinwehn
Mit rundem gefiedertem Fächer,
Nach Barbarensitte.
1410 Drehend am Rocken den Lein,
Ließ ihr zarter Finger
Gleiten zur Erde das Gespinnst;
Von dem phrygischen Raub ein Todtengeschenk

Für das Grabmal war sie zu weben bedacht,
1415 Ein purpurnes Gewand, o Klytämnestra, dir.
Darauf sprach Orestes zu der Jungfrau von Sparta:
Stehe jezt auf vom Siz, Tochter Zeus', sez' hieher
Deinen Fuß, wandle zu des
Ahnherrn, des Pelops, altgefeiertem Herde, daß
1420 Du dort meine Reden hörst.
Er führt, er führt sie; und sie folgt,
Nicht ahnend, was da kommen soll.
Doch Andres übte sein Gesell,
Der böse Phokier.
1425 „Nicht weichen wollt ihr, Phryger? Seid ihr ewig träg?"
Und Alle sperrt er ein im Haus umher,
Verschließt in Rossesställe diesen,
Jenen auf den Säulengang, die Einen hierhin, Andre
dorthin;
Und so trennt er sie von der Gebieterin.

### Der Chor.
1430 Und was geschah nach diesem, welches Ungemach?

### Der Phryger.
Idäische, mächtige Mutter,
Allmächtige Göttin, weh!
O blutige That, o gesezlos Leid,
Das ich gesehn, gesehn
1435 Hier im Königshause!
Aus den Purpurkleidern nahmen sie sofort
Verborgne Schwerter in die Hand,
Dort und hier und dort
Umschauend, ob vielleicht Lauscher nahe sei'n.
1440 Wie des Berges Eber, dann
Dem Weibe sich entgegenstellend,

Riefen sie: du mußt, du mußt
Sterben; dein verruchter Gatte mordet dich,
Der des Bruders Sohn verrieth,
1445 Daß er in Argos sterben muß.
Laut heulte sie auf, schrie: weh mir, weh!
Traf mit weißem Arme sich den Busen,
Und traf das Haupt mit unseligem Schlag.
Und in flüchtigem Lauf enteilte sie, die gol=
1450 dene Sandal' am Fuß.
Doch Orestes faßte mit der Hand die Locken,
Vertrat den Weg der Sparterin,
Und auf die linke Schulter bog er ihr den Hals,
Wollt' ihr in die Kehle stoßen
1455 Den dunklen Mörderstahl.

### Der Chor.
Wo wart ihr Phryger dort im Haus und halfet nicht?

### Der Phryger.
Wir stürzten bei dem Schrei des Hauses Thor
Und Pfosten, wo wir weilten, kühn mit Hebeln ein,
Und rannten helfend all' heran, von hier, von dort:
1460 Der trug in Händen Steine her,
Der hielt die Lanze, jener hielt ein Schwert am Griff.
Doch uns entgegen
Trat Pylades, ungebeugt, wie Hektor,
Wie Ajas mit dreifachem Busch des Helmes,
1465 Den einst an Priamos' Thoren ich gesehn, gesehn;
Unsre Schwerterspitzen trafen sich.
Da, da ward es offenbar,
Wie phrygisches Volk in den Kämpfen des Ares
Unmächtiger ist, als Hellas' Speer.
1470 Der flüchtete, der lag wundenbedeckt,

#### Orestes.

Der todt, der fleht', als wäre sein Flehn
Schuz wider den Tod.
Wir floh'n in dunkle Winkel hin;
Todt sanken Viele; Viele wankten; Mancher lag.
1475 Aber in's Haus daher eilte Hermione,
Zum Mord, der die Mutter hinstrecken soll,
Die Arme, die sie einst gebar.
Und rennend, gleichwie Bacchen ohne Thyrsos
Junges Wild der Berge greifen,
1480 Ergriffen sie das Mädchen, eilten dann zurück,
Die Tochter Zeus' zu morden.
Doch die war aus dem Gemach
Entschwunden durch des Hauses Räume,
(O Zeus und Erd' und Licht und Nacht!)
1485 Sei's durch Zaubereien,
Oder Kunst der Mager, oder Götterraub.
Was nun geschehn, ich weiß nicht;
Denn flüchtend stahl ich aus dem Hause mich hinweg.
Ja, herb' ist, herbe das Leid,
1490 Das Fürst Menelaos erfuhr,
Der nun aus Troja umsonst
Seine Gattin heimgeführt.

#### Der Chor.

O siehe! Neues folgt bereits auf Neues nun!
Denn aus dem Hause seh' ich schwerbetroffen dort
1495 Orestes schreiten, in der Hand sein dunkles Schwert.

#### Orestes.

Wo der Mann, der aus dem Hause meinem Schwert ent=
ronnen ist?

#### Der Phryger.
König, hier zu deinen Füßen fleh' ich nach Barbarenbrauch.
#### Orestes.
Nicht in Troja thust du dieses, sondern im Argeierland.
#### Der Phryger.
Ueberall ist Leben süßer, als der Tod, dem klugen Mann.
#### Orestes.
1500 Rieffst du nicht mit lauter Stimm' um Hülfe den Menelaos her?
#### Der Phryger.
Dir bin ich bereit zu helfen; du ja bist es würdiger.
#### Orestes.
Also starb die Tyndaride doch mit Recht von meiner Hand?
#### Der Phryger.
Mit dem vollsten Recht, und hätte sie den Tod dreifach gefühlt.
#### Orestes.
Mir zu schmeicheln, sprichst du Feiger; anders denkt dein Herz dabei.
#### Der Phryger.
1505 War sie denn nicht, wie für Hellas, auch für Troja's Volk ein Fluch?
#### Orestes.
Schwöre, daß du nicht zu Gunst mir redest; anders mord' ich dich.
#### Der Phryger.
Bei dem Geist in mir beschwör' ich's; heilig halt' ich diesen Schwur.
#### Orestes.
Bangte so den Phrygern allen auch in Troja vor dem Schwert?

#### Der Phryger.
Halte fern dein Schwert: so nahe, blizt es fürchterlichen Mord.
#### Orestes.
1510 Fürchtest du, zum Stein zu werden, anzuschau'n der Gorgo Bild?
#### Der Phryger.
Nein, zur Leiche, fürcht' ich; niemals hört' ich noch von Gorgo's Haupt.
#### Orestes.
Graut dir Sklaven vor dem Tode, der dich löst aus allem Leid?
#### Der Phryger.
Jeder Mensch, auch wenn er Sklave, labt sich an des Lichtes Glanz.
#### Orestes.
Wohl gesprochen! Deine Klugheit rettet dich: nun geh' in's Haus.
#### Der Phryger.
1515 Tödtest du mich also nicht, Herr?
#### Orestes.
Du bist frei.
#### Der Phryger.
O, schönes Wort!
#### Orestes.
Doch bedenk' ich's wohl noch anders.
#### Der Phryger.
Dieses war kein schönes Wort.
(ab.)
#### Orestes.
Thöricht, wenn du meinst, ich röthe meinen Dolch in deinem Blut;

Denn du bist nicht Weib geboren, noch gehörst du Män=
nern an.
Nur um dein Geschrei zu hemmen, trat ich zum Palast
heraus:
1520 Denn sobald sie Lärm vernehmen, regen Argos' Bürger sich.
Vor Menelaos bangt uns niemals, wenn er tritt vor unser
Schwert:
Komm' er denn, die stolzen Schultern stolz umwallt vom
blonden Haar!
Aber führt er Argos' Söhne wider dieses Haus heran,
Seines Weibes Mord zu rächen, will er mich dem Tode
weih'n,
1525 Und die Schwester, und den Freund, der diese That voll=
bracht mit mir;
Soll er Tochter und Gemahlin beide hier als Leichen schaun!
(ab in's Haus.)

### Der Chor.

O weh, Schicksal, weh! Wieder in anderen,
Anderen furchtbaren,
Gefahrvollen Kampf versinkt Atreus' Haus.

### Erster Halbchor.

1530 Was thun wir? Sollen wir's der Stadt verkündigen,
Freundinnen, oder schweigen?

### Zweiter Halbchor.

Dies ist sicherer.

### Erster Halbchor.

Sieh an dem Hause, sieh, der Rauch, der empor
Wirbelnd zum Aether wallt, kündet es ihnen an.

### Zweiter Halbchor.

Sie zünden Fackeln, um der Tantaliden Haus
1535 In Glut zu sezen, ruhen nicht vom Morde mehr.

### Erster Halbchor.
Ein Ziel sezt, ein Ziel, der Gott Sterblichen, wie er will.
Groß war die Gewalt: durch rächende Geister
Vertilgt sank dies Haus, wegen vergoss'nen Bluts,
Weil einst Myrtilos entstürzte dem Wagensiz.

### Der Chor.
1540 Doch ich sehe Menelaos schon dem Hause nahen hier,
Raschen Schrittes: wohl vernahm er schon das Grause,
das ihn traf.
Zaudert ihr, legt ihr die Riegel nicht des Thores Flügeln an,
Ihr im Hause, Kinder Atreus'? Furchtbar ist ein Glück=
licher
Für des Unglücks Söhn', Orestes, wie du jezt unglücklich bist.

### Menelaos.
1545 Ich komme, hörend von der frech verruchten That
Des Löwenpaares: Menschen nenn' ich diese nicht.
Wohl hab' ich nun vernommen, daß mein Ehgemahl
Nicht ward gemordet, sondern unsichtbar verschwand:
Ein leer Gerücht, daß Einer, außer sich vor Furcht,
1550 Mir hinterbracht hat. Aber das ist eine List
Des Muttermörders, lächerlich ersonnen, traun!
Das Haus geöffnet! Diener, schlagt die Pforten ein,
Gebiet' ich, daß wir meine Tochter wenigstens
Erretten aus der blutbefleckten Männer Hand,
1555 Und mein verloren, jammervoll gemordet Weib
Empfangen, welcher zugesellt im Tode nun
Das Paar der Mörder fallen muß von meiner Hand.

### Orestes.
(erscheint auf der Höhe des Palastes)
Du, daß du nicht an diese Pforten rührst die Hand,
Menelaos, der du stolzen Trozes dich erhebst!

1560 Mit dieser Zinne schmettr' ich sonst das Haupt dir ein,
Zerbrechend edler Meister Werk, dies alte Dach.
Wohl fugen Schloß und Riegel, und die hemmen dich
In deinem Eifer, daß du nicht eindringst in's Haus.

**Menelaos.**

Ha, was ist das? Dort seh' ich heller Flammen Schein,
1565 Und auf des Hauses Höhe Die gewaffnet stehn,
Und einen Dolch, auf meiner Tochter Hals gezückt!

**Orestes.**

Was willst du? Fragen oder mich anhören? Sprich!

**Menelaos.**

Von Beidem Keines: doch — dich hören muß ich wohl.

**Orestes.**

Dein Kind ermorden will ich, wenn du's wissen willst.

**Menelaos.**

1570 So fügst du Mord zu Morde, Mörder Helena's?

**Orestes.**

Ja, hätt' ich diese! Raubte sie mir nicht ein Gott!

**Menelaos.**

Du läugnest, Mörder? Sagst mir das zum Hohne noch?

**Orestes.**

Wie schmerzt mich dieses Läugnen! Hätt' ich's doch vermocht —

**Menelaos.**

Was auszuführen? Rede; denn du machst mir bang.

**Orestes.**

1575 Zu stürzen Hellas' bösen Geist in Hades' Nacht!

**Menelaos.**

Gib meine Gattin zur Bestattung mir heraus!

**Orestes.**

Das bitte die Götter; doch dein Kind ermord' ich jezt.

#### Menelaos.
Der Muttermörder fügt zum Mord noch andern Mord?
#### Orestes.
Den Vater räch' ich, welchen du zum Tod verriethst.
#### Menelaos.
1580 So war an deiner Mutter Blut dir nicht genug?
#### Orestes.
Ruchlose Frauen tödt' ich und ermüde nie.
#### Menelaos.
Du, Pylades, nimmst auch an diesem Morde Theil?
#### Orestes.
Ja sagt er schweigend; unser Wort genüge dir.
#### Menelaos.
Schlimm soll dir's werden, wenn du nicht auf Flügeln fliehst!
#### Orestes.
1585 Ich fliehe nicht, der Flamme weih' ich dieses Haus.
#### Menelaos.
Dein Vaterhaus in Asche legen wolltest du?
#### Orestes.
Um dir's zu nehmen: auf den Flammen mord' ich die!
#### Menelaos.
Ja, morde sie, du Mörder, und dann büße mir!
#### Orestes.
So sei es!
#### Menelaos.
Ha! Verübe nimmer solche That!
#### Orestes.
1590 Sei stille denn, und dulde, was du wohlverdient!
#### Menelaos.
Du dürftest leben?

**Orestes.**
Und der Herr im Lande sein.
**Menelaos.**
In welchem?
**Orestes.**
Hier in Argos, im Pelasgerland.
**Menelaos.**
Weihwasser sprengte deine Hand?
**Orestes.**
Was wehrte mir's?
**Menelaos.**
Du brächtest Opfer vor der Schlacht?
**Orestes.**
Das ziemte dir?
**Menelaos.**
1595 Ich habe reine Hände.
**Orestes.**
Doch kein reines Herz.
**Menelaos.**
Wer möchte dich begrüßen?
**Orestes.**
Wer den Vater liebt.
**Menelaos.**
Und wer die Mutter achtet —?
**Orestes.**
Ist ein Glücklicher.
**Menelaos.**
Nicht also du.
**Orestes.**
Die schlechten Frauen lieb' ich nicht.
**Menelaos.**
Wend' ab den Dolch von meinem Kind!

#### Orestes.
Das logest du.

#### Menelaos.
1600 Ermorden also willst du sie?

#### Orestes.
Nun logst du nicht.

#### Menelaos.
Weh, was beginn' ich?

#### Orestes.
Argos' Bürger stimme mir —

#### Menelaos.
Zu welcher That?

#### Orestes.
Uns nicht zu tödten, bitte sie.

#### Menelaos.
Ihr mordet meine Tochter sonst?

#### Orestes.
Ich würde das.

#### Menelaos.
Unsel'ge Helena —

#### Orestes.
Bin ich nicht unselig auch?

#### Menelaos.
1605 Ich führte dich als Opfer heim —

#### Orestes.
O wär' es so!

#### Menelaos.
Mühsale duldend ohne Zahl!

#### Orestes.
Doch nicht für mich.

#### Menelaos.
Ich leide schrecklich —

**Orestes.**
Weil du mir kein Helfer warst!
**Menelaos.**
Durch dich gefangen.
**Orestes.**
Deine Bosheit fing sich selbst.
Wohlan, Elektra, seze nun das Haus in Glut,
1610 Und du, von allen Freunden mir der treueste,
Zünd' an die Mauerzinnen hier, mein Pylades!
**Menelaos.**
O rossenährendes Argos, Volk der Danaër,
Eilt ihr gewaffnet nicht heran zur Hülfe mir?
Der übt im Troz an eurer ganzen Stadt Gewalt,
1615 Zu leben nach des Muttermordes grauser That!
**Apollon.**
(über dem Hause erscheinend)
Menelaos, hemme deinen zornentbrannten Muth,
(Ich Sohn der Leto, Phöbos, nah' und rufe dir,)
Auch du, Orestes, der den Stahl auf diese zückt,
Damit du hörest, was ich euch zu melden kam.
1620 Die Du, dem Gatten grollend, erst in schwerem Zorn
Ermorden wolltest und verfehltest, Helena,
Sie ist es, die ihr droben seht im Aetherraum,
Gerettet, und nicht hingestreckt von deinem Arm,
Ich habe sie gerettet und (denn also hat
1625 Mir Vater Zeus geboten) deinem Schwert' entrückt.
Denn ewig muß sie leben als die Tochter Zeus';
Bei Kastor und Polydeukes wird sie thronen dort
In Aethershöhn, Schiffern eine Retterin.
Ein andres Weib denn führe heim in dein Gemach!
1630 Um ihrer Schönheit willen hat der Götter Rath
Zu Hader Hellas aufgereizt und Phrygia,

Und Mord gesendet, um die Welt vom Uebermuth
Der Menschenmengen ohne Zahl zu reinigen.
Dies sag' ich wegen Helena's. Doch du verlaß
1635 Nunmehr, Orestes, dieses Landes Marken hier,
Und wohn' ein Jahr lang im Gebiet Parrhasia's.
Dereinst, im Namen deine Flucht verewigend,
Heißt Oresteion eine Stadt Arkadia's.
Von dort gelangst du nach der Athenäer Stadt;
1640 Da mußt du Rede stehen für der Mutter Mord
Den Eumeniden: Richter sind die Götter selbst;
Auf Ares' Hügel werden sie gerechten Spruch
Dir sprechen, und als Sieger gehst du rein hervor.
Sie, deren Hals dein Stahl bedroht, Hermione,
1645 Ist als Gemahlin dir bestimmt, und der sie heim
Zu führen wähnt, Neoptolemos, erhält sie nie.
Denn durch ein Schwert der Delpher ist ihm Tod verhängt,
Wenn mich er ruft zur Strafe für des Vaters Tod.
Die Schwester gib dem Freunde, dem du sie gelobt,
1650 Zur Gattin: ihrer wartet nun ein glücklich Loos.
Du laß Oresten König sein in Argos' Stadt,
Menelaos; geh und herrsche dort im Sparterland,
Der Gattin Morgengabe, die, zahlloses Leid
Dir fort und fort bereitet bis auf diesen Tag!
1655 Zu seinen Gunsten stimm' ich nun der Bürger Sinn,
Ich, der ihn auch zum Morde seiner Mutter trieb.

### Orestes.

O Loxias, Prophete, kein trugvoller Spruch,
Ein lautrer, ächter also kam aus deinem Mund.
Mich hatte Furcht befallen, böser Geister Ruf
1660 Hätt' ich vernommen und gewähnt, ich höre dich.
Nun endet's wohl: gehorsam ehr' ich dein Gebot.

Sieh denn, ich lasse, tödte nicht Hermionen,
Und gibt sie mir der Vater, wähl' ich ihre Hand.

### Menelaos.

Zeus' Tochter, Helena, sei gegrüßt; ich preise dich,
1665 Die du der Götter selig Haus zum Siz erkorst!
Orestes, dir verlob' ich auf des Phöbos Wort
Die Tochter; du bist edel, nimm der Edeln Kind,
Froh dieses Glückes, wie ich selbst, der dir sie gab!

### Apollon.

Geht nun, ein Jeder nach dem vorgeschrieb'nen Ziel,
1670 Und laßt den Hader ruhen!

### Menelaos.

        Wir gehorchen dir.

### Orestes.

Auch ich: mit allem Leide bin ich ausgesöhnt,
Menelaos, und mit deinem Spruche, Loxias.

### Apollon.

So zieht nun eueres Weges, und ehrt
Eirenen, die holdeste Göttin! Ich
1675 Will Helena führen zu Zeus' Wohnsiz;
Am leuchtenden Sternpol schweb' ich empor,
Wo, Hebe'n, Herakles' Weibe, gesellt,
An Hera's Seite, sie fortan thront
Als Gottheit, stets durch Opfer geehrt,
1680 Mit dem Zwillingsgestirn, mit den Söhnen des Zeus
Durch's Meer die Piloten geleitend.

### Der Chor.

Hochheilige Nike, nimm allzeit
Mein Leben in Hut,
Und laß nicht ab, es zu kränzen!

# Anmerknngen zu Orestes.

Vers   Die Strafe des Tantalos wird verschieden erzählt. Nach Euripides hing über seinem Haupte ein Fels, der immer auf ihn herabzustürzen drohte, während er selbst in der Luft schwebte. Er zog sich diese Strafe zu, nach Einigen, weil er, zum Mahle der Götter zugelassen, ihre Geheimnisse verrieth, nach Anderen, weil er den Göttern, um ihre Allwissenheit zu prüfen, seinen Sohn Pelops zum Mahle vorsezte.

17. Wofern er's war. Ein aus Homer bekannter Ausdruck wehmüthigen Zweifels, ob Etwas in der Vorzeit gewesen sei, dessen Spuren in der Gegenwart ganz verwischt sind. Bothe.

54. Nauplia, Stadt und Hafen in Argolis am argolischen Meerbusen.

101. Argos und Mykene, Hauptstädte des Landes Argolis, werden oft eine für die andere gesezt, beide dann auch für die ganze Landschaft Argolis und ihre Bewohner.

127. Sie schor der Haare Spizen ab, als Zeichen der Trauer um den Tod ihrer Schwester.

159. Der Themis Thron ist zu Delphi, wo diese Göttin, als nächste Nachfolgerin der Gäa, Orakel sprach. Von Themis kam das Orakel an ihre Schwester Phöbe, die Mutter Leto's, die es auf ihren Enkel Apollon vererbte, der seitdem Phöbos hieß.

320. Der Erde heiliger Nabel. S. zu Medeia V. 653.

335 f. Tantalos war ein Sohn des Zeus und der Nymphe Pluto.

**Vers** 342. Das asische Land, Troas.

350. Malea, ein Vorgebirge in Lakonien.

422. Palamedes, den, auf eine vermuthlich ungegründete Anklage hin, Agamemnon vor Ilion hatte tödten lassen, war ein Bruder des Oeax.

423. Drei Uebel verderben den Orestes: zuerst die Qual des Bewußtseins, dann das (in den Erinnyen personificirte) mit Wahnsinn verbundene körperliche Leiden (von Beidem hat er früher gesprochen); das dritte Uebel sind seine Verfolger und Feinde, von welchen zulezt die Rede war.

453 f. Leda, die Gemahlin des Tyndaros. Die Dioskuren, ihre Söhne, Kastor und Polydeukes.

717. Ein schneller Gang beleidigte die Alten und schien einem Sklaven anständiger, als einem freien Manne. Bothe.

721. Die Mutter des Pylades, Anaxibia, war die Schwester Agamemnons.

800. Nach dem Tode des Pelops (berichtet ein alter Ausleger) stritten seine beiden Söhne, Atreus und Thyestes, um die Thronfolge. Ein göttliches Zeichen sollte endlich den Zwist entscheiden: und siehe! Atreus fand in seiner Heerde ein Lamm mit goldenem Vließe. Aber seine Gemahlin Aërope entwendet das Thier, und schenkt es ihrem Buhlen Thyestes. Atreus, darüber ergrimmt, stürzt die Verrätherin in's Meer, ermordet ingeheim die Söhne des Bruders, und tischt ihm das Fleisch derselben auf: ein Gräuel, vor dem der erschreckte Sonnengott nach Morgen zurückfloh und die Plejaden aus ihren Bahnen wichen.

948. Pelasgerland, der Peloponnesos, dessen Ureinwohner die Pelasger waren, und hier Argos.

953. Die Kyklopen, bemerkt der alte Erklärer, waren aus Thrake nach Kreta gekommen, und wurden als Baukundige von dort berufen, um Argos und Mykene zu bauen.

## Anmerkungen zu Orestes.

Vers 957. Die Wortfolge im Griechischen ist: ὑπὲρ τῶν θανουμένων (παίδων) ὄντων (τῶν) ποτὲ στρατηλατῶν (τῆς) Ἑλλάδος.

970 ff. Siehe Vers 6.

981. Oenomaos, König von Elis, verhieß seine einzige Tochter Hippodameia demjenigen ihrer Freier, der ihn und seine Rosse im Wagenkampfe besiegen würde. Pelops, einer derselben, bestach den Wagenlenker des Königs, Myrtilos, einen Sohn des Hermes, daß er den Rädern des Oenomaos die Lünsen entzog, wodurch der Wagen desselben bei der Wettfahrt aus einander ging und der König stürzte. So wurde Pelops Sieger. Als aber Myrtilos den bedungenen Lohn forderte, warf Pelops ihn von dem goldenen Wagensitze in's Meer hinab, und Hermes rächte später den Tod seines Sohnes durch das Wunderlamm mit dem goldenen Bließe, dessen schon V. 799 gedacht worden ist. Vgl. die Anmerkung zu dieser Stelle.

983. Gerästos, ein Vorgebirge von Euböa.

990. Der Sohn Maja's, Hermes, der Vater des Myrtilos.

1037. F. ὄνομα l. ὄμμα.

1051. Hoffend auf den neuen Thron, auf den Thron von Mykene, der dem Menelaos nach dem Tode des Orestes zugefallen wäre.

1078. In die helle Luft oder in den Aether verflog, nach der Meinung alter Weltweisen, die Seele bei'm Tode. Der Siz aber der Seele im Leben war nach der Ansicht Vieler das Blut.

1086. Nach Delphis, dem Gebiete der Stadt Delphi, in der Landschaft Phokis, wo Strophios, der Vater des Pylades, herrschte.

1104. ἐπιστάτας d. i. ἐπιστήμονας.

1167. Die Wortfolge des Griechischen ist: ἡδὺ γάρ ἐστι καὶ διὰ στόμα πτηνοῖσι μύθοις ἀδαπάνως τέρψαι φρένα ἐκείνῳ, ὃ βούλομαι. Der Sinn: ὃ βούλομαι γάρ, τοῦτο καὶ διὰ στόμα ἔχειν ἡδύ ἐστιν.

| | |
|---|---|
| Vers 1234. | Pylades nennt den Zeus seinen Ahnherrn, weil seine Mutter Anaxibia als Tochter des Atreus von Tantalos, dem Sohne des Zeus, abstammte. |
| 1242. | Wagenbahn, Fahrweg, Landstraße. |
| 1431. | Die idäische Mutter ist Kybele, die Mutter der Götter, die ursprünglich auf dem phrygischen Berge Ida verehrt wurde. |
| 1456. | Für $ποῦ\ δῆτ'\ ἀμύνειν$ schrieb der Dichter wohl: $ποῦ\ δ'\ ἦτ'\ ἀμύνειν;$ wo waret ihr zu helfen? |
| 1539. | S. zu V. 981. |
| 1605. | L. $Σὲ\ σφάγιον$. |
| 1636. | Parrhasia, Arkadien, so genannt von der Stadt Parrhasia. |
| 1637. | Wörtlich: Oppidum autem nomine a tua fuga ducto appellabitur apud Azanes et Arcades, ita ut Oresteum vocent.<br>*Azaner und Arkadier nennt zu deiner Flucht<br>Andenken Oresteion eine Stadt dereinst.* |
| 1648. | Apollon hatte den Bogen des Paris gerichtet, als dieser den Achilleus tödtete. Neoptolemos, des Lezteren Sohn, ging nach Delphi, um den Apollon wegen dieser That zur Rechenschaft zu fordern; aber die Delpher rächten ihren Gott durch die Ermordung des Uebermüthigen. |
| 1674. | Eirene, die Göttin des Friedens und der Eintracht. |
| 1680. | Das Zwillingsgestirn, die Söhne des Zeus, Kastor und Polydeukes, welche von den Schiffern als Schutzgötter verehrt wurden. |

MIX
Papier aus verantwortungsvollen Quellen
Paper from responsible sources
FSC® C105338